纵横精华

# 舞台人生

刘未鸣　刘　剑　主编

长袖飞扬善舞
艺海几番浮沉

中国文史出版社

# 目 录

# 我的艺术人生

史行口述 徐忠友整理

## 参加抗战演出，走上文艺之路

1916 年 10 月 18 日，我出生在"中国陶都"江苏宜兴官林镇一个知识分子家庭里。我 7 岁起在当地的浒渎初小和宜兴城内任氏履善高小上学，14 岁小学毕业后考入南京钟南初中学习；初中毕业后，又转学到上海，进入私立上海中学读高中。我在同学中威信比较高，算个"孩子王"。我从小就爱好文艺和体育，喜欢唱歌、跳舞、表演节目。学校和社会上有什么文艺活动，我都积极参加，还获得过上海市高中生演说竞赛第一名。

1931 年"九一八"事变后，上海戏剧界在中共地下党和左翼文化人士的领导下，创办各种爱国剧社，走上街头开展抗日演出。上海各大、中学也纷纷效仿，组建学生剧社，宣传抗日爱国。1934 年，上海中学教师吴仞之先生率先创办了"上中剧社"，我被吴老师选为剧社的骨干演员，先后主演了《刽子手》《两兄弟》《山河泪》等剧目，受到了师生们的欢迎。随后，"上中剧社"正式更名为"九一八剧社"。在剧社演出的经历，一方面让我从中学到了戏剧方面的专业知识，另一方面使我走上革命文艺道路，为我的艺术人生确定了前进的方向，这也是更重要的。

为了追求心中的理想和喜爱的艺术，1936年我高中毕业后，放弃了成绩优异的数理化科目，报考了江苏省立教育学院，学习电影电播专业。在这里我又遇到了一位像吴仞之那样的好老师——电影电播系主任、左翼电影界著名人士孙毅先生。此外，当时电影界的辛汉文、许辛、杨霁明等权威人士也来校授课，使我受到了良好的电影艺术专业教育。除了学习，我还到校外排戏，并在话剧《无冕女王》中担任男主角。假期回到故乡宜兴后，我又在当地开展抗日进步宣传，演出由抗战作家陈鲤庭执笔编写的爱国戏《放下你的鞭子》。该剧以街头卖艺形式演出，让演员与观众打成一片，通过揭露"九一八"事变后东北人民在日本帝国主义残暴统治下的悲惨遭遇，使观众认识到必须团结抗日才有生路。同时，我还演过由袁牧之编写、揭露国民党警察的《一个女人和一条狗》及《刽子手》等剧，受到乡亲们的欢迎。

1937年"八一三"事变后，日寇的铁蹄踏进上海。为了保护进步青年学生，孙毅先生便带领我们这批师生乘上一条木船，沿长江流亡到当时国共合作的大本营武汉，进入中国电影制片厂。在中国电影制片厂期间，我参加拍摄了由著名导演史东山执导的《保卫我们的土地》和袁丛美执导的《热血忠魂》等影片。在担任电影演员拍戏之余，我还试着编了一个剧本处女作《信号枪》，并在武汉出版了单行本。同年底，我在武汉与叔父史亚璋（中共党员）见面，此后党组织派我随叔父一起到抗日前线的郑州国民党第一战区政训处工作，我被任命为少校科员宣传队长。当时政训处在中共地下党的控制下。为了做好抗日宣传，我集表演和编导于一身，既在《三江好》《信号枪》《杀鬼子》等剧中担任主演，又排演了著名剧作家王震之的《八百壮士》一剧；与此同时，还执导并主演了第一部大戏《保卫大河南》。

## 投奔延安，进入鲁艺

1938 年夏，由于国民党蓄意破坏国共合作，郑州国民党第一战区政训处被撤销。为防止国民党顽固派借机迫害我们的同志，组织上决定相关人员分散转移。此时我已经下决心投身革命，便将原来的名字"史锦堂"改为"史行"（即紧跟着革命历史的步伐大步前行），随叔父史亚璋和同为共产党员的姊婶丁皑一家以到山西工作的名义，从河南郑州悄悄转移到山西境内。同年 8 月，我们穿过阎锡山旗下的国民党部队封锁线，奔赴革命圣地延安。

根据地的天是明朗的天。来到宝塔山下、延河岸边，年轻的我找到了一方事业的热土。很快，组织上把我送进鲁迅艺术学院戏剧系第二期和剧作研究班学习。1939 年春节，我顺利完成了在鲁艺的学习，被分配到距延安数十里地的三原县安吴堡青训班艺术连任戏剧教员。除了教学外，我还利用课余时间编写出了《再上前线》《反抗的吼声》这两部歌剧，排演后受到进步青年和当地民众的喜爱。

当时，安吴堡是共产党在国统区内的一块飞地，也是中共吸收并向根据地输送抗日青年的一个桥头堡。国民党特务探听到情报后，便开始密谋拔掉这个在他们心脏边的"钉子"。此时，我已担任东北救广总会战地服务第二团艺术指导，准备前往华北冀中敌后根据地吕正操部队工作。为防被敌人抓捕，党组织立即决定让我们连夜撤离安吴堡回到延安，在鲁艺继续学习并做好再赴敌后的准备。

1937 年，史行主演《杀鬼子》一剧

　　1940 年，日本鬼子对华北发起大扫荡，东北救亡总会战地服务第二团因无法去敌后演出只好解散，我便回到鲁艺实验话剧团工作。其间，我曾在鲁迅艺术学院院长吴玉章的指导下，与几位同事共同创作了反映"一二·九"运动和五四运动的话剧《先锋》和《启蒙者》，并参加了法国著名剧作家莫里哀作品《伪君子》《悭吝人》和俄国著名作家果戈理的作品《钦差大臣》的演出，还导演了苏联著名作家契诃夫的《纪念日》。此外，我还执导了陕北公学文工团成立后的第一个戏——由曹禺创作的《蜕变》。这些戏都受到了观众的好评。

　　不久，有一批从敌后回延安的文艺工作者到鲁迅艺术学院进修，学院就成立了一个部队干部进修班，并让我担任了班主任。1941 年，为做好部队的文艺工作，延安留守兵团政治部成立了部队艺术学校，我被任命为艺校的教育股长。此后，又分别调任"部队艺术学校三分校"教育科长、边保剧团艺术指导等职。

在延安时拍的"全家福",中间这位小朋友就是差点被送人的大儿子史践凡

1942 年,我认真学习了毛泽东《在延安文艺座谈会上的讲话》后思想上产生了飞跃,艺术创作的热情也随之高涨。为配合"军民大生产"等运动,我先后导演了歌剧《兄妹开荒》《白毛女》《赤叶河》《大家喜欢》《一家人》《二流子变英雄》《刘二起家》《周子山》《农村曲》,以及《血泪仇》《穷人恨》《十二把镰刀》等各种题材的歌剧话剧,同时还排演了苏联话剧《前线》,在艺术创作上实现了丰收和突破。

## 战火中的爱情和家庭

在延安期间,我认识了在边区宣传队既演戏又当文化教员的姑娘朱维哲。她出生于 1921 年,也爱好文化艺术,出演过《兄妹开荒》《穆桂英挂帅》等剧,并参加了由冼星海亲自指挥的《黄河大合唱》演唱。共同的理想和爱好,使我俩走到了一起,结下了一生的情缘。1941 年,我的大儿子史践凡出生在延安的窑洞里,给我们这个小家庭增添了许多欢乐。因为维哲奶水不足,为了解决儿子的吃奶问题,我常常跑进羊圈,踩着羊粪追着母羊去挤奶;因为缺医少药,我四处买芥末粉敷在儿子胸口为他治疗支气管肺炎；靠着大生产运动学会的手艺，我还自己纺线给儿子织衣帽……

1947 年 3 月，国民党胡宗南部队大举进攻延安。危急时刻我作出决定：把儿子送给老百姓。这是一个无奈的选择，带着儿子会影响部队打仗和宣传演出，孩子也危险。可是妻子坚决不同意，认为儿子瘦弱多病，如果送到条件更差的老乡家里就只有死路一条。妻子最后终于说服了我，于是在后勤伤病员的队伍中又多了一位带着孩子的母亲。

## 油灯 + 黑豆 = 歌词

抗日战争胜利后不久，蒋介石发动内战，向我陕甘宁根据地发起进攻，妄图一举消灭共产党军队。

面对国民党军队的猛烈炮火，1946 年 11 月，我在战场上创作了一首《保卫我们的边区》的歌词，以激励我军指战员的斗志。其中第一段歌词是这样写的：

平平的原，高高的山，清清的流水，绿绿的滩。我们自己的地，我们自己的川，封建压迫都铲除完，寸寸土地都流过血和汗。民主的根，自由的芽，幸福的边区是我们的家。我们要爱护它！我们要建设它！我们要保护它！

这首歌词很快在《解放日报》上发表并由作曲家杨军谱曲，在根据地军民中广为传唱，鼓舞了根据地军民的士气。同一年，我加入了中国共产党。

1947 年 3 月，我又创作了一首歌词《换枪歌》，由次欧作曲。我在歌词中把蒋介石比作"运输大队长"。歌曲在中央电台广播后，很快从全军流行到全国，后来还被作为电影《巍巍昆仑》的主题歌。1949 年 4 月，我又创作了《天要变了》歌词，也由次欧谱曲，为全国的解放高歌。我在歌词中这样写道：

时候到了！天要亮了！蒋介石要垮台了！百万雄兵全面进攻，山动地摇……

解放战争中，我曾任二兵团文工团团长等职。我带领 150 多名部队文艺工作者奔赴前线，其中有不少是年龄不大的女队员。作战时，我们冒着炮火与敌人打仗，起到战斗队的作用；休整时，我们为战友们演出，起到宣传队、鼓动队的作用。我自己则要当好指挥员、战斗员、宣传员等多种角色，很多次和死神擦肩而过。行军中，我脚穿一双开了帮子的破布鞋，跑前跑后照顾宣传队；战斗间歇，我快速创作出一首首战地军歌，歌剧《刘胡兰》的剧本就是在深夜的油灯下编写出来的；演出前，只要开场锣鼓一响，我就前前后后地招呼群众，还站到土台上宣传形势，动员大家团结作战……

我写剧本时不抽烟，却爱吃几颗花生米，花生米没有了就吃炒黄豆，有时候连黄豆都搞不到，炊事员就弄点喂牲口的黑料豆炒给我吃，我照样吃得很香。一盏油灯、一把黑豆，一首首歌词、一个个剧本就这样写出来了。在那段时间，我还导演了话剧《红旗歌》、歌剧《刘胡兰》等。1949 年 5 月，第一届中国文联一次代表大会在北京举行，我作为西北野战军前线的唯一代表出席了会议，受到毛泽东、周恩来、刘少奇、朱德等中央领导同志的接见。

新中国成立后，我被任命为中国人民解放军装甲兵文工团团长。此后，组织上又把我调到中央军委总政文工团任副团长、党委委员兼话剧团副团长。在这期间，我参加了著名越剧演员徐玉兰、王文娟所在的总政越剧团，以及总政歌舞团、总政曲艺团、总政杂技团等所属文艺团体的筹建工作。同时，我还导演了苏联名剧《曙光照耀着莫斯科》，连续演了 100 场，场场爆满。这是总政文工团第一个对外公演的话剧，非常成功。此后我一发不可收，又导演了《达尼亚》等剧，反响很大。

1953 年，我随中国人民志愿军到朝鲜进行文宣工作调研，归国后，考入了中央戏剧学院导演干部进修班进修，主教老师是苏联名导演普拉东·乌拉基米尔·列斯里，与欧阳山尊、阿甲、于是之、李默然等在一起同学了两年时间，我担任班级党支部书记，欧阳山尊是班长。毕业后，我被邀请到中央戏剧学院表演系兼任教师。那是一段令我难忘的愉快经历。

## 之江新"史"

浙江是我艺术创作开辟的又一片新天地。1958 年，在部队工作了 18 年的我带着家人转业到刚刚成立的浙江电影制片厂任导演。在浙影厂，我导演了浙江第一部故事片《人小志大》，拍摄历时四个多月。片中讲述了这样一个故事：

1958 年春天，崇德县（现为桐乡县）第五小学五年级八个学生打算种一块水稻试验田，但所有的田都被分光了。最后，他们看上了老奶奶放鸭子的小水池，想要填池造田。没有牛和犁，他们就自己动手制作小木犁，用狗来耕田。狗拉不动犁，急躁的森扬责怪英江没有训练好狗，英江为此生气离去。后来，通过老师、家长和同学们的工作，英江又回到了同学们中间。老师改进了教学内容和方法，把劳动实践和书本知识结合起来，孩子们掀起了积肥的高潮。天旱无雨，学生们开动脑筋，在英江父亲的帮助下制作浇水工具……水稻试验田获得了大丰收。

1960 年困难时期，浙江电影制片厂在"精兵简政"中被撤销，我被调到浙江省文化局工作。1961 年，解放军总政治部准备调我回部队，到八一电影制片厂任职，浙江省委则希望我留下来担任省文化局副局长，我又面临新的选择。最终，我还是决定留在浙江，在这里继续我的艺术人生。

1976 年后，我这个老头子仿佛重新焕发了艺术的青春，先后导演了苏联名剧《以革命的名义》、越剧《孔雀东南飞》、婺剧《碧玉簪》、话剧《丹心谱》《于无声处》，还担任京剧《孙中山》、话剧《强者之音》《天涯断肠人》《第十一块浮雕》《梦幻》、舞剧《秋瑾》和一些电视剧的艺术指导。

1976 年后，浙江的戏剧开始恢复，但艺术人才青黄不接，当时有"四个花旦两百岁，三个老生两颗牙"之说。所以，我在担任浙江省文化局代局长后重点抓剧团建设，目的是出人才、出好戏。

1982 年，浙江省委提出"把越剧搞上去"的指示后，我们从全省 70 多个专业越剧团 2000 多名戏曲学员中选拔了 400 人参加戏曲"小百花"会演，通过演出新戏发现新人。先后有 200 名戏剧新秀获得"优秀小百花奖"和"小百花奖"。

接下来，在省委领导的重视下，我又和文化局专家从会演获奖人员中精心挑选了 40 名越剧新秀集中到浙江艺术学校进行严格训练，聘请越剧和京、昆、婺剧等多个剧种的著名艺术家向他们亲传技艺。我们还请省内著名剧作家编创新剧目，组织优秀导演、作曲、舞美、乐队人员通力合作，精心排练出了数个新剧和优秀传统剧。

1983 年 9 月 3 日，从培训人员中精选出来的 28 位青年演员组成了浙江省越剧小百花演出团。11 月，我率领"浙江越剧小百花赴港演出团"首次赴港演出并获得圆满成功。1984 年 5 月 21 日，浙江正式成立浙江小百花越剧团。同年，我亲自带领浙江小百花越剧团赴上海、北京、长春、南京、无锡及浙江各地巡回演出，大受欢迎。在北京参加国庆 35 周年献礼演出期间，我们先后在中南海怀仁堂、人民大会堂作专场演出，得到万里、习仲勋等中央领导同志的勉励。9 月 19 日上午，时任全国政协主席邓颖超在中南海西花厅寓所接见全体演员及部分主创人员，并亲笔书赠：

不骄不满，才能进步，精益求精，后来居上。

1985 年 4 月，浙江省成立浙江越剧院，浙江小百花越剧团为其下属剧团之一，内部称浙江越剧院二团，对外称浙江越剧院小百花越剧团，先后排演了《五女拜寿》《汉宫怨》《双玉蝉》《大观园》《唐伯虎落第》《陆游与唐婉》《红丝错》《西厢记》《胭脂》等大型越剧。

此后，"小百花"在全省盛开，绍兴"小百花"越剧团、宁波"小百花"越剧团相继成立，培养出了吴凤花、吴素英、陈飞、白银飞、赵海英、张小君等一批越剧新秀，为越剧事业带来生机，越剧也因此成为仅次于国粹京剧的著名地方戏种。

浙江是戏剧大省，行间有"一部戏剧史，半部在浙江"之说。在抓越剧发展的同时，我们也没有放松对昆曲、京剧人才的培养。我专门请人把"江南名丑"王传淞、昆剧大家周传瑛等老一辈京昆表演艺术家的名剧用摄像机录下来，制作成碟片《南昆一脉》，用于中、青年演员学习，算是为繁荣浙江戏剧做了点工作。

## 艺术之家

在我和夫人朱维哲直接或间接的影响下，我们不少后代都从事与艺术这行有关的工作，这让我们感到挺自豪。我们的大儿子史践凡是导演，他的妻子奚佩兰是演员。老大 1966 年从北京电影学院导演系毕业，几十年来拍过《鲁迅》《铁血共和》《西行漫记》等近百部电视剧；老二史近都是摄影师；老三史染朱是单簧管演奏家。我的大孙女是史兰芽，她因饰演《围城》中的女主角唐晓芙而受到观众的喜爱。许多朋友都说：我这个"艺术之家"名不虚传。

# 怀念伯父时乐濛

时昭晖

在追悼会和遗体告别仪式上,那首催人泪下、令人肠断的哀乐能给所有的人留下深刻的印象。这首曲子,是伯父时乐濛在延安期间护送陕北根据地创始人刘志丹遗体回延安途中,发现并沿途演奏的(后来进行了改编)。2008 年 6 月 26 日上午,我在八宝山参加了一场没有哀乐的遗体告别仪式——伯父时乐濛的告别仪式。

一

1915 年 12 月 20 日,伯父出生在河南省伊川县酒后村的伊河岸边。伯父出生时,我的爷爷游手好闲,无心理家,家里全靠我的奶奶费心操劳。尤其是奶奶织得一手好布,几乎大部分时间她都坐在织布机旁一梭一梭地织呀织,或坐在纺线车旁一把一把地纺呀纺,以此聊补家里的支出。奶奶一心指望伯父快快长大成人,早日懂些道理,明辨是非,暗暗地祈求神灵保护伯父成才。伯父就是在这样的家庭状况下一天天长大的。伯父八岁的时候，奶奶把自己娘家陪嫁的头饰拿出来卖掉，给伯父买了书和本，交了学费，送到了本村的洋学堂。当时家里生活虽然紧张，但奶奶心里暗暗思忖，就是吃糠咽菜，喝稀穿破，砸锅卖铁，也要供孩子读书上学，让孩子走上一条人间正道。那时村里刚建了一所洋学堂，也就是现在的小学，和私塾里学的不一样。除了当时的国语和算术外，还有体育、美术、音乐等课程。家里的状况使伯父早熟，懂得刻苦学习，在洋学堂里可算是佼佼者，门门功课都在 90 分以上，成绩年年第一，深受教书先生的器重和喜爱。伯父有着广泛的爱好，不仅国语成绩出色，作文出类拔萃，而且美术和音乐也很好，尤其对音乐的兴趣极为浓厚。巧的是伯父的班主任就是一位姓许的音乐教师，他能拉一手好风琴。在许先生的精心辅导和培养下，还在小学阶段的伯父就已经学会用风琴熟练地演奏歌曲和地方戏曲了。在许先生的眼中，称得上得意门生的伯父，新中国成立后在音乐界享有盛名并担任重要职务，可能是他不曾料到的。伯父在回忆他的音乐生涯时，总是非常留恋童年村里的洋学堂，非常感激那位把他带入音乐大门的启蒙老师许先生。伯父从村里洋学堂毕业了，那年他 13 岁。当伯父拿着一张门门功课全优的成绩单，连蹦带跳地回到家里报喜时，没有想到自己的母亲没有丝毫高兴，反而沉重而忧愁地说："孩子，妈妈知道你想到大地方去念书，可咱家没有钱呀……"边说边流着伤心的泪水。早熟的伯父知道家里的难处，理解母亲的苦处，于是他一边擦着母亲的泪水，一边安慰母亲说："妈，我不上学了，我在家陪着你，照顾你。"事情传到了一位本家的爷爷耳中，是他给伯父起了"时广涵"的名字，期望伯父有广博的知识和深邃的涵养；是他经常训斥好吃懒做的爷爷，保证了伯父能正常上学；这次又是他挺身而出，赞助了上学的费用，伯父才有了重新上学的机会。

# 二

　　1928 年夏天，伯父背上了行李，从伏牛山下小小的酒后村走到了百里之外的洛阳，又乘坐火车来到了当时的省会开封，报考了省立一中和开封师范学校。没想到时过不久，两个学校都发出了录取通知书，伯父毫不犹豫地选择了后者，被分到了艺术系。到艺术系的第一天，伯父就在笔记本上写下了"业精于勤荒于嬉"七个字，作为自己的座右铭。在开封师范学校艺术系，伯父如鱼得水，他不但刻苦学习，废寝忘食，而且还积极投身到各种社会活动中去，努力帮助同学。1934 年夏天，伯父从开封师范学校毕业，他在这座古城度过了六个春秋，度过了最难忘的学生生活。伯父学习成绩优异，一毕业就被开封梁苑女子中学聘请去当音乐教师，在女子中学仅仅执教半年，又被郑州扶轮第一小学要去了。那里的校长也是开封师范毕业的，一来真心实意地要，二来扶轮小学属铁路系统，条件好，待遇高，伯父也就同意了。在扶轮小学里，伯父勤勤恳恳，兢兢业业，深受校长的器重和学生的喜爱，也深受家长的信任。1935 年，"一二·九"运动爆发了，富有民族正义感和爱国心的伯父和全校师生一起前往日本在郑州的领事馆示威游行，宣传抗日救国的思想。1938 年春天，日本帝国主义的魔爪伸向了河南，当时伯父执教的铁路系统的"扶轮小学"也被迫从郑州迁移到与汉口毗邻的广水车站。伯父听说许多有志青年都奔赴延安，在音乐界有影响的冼星海、吕骥等也到了延安，伯父是学音乐的，于是他决心也奔赴延安。可他不知如何走法，有人告诉他：先到八路军驻武汉办事处，由他们介绍可以到延安。就这样，伯父背着心爱的小提琴，来到了武汉办事处。可不巧的是，办事处停办了去延安的事宜，让伯父去西安办事处。伯父只好准备回洛阳老家，再转道西安奔赴延安。在洛阳伯父遇到了一位自己的校友

（地下党员），把自己的想法告诉了他。校友考虑到当时的情况，就建议伯父先到陕县师范教一阵子书，然后再去西安（有次我到北京看望伯父，他还向我问起陕县师范还有没有）。后来伯父离开了陕县，历经周折，终于到了西安办事处。据当时统计，1938 年上半年，就有 2288 人经西安办事处介绍奔赴延安。西安办事处的接待人员听了伯父的讲述后，热情地握着伯父的手："同志，你辛苦了！我们欢迎你！"这是伯父第一次听到别人称他为"同志"，心里顿时热乎乎的。就这样，伯父终于来到了延安。1938 年 12 月，鲁艺到伯父所在的单位招生，早就渴望到鲁艺学习的伯父，连忙去报名。伯父曾对我们讲过：当时，他拉了一首《空山鸟语》，发挥得淋漓尽致，感动了考官，终于进了鲁艺音乐系（第三期）。当时音乐系主任是冼星海，他经常对伯父讲："指挥棒虽然很轻，但一招一式都重如千斤，绝不能掉以轻心。"1940 年 5 月，党中央派冼星海到苏联学习，临走时他对伯父讲："乐濛，我要走了，学校合唱团由你和汪鹏负责，一定要抓好，保持和发扬合唱队的荣誉。"冼星海走后，1940 年，伯父从鲁艺毕业，留在了音乐研究室工作。在一起的有马可、郑律成、刘炽等，同时兼任延安女子大学的音乐教员。后来又担任了延安音乐工作委员会主席。1942 年 5 月，毛主席《在延安文艺座谈会上的讲话》发表后，延安掀起了一个规模空前的大秧歌运动，毛主席就抽空观看扭秧歌。伯父讲道：一次锣鼓一响，毛主席急忙跑出去观看，由于步子迈得又大又快，老乡们都喊"毛主席跑步了"。伯父和秧歌队的同志们在活动中深入生活，创作了《拥军花鼓》《兄妹开荒》《胜利腰鼓》以及《血泪仇》《周子山》等歌剧，为以后《白毛女》的诞生提供了极为可贵的经验和艺术实践。

## 三

1941 年，党中央决定把刘志丹同志的灵柩从山西护送到陕甘宁边区的志丹县安葬。为了隆重悼念这位英雄，灵柩经过延安时，鲁艺组织了一支小型乐队护送刘志丹同志的灵柩，寄托党和人民对这位英雄的哀思。当时伯父当仁不让地参加了小乐队，他带着两件乐器，一件是从老家带来的心爱的小提琴，一件是刻有龙头图案的二胡，一路吹拉弹奏，整整跋涉了四天四夜。值得一提的是，他们沿途演奏的是一首陕北的民间乐曲，后来经过系统改编一直沿用到今天。从那以后，从党和国家领导人到普通百姓，从元帅将军到普通士兵，谁去世了都用这首《哀乐》来寄托人们的哀思。这就是《哀乐》的由来，而非被误认的是由贝多芬所作的乐曲。1944 年秋天，伯父受领导指派回到了家乡，到豫西敌占区进行武装斗争，从此他离开了延安。

回到家乡后，伯父以自己特有的方式收编和领导了一支地方武装，后又在中原军区第一纵队政治部宣传部任教育科长。1946 年 6 月 26 日，国民党撕毁政协决议，进攻中原解放区。中央下发了中原突围的命令，解放战争开始了。当时中央命令一纵二、三旅和二纵十五旅南下，挺进鄂西北。国民党部队又用十倍于解放军的兵力，对鄂西北进行围剿。在这次围剿中，经过多场恶战，部队被打散了。在寻找部队的过程中，伯父做梦也没有想到"叫花子"和"和尚"这两个身份竟然会和自己连在一起。在伯父向老百姓要饭吃的过程中，有时老乡把他当成国民党逃兵，遭到无数次凌辱和唾骂，但他既不能公开身份，又不便过多解释。虽然心里不是滋味，但却感到些许安慰。晚上蜷缩在老乡的屋檐下、猪圈里、牛栏中把身体埋在乱草中过夜。白天出来讨饭，有时一天连半个馍馍也讨不到，经常饿肚子。一次一位老乡看到伯父可怜，就说："看你不像讨饭的，怎么一点讨饭的技巧和方法都没有呢?"随后，就告诉了讨饭的要点，果然，当伯父按照老乡的指点去讨饭时，才多少好了点。伯父后来讲：真不知道，讨饭也有这么多学问，当"叫花子"也有这么多讲究。

1947年9月，伯父讨饭来到了河南唐河，碰到了一个在开封上师范的同学，才终于结束了讨饭的生涯。到唐河后，经过观察，伯父对同学已经完全了解了，于是就对老同学亮明了身份。同学说："我早就看出来了，你现在讲明，说明你对老同学信任……"并建议："现在时局紧张，你最好移居乡下，以避人耳目。"在伯父移居的乡下附近，有座小庙，叫石桥寺，里面还有一个老和尚。老和尚为人十分和善，但没有文化，看不懂佛经。时间长了，得知伯父有文化，便有心收伯父为徒。伯父经过考虑后认为，如果能跟老和尚到五台山或其他地方朝圣，一来可以掩护身份，二来也是一条回解放区返回部队的途径。于是伯父对老和尚说："我当个带发修行、心善心诚的和尚吧!"

1947年11月，当陈谢大军打进唐河时，伯父辞别了老和尚，终于回到部队。伯父见到陈赓司令员后，当即被分到鲁山县的豫西军区。1948年3月，经过组织的调查后，伯父恢复了党籍，被任命为军区政治部宣传科科长。当时军区的领导人说："我们白白捡到了一个能文能武的多面手干部。"这就是后来文艺界流传的时乐濛当过"叫花子"和"和尚"的由来。后来，每逢提起此事，伯父深有感触地说："和部队失去联系的滋味，真像失去爹娘的孩子一样，无依无靠，我一辈子都忘不了!"

## 四

1958年秋天，欧洲一家著名的交响乐团对我国进行友好访问，首场演出在北京，陈毅同志应邀出席了音乐会。乐团名不虚传，技艺高超，表演精彩。特别是《1812序曲》更加扣人心弦。它表现了俄罗斯人民保卫祖国、英勇斗争的大无畏精神。陈毅同志听完音乐会后，非常赞赏。他感慨地说："我们中国革命的历程，要比这艰难、复杂、动人得多；内容要比这丰富、深刻、伟大得多，但怎么就没有出现这样的作品呢？"并号召大家以人民英雄纪念碑上的浮雕为题材进行创作。陈毅同志的话，打动了许多音乐家，也激励着伯父。当晚伯父彻夜未眠。后来伯父告诉了魏风同志，一个月后，魏风同志完成了歌词；两个月后，伯父完成了初稿。多次修改后，《祖国万岁》终于搬上了首都舞台。演出结束后，掌声雷动，好评如潮。1959年7月，全国第二届文艺会演，这首大合唱被评为一等奖。1959年12月，伯父到苏联进行一个月的访问交流，《祖国万岁》受到众多同行的高度评价。著名作曲家、《莫斯科——北京》的作曲者莫拉得里激动地说："我知道作者写合唱是很有经验的，我们头发都白了，也见过不少好的作品，但《祖国万岁》有很多地方值得我们学习。作者具有贝多芬般的热情。"肖斯塔科维奇对伯父讲："你说自己的水平不高，我不知道你指的是什么，但这个作品给我的印象很好。从你的作品里，我听到了你发自肺腑的对祖国的真挚感情，对党的热爱。从音乐中可以感触到中国革命成功是来之不易的，对《祖国万岁》这部大合唱，我提不出什么意见。大合唱中的独唱和合唱，结合得相当完美。"苏联作曲家协会书记阿克休克对我大使馆的同志说："时乐濛的《祖国万岁》大合唱，具有鲜明的艺术为人民服务的宗旨和目的，使人一听就知道中国人民正在从事社会主义建设，作曲家有着厚实的生活基础，从而创作出许多优秀作品。《祖国万岁》的水平可以和苏联作曲家卡巴列夫斯基的著名大合唱作品相提并论。"

1961年7月1日，是中国共产党成立40周年的日子，周总理、彭真、杨尚昆从新中国成立以来创作的大合唱中挑选了伯父创作的《祖国万岁》作为庆贺节目。周总理听完合唱后说："你们把歌词送给郭沫若、田汉和周扬同志，请他们帮助修改一下。"于是这部大合唱锦上添花，更上一层楼，以崭新的面貌和大家见面了。庆祝晚会上，总政歌舞团、中央乐团、广播艺术团等单位 500 人组成的大合唱，在人民大会堂里闪亮登场，引起亿万人民的强烈共鸣，当然也受到了毛主席、周总理等中央领导的高度赞扬。

# 五

《红军战士想念毛泽东》这首歌，是在周总理的亲自关怀和提议下创作的。大型音乐舞蹈史诗《东方红》创作初期，没有《遵义会议》这一场的内容。周总理审查节目后，语重心长地说："遵义会议是中国革命的转折点、里程碑，要歌颂，而且要很好地歌颂，一定要创作一首反映遵义会议的歌曲。"并指定由我伯父完成这一任务。这首歌就是这样完成的。总理再一次审查时，连连点头称好。这首歌和《遵义会议》这一场顺利地通过了。周总理看得真准，后来这首歌在全国产生了巨大的影响，我们这个年龄段的人几乎人人都会唱。我难忘这首歌，是因为这首歌对伯父、对我们全家都是刻骨铭心的。

1975 年 5 月初的一大，当时的总政副主任魏伯亭突然悄悄地告诉伯父："邓小平同志问了你的情况。"

"是吗？"伯父有点惊喜。这对伯父来讲，实在是一个再好不过的消息。当晚伯父把消息告诉了伯母。伯母同样似信非信地问伯父："是真的吗？"伯父讲："是真的。他何必骗咱们呢？再说，要是没有这回事，堂堂的副主任敢这样编造吗？""那太好了！实在是太好了！"伯母也异常高兴，"看来这出'戏'很快就要收场了"。仅仅过了一个月，伯父就被解放了，恢复了工作，穿上了军装，回到了部队。

# 六

2008 年 6 月 16 日 15 时 15 分，伯父因病在解放军总医院去世，享年 93 岁。我听到消息后，赶回家中，一面通知了其他亲友，一面和妻子赶往北京。伯父家的会客厅临时改成了悼念厅，里面堆满了各式花篮，花篮的挽带上和门口的签字簿上签着各方面领导、名人和来宾的名字。我见到伯父、伯母的老领导、老同事、老部下、亲朋好友，还有许多群众来吊唁。其中一首挽诗令我过目不忘："万丈高耸二郎山，浊浪滔天大渡河，雪山掩映五彩路，心中玫瑰唱哀歌。"挽诗里面各取了伯父创作的四首歌曲的名字。

由于表示哀悼的人众多，再加上准备工作繁杂（刻光盘、印专辑等），伯父的告别仪式定在 6 月 26 日在八宝山举行。伯母在与来宾的交谈中，谈到在全军第一届文艺会演上，伯父的《歌唱二郎山》《英雄们战胜了大渡河》和《刺刀擦亮保国防》三首歌曲，分别获得一、二、三等奖，他本人获得了中央军委和总政治部授予的"中国人民解放军作曲家"的荣誉称号，至今尚无人超过。伯父的这些成就，让伯母为老伴感到自豪。但有两件事，让伯母终生遗憾：一是伯父生前多次提出要看奥运会，而今看不到了；二是再过几个月就是伯父、伯母结婚 60 周年的"钻石婚"纪念。春节期间，二老还相约，无论如何要坚持到那一天，而这一天也看不到了。

堂弟告诉我：之所以没有提前通知我，是因为伯父状况一直稳定，即使在住院期间，几次病危都抢救过来，转危为安。可谁知最后一次，竟然没有抢救过来。堂弟最后告诉我，在伯父最后一次清醒时，只说了两句话：一是"谁都不能救我，只有我自己能救自己"；二是"我要和弟弟（指我父亲）一起去看我母亲了"。

6月26日上午，云气氤氲。前夜的一场夏雨，使天气十分宜人，空气格外清新。八宝山告别大厅庄严肃穆。大门口两侧军艺的挽联上写着"为音乐而生，为旋律去死，全心投入创作，歌曲飞扬九万里"，"是人民战士，是祖国儿子，一生献身革命，风雨兼程七十年"；二门口两侧的挽联上写着"艺苑仰名家，遗曲倒泻三峡水"，"乐坛垂典范，终古长传二郎山"。告别厅内，各总部首长敬献的花圈摆在两侧。伯父身穿军装，躺在鲜花丛中，身上覆盖着鲜艳的党旗。告别仪式开始后，大堂内外响起了赶制的光碟"用时老的歌曲怀念乐濛"中录制的歌曲。《英雄们战胜了大渡河》《歌唱二郎山》《红军战士想念毛泽东》《过雪山草地》《花溪水》《怀念敬爱的周总理》《小河淌水》《心中的玫瑰》以及大合唱《祖国万岁》的旋律立刻回响在大厅内外。参加仪式的领导、名家、同事、部下、朋友和各界群众，向鲜花丛中的伯父做最后的告别。我紧随着堂弟、堂妹，站在伯母的身边，耳中回荡着飘扬在告别大厅里面的伯父的作品，和鱼贯而行前来和伯父告别的伯父生前的领导、战友、下级、音乐艺术界名人、各界人士、普通群众、家乡代表、军艺师生一一握手，脑海里却浮现出伯父传奇般的一生。

我又想起了那年去解放军总医院看望伯父的情景。他对我爱人说："你在家里做的糊涂面条真好吃，等我出院后再给我做点吃。"还说："家乡的红枣真大、真甜。"可这一天再也来不了了。伯父安详地走了，留下的是真诚的歌声。

# 谱写《义勇军进行曲》的人

何　力

"起来！不愿做奴隶的人们，把我们的血肉，筑成我们新的长城……"激动人心的旋律，雄壮的歌声，激励着中华民族的儿女，在那民族危亡的时刻，冒着敌人的炮火，前进……今天这支雄壮的《义勇军进行曲》，已定为我国的国歌，成为中华人民共和国的象征。

当我们高唱起这首歌而感到自豪的时候，怎么不缅怀这支歌的作曲者、伟大的人民音乐家聂耳呢？

## 初受熏陶

五百里滇池烟波浩渺，层峦叠翠的西山如诗如画，被称为"春城"的昆明，山清水秀、四季如春。但是，在灾难深重的旧中国，春城并没有给苦难的人民带来生机。

1912 年，聂耳在这个城市的一个贫寒的小药店"成春堂"里降生了。生不逢时，军阀混战使小聂耳家境越来越难过，在他还不懂事的时候，疾病夺去了父亲的生命，母亲含辛茹苦挑起了抚育五个孩子的重担。

聂耳长到 6 岁，进了省立第一师范附属小学。这是一所实行新学制的学校，条件较好，校舍和设备在当时都是第一流的，教员也多是省师毕业的高才生。国文老师不仅讲课文，还给学生讲授古体诗和白话诗，小聂耳听得津津有味，这使他从小就受到祖国诗歌艺术的熏陶。他活泼伶俐，喜欢听民歌，也爱看花鼓戏，在校中成了一个小小的歌手。

初小毕业了，新制学校要每个学生都参加童子军训练，家贫如洗的小聂耳买不起童子服，只好转到私立的求实小学上高小。在这里，他跟音乐老师学会了拉二胡，弹三弦，并成为学校音乐小组一个活跃的成员，当他挥着手指挥小乐队奏出乐曲时，常常赢得一片掌声……

## 走上街头

春城终于有了春天到来的预兆。1927 年，轰轰烈烈的大革命浪潮席卷全国，美丽的春城也沸腾起来了。这时，聂耳已经考进了联合中学，他没有埋头在课桌上，而是和同学们一起走上街头，去唤起民众。

昆明上空风云变幻，叛变了革命的国民党新军阀向革命者举起了屠刀。7 月 3 日，进步学生捣毁了反动的国民党云南省党部。李宗黄竟下令开枪，打死了成德中学学生梁之斌！声势浩大的驱李运动爆发了，群情激奋。聂耳带着满腔仇恨活跃在街头，他时而带领学生高唱革命歌曲，时而在集会上演话剧、说相声。斗争使他初露艺术才干，也使他感到了艺术的战斗作用。

## 看到了曙光

如果说聂耳开始参加学生运动是出于义愤，或者被浪潮所裹胁的话，那么到了 1928 年，他已经开始向自觉的革命者转变了。那时，他考入了省立第一师范高级部。在这里，他认识了共产党员李国柱老师，并在李老师的教育下，开始懂得共产主义的道理。不久，就由李国柱介绍加入共青团。他兴奋极了，写印传单、张贴标语、参加读书会……夜以继日，不知疲倦。

政治上的抚育，使聂耳觉悟不断提高，更巧的是李国柱也酷爱音乐，他教聂耳学习小提琴，使聂耳的音乐素养又进了一步。在这里，聂耳学会了许多革命歌曲，还学会了演戏。在那男女不能同台演出的时代，聂耳就经常充当女主角，无论在《罗密欧与朱丽叶》，还是在《女店主》之中，他都演得十分逼真，如不是带有男性音质的话，观众简直以为他就是一位妙龄女郎！

## 创造新鲜的艺术

在党的哺育下，聂耳看到了革命胜利的曙光，也慢慢熟悉了艺术的武器，但是这里还处在黑暗之中。大革命失败后的昆明，血溅街头，军队进驻学校，许多进步学生和教师被杀害或投入监狱，聂耳的导师李国柱同志也牺牲了。白色恐怖迫使他离开了可爱的故乡……

他想拿起枪杆，1928 年冬，他投军到范石生部队。旧军队的腐败，士兵的痛苦，使他受到了一次深刻的教育。在那里，他根本无法实现救国救民的抱负。

他终于离开军队，1930 年，他来到十里洋场——上海，进了著名的明月歌舞团。他想在这里向黎锦晖先生学作曲，现实使他失望了，因为明月歌舞团已经失去了当年的健康，用黄色流行歌曲来赢得观众，已成为歌舞团的主要方针，他越来越感到无法忍受。他激烈地斥责"香艳肉感，热情流露""麻醉了青年儿童"，呼吁人们"由斗争找到社会的进步"，去"创造新鲜的艺术"。

他也感到欣慰，因为在这里他认识了田汉同志，两人互吐衷肠，说话投机，很快成了忘年之交，这也为聂耳今后的道路找到了一个指路人。

## 北平之行

明月歌舞团的状况，已使聂耳再也无法忍受了，他决定到北平投考艺术大学继续深造，同时也想到抗日的前线去体会一下生活。

北平，东交民巷日本兵的喊杀声，敌人轰炸机在头顶盘旋的噪音，再一次点燃了聂耳心头仇恨的火种；国民党当局对敌人的卑怯和对人民的凶残，更激起了他满腔的义愤。而民众的吼声，爱国者的奋斗则时时激励着他的斗志。他虽然没有被艺术大学录取，但在那里感到振奋，他结识了于伶、宋之的、李元庆等同志，他们一起投入了火热的斗争……

他为进步刊物撰稿，参加剧社活动，排演了高尔基的话剧……他在实践斗争中增长了艺术才干。

1932 年 10 月 28 日，东北学生自治会邀请芭莉巴剧社参加一次演出，地点在清华大学礼堂。节目单上有演奏《国际歌》的安排。幕已经启开，学生自治会主席突然改变主意，表示反对这一节目，台下的右派学生乱叫乱喊，演奏者吓呆了。眼看这个节目就要取消，聂耳不甘罢休，他沉着地走上舞台，搭弓托弦，一曲雄壮的《国际歌》响彻全场，他们胜利了……

## 《扬子江的暴风雨》

他带着战斗胜利的激情，于 11 月 3 日回到上海，从此，他又和田汉同志战斗在一起。

1933 年，在聂耳的政治生活中又出现了一个转折，经田汉介绍，他光荣地加入了中国共产党。他带着音乐这种特殊的武器更勇敢地参加到解放全人类的战斗行列……

他为田汉的电影剧本谱曲，《开矿歌》《毕业歌》，一首接一首地问世了。

他没有忘记到人民中去吸取营养，他和田汉来到上海外滩码头，工人们佝偻着身子，驮着沉重的木箱、麻袋，喊着"哼哟，哼哟"的号子，在监工的皮鞭下，步履艰难地行进着，行进着。戏曲家和音乐家的灵感产生了，一部著名的歌剧《扬子江的暴风雨》终于完成。

当聂耳亲自导演并担任角色的《扬子江的暴风雨》演出时，场场座无虚席，舞台上下，群情激愤，"打倒日本帝国主义"的口号声响彻全场，震撼人心的怒吼感动得聂耳热泪盈眶。

当一个艺术家看到自己的创作拨动了人们的心弦，激励着人们去战斗的时候，激动的心情是无法形容的。聂耳浑身充满了力量，他看到了音乐武器的威力。

### "起来！不愿做奴隶的人们"

1935 年 2 月，田汉同志的电影剧本《风云儿女》还未完成，突然被捕了。聂耳得到消息，悲痛万分，他找到接替田汉工作的夏衍，激动地说："听说田汉先生的《风云儿女》有一首主题歌《义勇军进行曲》，请交给我谱曲好吗？"未等夏衍回答，他又坚决地说："请交给我，我干，我想田先生一定会满意的！"除了信任，夏衍还能说什么呢？

聂耳读着歌词，满腔热血在沸腾，他仿佛听到了母亲的呻吟，听到了战士的怒吼，《国际歌》的悲壮旋律震撼着他的心。"起来，不愿做奴隶的人们……"战鼓隆隆，号角齐鸣，"把我们的血肉，筑成我们新的长城……"祖国在召唤，在血与火的考验面前，炎黄子孙们一往无前……

《义勇军进行曲》谱成了，他谱出了中华民族的性格，谱出了祖国的尊严。

## 时代的强音

在中华民族的兴亡时刻，聂耳以旺盛的斗志，谱写了《大路歌》《前进歌》《自卫歌》……同时还谱写了《金蛇狂舞》《翠湖春晓》等民乐曲，它唤起了民众，也深深扎根于民众之中。

聂耳的歌曲代表了时代的强音，"征服了某种'靡靡之音'和一些封建法西斯的狂吠"。他的歌曲不容歪曲和践踏。

一天，聂耳被一个初到上海的朋友硬拉着去舞场。刚走进舞厅，就听到正在伴舞的乐曲仿佛是自己的音乐，但听起来是那么萎靡不振。

他立即走到乐队面前，说："我就是聂耳！"按照音乐界习惯，乐队演奏某作曲家作品时，如果作曲家在场，应请他亲自指挥。乐队指挥立即将指挥棒奉上。

聂耳手拿指挥棒，大声向场内的人说："我是聂耳，刚才演奏的是我的歌曲，我的歌不是给你们伴舞的，他们演奏的也不是我原来的调子，现在我指挥乐队重新来一遍，让你们知道我的歌是什么音乐吧！"

说完，他抖擞精神，有力地挥起了指挥棒，乐队奏出了雄壮的曲调。

## 含笑在人间

1935 年 3 月，党批准聂耳到国外学习，他离开上海，东渡日本。

在异国，他一刻也没有忘记祖国，他把带来的《义勇军进行曲》初稿反复推敲，进行了细致的加工，很快定了稿，寄回祖国。在那里，他还在继续战斗……

当年 7 月 17 日，在日本神奈川县藤泽市鹄沼海滨，海浪汹涌，惊涛拍岸。聂耳带着远离故国的痛苦，民族危亡的忧虑来到这里，决定痛快地洗个海水澡，以消除心头的忧愁。他迎着一个个海浪，像海燕一样在浪尖上扑过去，他感到了同大自然搏斗的愉快。但是，这位中华民族的优秀儿女被海浪吞没了……

噩耗传来，全国人民同声哀悼。

"高歌共待惊天地，小别何期隔生死……英魂应化狂涛返，好与吾民诉不平。"正被国民党囚禁在南京监狱的田汉，听到亲密战友的死讯，悲痛已极，挥笔写下了充满感情的悼诗。

这不是田汉同志一个人的感情所在，他同样代表了全国人民对聂耳的怀念。

今天，英魂已化狂涛返，含笑在人间。

# 光未然与《黄河大合唱》

———

张昆华

我国一位杰出的诗人光未然不幸于 2002 年 1 月 28 日辞世而去。但他却把嘹亮的歌声留给了我们。他原名张文光，本名张光年，笔名光未然，是取其光未燃而要燃烧之意。其实他一生都在燃烧。

我们不必多说他一生对革命事业和文艺事业所作出的巨大贡献，仅以两首歌曲就足以表明他一生的燃烧和燃烧的一生。一是他于日寇入侵我中华，"为了挽救这民族的垂危"而在武汉创作的体现了民族精神的《五月的鲜花》（阎述诗作曲）；二是他在抗日战争中创作的《黄河大合唱》（冼星海作曲）。

我于 1981 年 11 月 6 日第一次与光未然见面，随着我们之间交往的持续与深入，通过我对他的几次访谈和冯牧等同志的多方介绍，使我越来越多、越来越详细地了解他创作《黄河大合唱》的经过，了解他的生活积累、思想感情、艺术特色在《黄河大合唱》中的体现和表达。

## 思想的、情感的、艺术的序曲

光未然 12 岁便参加了共产党影响下的革命活动，14 岁加入共青团，16 岁由团员转为共产党员。在武昌中华大学中文系读书期间，创办进步刊物，以"未然"为笔名发表富于战斗性的杂文。北平爆发"一二·九"爱国学生运动后，他在武汉组织"拓荒剧团"，从事抗日救亡的艺术宣传活动。1936 年 5 月，不满 23 岁的光未然与田汉创作了反映东北人民与敌伪作斗争的戏剧《国防三部曲》，其中一、二部《胜利的微笑》《阿银姑娘》是光未然创作的；第三部压轴戏《水银灯下》是田汉创作的。后来唱遍全国、影响深远的由阎述诗谱曲的《五月的鲜花》，便是《阿银姑娘》的序曲。同年冬天，光未然从武汉去上海参加左翼文艺家们的抗日宣传活动，并开始与冼星海合作创作革命歌曲。1937 年"八一三"淞沪战争爆发，他又回到武汉进行戏剧、歌咏的创作演出活动。由他作词、冼星海作曲的《赞美新中国》《拓荒歌》等被广泛传唱。可以看出，在《黄河大合唱》之前，他与冼星海就在上海、武汉进行长期的创作合作，互相都已经有了较深的理解和战斗友谊了。

1938 年春天，党中央指派光未然到新近在武汉成立的国民政府军委会政治部第三厅，任中共特支干事会干事，由政治部副部长周恩来、第二厅厅长郭沫若直接领导。当时是中国历史上第二次出现国共合作，光未然的共产党员身份是公开的。蒋介石以委员长的官衔接见第三厅全体成员时，拿着一本花名册，当介绍到"张光年"时，蒋介石面部神情严肃，目光逼人，从头到脚打量了他两遍。可见他是在"委员长"那儿挂了号的。

光未然的任务是负责第三厅所属的十个抗敌演剧队和一个孩子剧团的党组织组建和培训文艺骨干，开展宣传工作。这期间，他还协助老

舍、胡风主持的"抗敌文艺家协会"组织了一些座谈会、朗诵会，参与
田汉、阳翰笙主持在武汉举行的几次大规模的歌咏游行、火炬游行、纪
念卢沟桥七七事变周年、淞沪八一三事变周年、庆祝台儿庄大捷等活
动，其中"保卫大武汉"宣传周的长江水上火炬大游行声势最为浩大，
情景特别感人。在这些活动中，光未然都及时写了歌词由冼星海作曲，
有时是当晚写就，第二天就由各演剧队唱开了！紧接着又普及开去，由
民众传唱。

这期间的抗日文艺宣传，可以说是抗战时期人数最多、声势最大、
效果最好的音乐、戏剧、诗歌创作演唱活动。这就为后来的《黄河大合
唱》的诞生，谱起了思想的、情感的、艺术的序曲。

## 永远记住这一天

为了把武汉的抗日文艺宣传推进到抗日前线，三厅秘书长阳翰笙写
了报告，建议由光未然为总领队，带演剧三队前往西北第二战区，官衔
为"国民政府军事委员会政治部第三厅西北战地宣传工作视察员"，上
报到政治部副部长周恩来处，周将"第三厅"划掉，提高规格为"政
治部"的视察员，以利于工作。

1938 年 9 月 9 日，光未然带领着抗敌演剧第三队的 30 多名青年男
女队员乘火车前往西安，活动几天后于 9 月下旬去离延安不远的陕北洛
川县演出宣传。一到洛川，就听到武汉沦陷于日本铁蹄。战友们多数都
像光未然那样，在武汉长大、在武汉上学、在武汉进行过抗日宣传活
动，这一令人悲痛的消息使大家热泪盈眶。

经过一个多月对抗战军民的宣传演出，光未然获得了许多动人的形
象和深刻的感受，当他们从陕北的宜川县出发，爬到一座高山顶上，第
一眼看见山下一泻千里的黄河时，诗人的心灵被激动了！他敞开领口，

迎着冲破陕晋高山峡谷的黄河所掀起的秋末冬初的劲风,脱下军帽,大声地呼喊起来:

"啊,黄河……"

黄河壶口惊天动地的巨浪激起的白雾,与天空的云雾交融,在红日照耀下发出了电闪雷鸣的呐喊。从小看惯了汉江,从少年时代起又熟悉了武汉的长江和青年时在上海观赏过长江从淞沪入海的光未然,被黄河独特的气质和勇往直前的精神震撼着,胸中涌出了后来创作《黄河颂》的头两句诗:

"我站在高山之巅,

望黄河滚滚……"

光未然永远记住了这一天:1938年11月1日,他们从壶口下游附近的渡口第一次渡过黄河!

这一天恰好是光未然25岁生日。这是母亲让他来到这个世界上的日子,他没有对战友们讲今天是他的生日。当他投身到黄河怀抱里的时候,他感到是一次新的出生!

这一天上午10点多钟,他们上了那巨大的渡船,集中在船中央凹下去的一块地方。40多个打着赤膊、肤色金铜闪亮的青壮年从岸上跳进河里,把船推到河水深处,便又爬到船上,大部分人掌桨,少数人掌小舵,但总舵手是站立在船头高处的一位60多岁的长着白胡子的老头儿,他发号施令,指挥渡船的航向,协调和调集渡船的力量。桨手和舵手们操纵着的桨舵,在老舵手的指挥下,随着船夫号子的呼喊与应和,臂膀和心律的齐动,划船的和乘船的人们冲破扑面而来的浪花和激流的呼啸,从陕北东端的宜川县境渡过黄河,到达了东岸山西吉县的小船窝,光未然和队员们下船后站在东岸的沙滩上,看着大渡船,看着老舵手,看着船夫们,看着那黄河的惊涛巨浪,还沉浸在渡河时的感情旋涡中,久久不愿离去。

光未然曾经对我说过："这第一次渡过黄河的体验，对于我、对于演剧第三队的全体同志，都是终生难忘的。是那次渡河和渡河后观赏壶口瀑布的感受，使我产生了创作的形象、灵感和激情的冲动。而第二次渡黄河时，我已经因手臂摔伤而躺在担架上，那感受只是对第一次渡河的重温和补充了。"

## 心中酝酿着诗篇

光未然带领着演剧三队在吕梁抗日游击区活动，他们坚持在晋西的万山丛中行军、宣传、演出；了解了抗日军民的英雄事迹，丰富了随后创作《黄河大合唱》的生活积累。

光未然记得 1938 年 12 月 31 日深夜在游击区，他走累了，走着就睡着了，滑倒在冰雪地上，被同志们拍醒又继续前进。走到一道山沟里时，还听到隔山那边传来日寇的说话声；而演剧队则是悄悄的无声行军。到达一个名叫狗洞的小山村时，大伙儿倚着老乡房屋的墙角睡着了，一觉醒来已是 1939 年元旦。没有粮食吃，便每人吃了一碗喂牲口的煮黑豆，算是过年了。

进入阎锡山所属但却是党所领导的抗日决死队二纵队的防区时，部队刚刚打了一个大胜仗，日军的一支部队中了决死队的埋伏而全军覆没。光未然带队前往战地慰问演出。在从汾西县勍香镇归来途中，身后有二纵队司令部的一位马夫牵着一匹白骏马跟来，说这马很机灵，也很调皮，动不动就把骑它的人摔下马来，昨夜把它吊起揍了一顿，今天就老实点。还问："谁敢试试?"此时，光未然处于部队歼灭日寇胜利的兴奋中，再加上心高气盛，便拉过白马骑了上去，扬鞭纵马向前飞驰。跑到一条两山间的干河沟时，被劣马摔跌在一片碎石之上……

　　光未然摔伤左臂昏迷过去，醒来时已躺在一间大屋里的木台上，二纵队的军医和护士正为他包扎伤口。他成了重伤员，游击区部队的医疗条件难以为他治伤。到晋西后，光未然任书记的演剧三队特别支部的中共党组织关系已由设在武汉的长江局转到了延安的中共中央组织部。便在二纵队用无线电以演剧三队特别支部的代号"济生堂"发电请示中组部领导陈云、李富春。中组部顷即电复："将光未然送往延安治疗。"

　　延安来电让同志们特别感到高兴的是，不仅光未然能去延安治伤，而且全队都能一起去延安，这是从武汉出发那天就向往着的大事啊！

　　就这样，光未然躺在担架上，由全队同志和二纵队的军医护送着，从永和关再渡黄河，行程700华里，过河后一踏上延安领域，一见到延河，一见到山上的宝塔，一见到杨家岭那一排亮闪闪的窑洞，光未然和同志们真是欢欣鼓舞，热泪盈眶，又跳又唱……

　　在延安，光未然得到了最好的医护和治疗。他的主治医生是从法国归来的名医何穆，还有印度援华医疗队的柯棣华大夫协助。先是进行消炎消肿治疗。之后，必须要用X光透视检查。那台X光由于没电很久都未使用了。那时整个延安就只有海外华侨赠给毛主席的一台小型发电机，每晚限时发电给杨家岭的几位中央领导提供照明。但为了给光未然进行X光透视，那晚毛主席、刘少奇、王明、朱德总司令和其他几位中央领导就点燃油灯、蜡烛工作，把小发电机搬到二十里铺和平医院，发起电来用X光机透视光未然的左臂摔伤处。这时才看清了他左肘关节是粉碎性骨折，延安即使有好大夫也缺乏动手术和安装假关节的医疗条件。中央组织部根据和平医院的意见，决定先在延安治疗一段时间后，找机会送光未然去成都医治。这期间，光未然躺在和平医院的土窑洞里，不时看看窗外黄土高原早春二月的山野，仿佛能听见黄河已开始解冻的声音。回想几个月来在晋西北、在吕梁游击区为抗日军民进行宣传演出活动，出席为部队祝捷庆功大会，真是："万山丛中，抗日英雄真不少"；倾听包着羊肚子手巾的民歌手唱那揪心揪肝的歌声，回忆两次渡过黄河时那惊心动魄的船夫号子，常见那黄河两岸"青纱帐里，游击健儿逞英豪"；便在心中酝酿着写一首歌颂黄河、赞美中华的长诗，暂定题为《黄河吟》……

## 中华民族精神的放歌

改变创作长诗《黄河吟》为创作歌词《黄河大合唱》的一个原因是冼星海早已到达延安，并在延安鲁艺音乐系任教。由于他俩曾在上海、武汉多次合作，这次延安相见，冼星海当然不会放过合作的机会，就向光未然提出请他写一部合唱歌词的愿望。光未然由于臂伤而难以动笔，便躺在热炕上口述，请演剧三队的一位负责照顾他生活的战友胡志涛笔录，用五天的时间，以大合唱通常要具备的八种格式组合，完成400多行的《黄河大合唱》歌词。

1939年农历大年三十晚上，迎着大西北呼啸的寒风，光未然从二十里铺的和平医院赶到延安城里，进入中央交际处温暖而宽大的窑洞里，出席演剧三队为中央领导和机关干部举行的除夕文艺晚会。这时的光未然也早已由于《五月的鲜花》等抗战歌曲的广泛传播而在延安享有盛誉。他站在煤油灯前，打着夹板的左臂用绷带吊在胸前，他用右手拿着胡志涛代他抄录的歌词，以他青春、热情、刚强的声音朗诵道：

"朋友，你到过黄河吗？你渡过黄河吗？你还记得河上的船夫，拼着性命和惊涛骇浪搏战的情景吗？"

当冼星海听了光未然的朗诵后，更是兴奋不已，几大步走上前去把词稿抓到手里，立即返回他居住的窑洞里，当晚就开始了谱曲……

有关冼星海《黄河大合唱》谱曲的故事，现在都说他用六天的时间就完成了。但早在 1961 年春天我就听冯牧有过不同的说法。冯牧当时是延安鲁迅艺术学院文学系学生，毕业后分配到中央《解放日报》，在丁玲部下编副刊。解放战争中到四兵团任新华分社军事记者。解放后任昆明军区政治部文化部副部长，后任中国作协副主席，我们一般都沿袭部队时的称呼喊他"冯部长"。他对延安的情况熟悉，又长期是光未然的助手，肯定了解很多情况。当年他给我讲：

冼星海大年三十晚上拿回歌词后，在过年的三天内就初步谱完了。初四那天他就去和平医院唱给光未然听。光未然听后就直率地说，好像不是他们理想的那个音乐。他便当即给冼星海讲了吕梁山抗日游击区的所见所闻，讲了渡过黄河和观赏壶口激流的感受，甚至还哼起黄河船夫的号子，使冼星海较具体、较生动地获得了战区生活与黄河的韵律。冼星海听后沉默了一会儿，又浏览了一遍歌谱，当场就把曲稿撕了，他很乐意要重新谱曲。从二十里铺回城的途中，冼星海夫人钱韵玲去老乡家买了一只鸡，夫妇俩回窑洞饱餐一顿。冼星海大睡一觉，初五早上醒后便又开始了新曲的谱写。又是三天之后，光未然在和平医院倾听了冼星海的吟唱……

"啊，黄河，你是我们民族的摇篮，五千年的古国文化从你这儿发源，多少英雄的故事在你的身边扮演……"

这正是光未然心中的歌声，音乐中的黄河，他忘了伤痛，异常高兴地伸出右手拥着冼星海，连声说：好，好，好极了！

如果说《五月的鲜花》是哀怨悲壮的歌曲，那么《黄河大合唱》则属于豪放雄壮的、大气磅礴的号角齐鸣之声了。这真是中华民族精神的放歌！

一个多月后的 1939 年 4 月 13 日，由演剧三队演唱、邬析零指挥的《黄河大合唱》正式在陕北公学大礼堂演出了。《黄河之水天上来》仍由光未然亲自登台朗诵。首场演唱获得巨大成功，毛主席等中央领导多次鼓掌。但由于演剧三队人数不多，难免缺乏宏大的气势。为了更好地体现《黄河大合唱》的本质音乐形象，那晚演出之后扩大了延安鲁艺师生加入合唱队伍。不但音乐系的师生，连中文系的冯牧、李纳等学生都参加进来了。一支由500人组成的合唱团，这在当时的延安已经是相当众多、规模庞大的队伍了。经过一段时间的排练，在5月11日的晚上，由冼星海亲自担任指挥，举行了公开演出。这支精神素质、文化修养、音乐水平都很高的大合唱队伍在舞台上整整齐齐、英姿焕发地一站，他们以男声合唱、男声独唱、朗诵歌词、女声齐唱、男声对唱、女声独唱、男女声轮唱、混声合唱八种体裁不同的八首歌曲组成的大合唱，轰动了延安党政军文等各界领导和群众，使人们一听永难忘，久久地生活在、战斗在《黄河大合唱》的歌声中。

## 历史的记录

《黄河大合唱》的歌声起于延安，传自延安。60多年来在中国和世界各地曾经有多少人延续着延安的歌声，唱过多少遍《黄河大合唱》，那是无法统计的。但历史却记载一些特别重要的演唱活动：

1940年八九月间，由当时的国民政府军委会政治部第三厅所属的孩子剧团在重庆演唱了《黄河大合唱》；

1940年12月15日，在皖南事变前夜，由国际反侵略运动分会主持，重庆各文化团体联合在山城演唱了《黄河大合唱》；

20世纪40年代初期，在太平洋战争期间，光未然曾经收到过一本黄皮本的英译《黄河大合唱》演出本，是华侨爱国团体在美各地演唱的证书，英译歌词译得相当流畅，可惜这个本子后来丢失了；

1942年2月，由光未然担任总领队的缅甸华侨青年战工队（文工团）在去缅甸各地，包括缅甸第二大城市曼德勒进行反法西斯文艺宣传演出时，压轴的节目总是李凌、赵沨排练指挥的《黄河大合唱》；

1945 年 10 月 24 日，在联合国正式成立的庆祝大会上，美国黑人歌王保罗·罗伯逊用英语演唱了宋庆龄提供的英译本《黄河大合唱》中的《黄河颂》；

1947 年 11 月 16 日，在香港中央大戏院，由香港歌协主办，港九音乐界举行的"纪念冼星海先生音乐会"上，中华音乐合唱团演唱了《黄河大合唱》；

1948 年 1 月，以台湾台北市省立师范学院礼堂举办的"新年音乐会"上，由师范附中合唱队演唱了《黄河大合唱》；

1955 年五六月间，为纪念冼星海逝世 10 周年，总政歌舞团合唱队演唱的《黄河大合唱》，由北京电影制片厂拍摄了音乐电影；

1956 年 10 月，在莫斯科，由苏联柴可夫斯基音乐学院交响乐队用俄语演唱了《黄河大合唱》；

1964 年，在日本神户，由日本劳动者业余团体用日语演唱了《黄河大合唱》，其中《黄河大合唱》中的"鬼子"一词也照译不误，只是在演出说明书上作注："鬼子是指日本军国主义。"演出后日本朋友还给光未然寄来了录音磁带。

1983 年 6 月 4 日，由中国大陆、中国香港、中国台湾的中国留学生组成的合唱团，在加拿大多伦多市举办的"交响乐之夜"的音乐会上演唱了《黄河大合唱》；

1986 年 3 月，在美国旧金山举办的"东西汇"黄河交响音乐会上，由三藩市歌剧院合唱团演唱了《黄河大合唱》；

1995 年 8 月 25 日，在美国纽约举办的纪念抗日战争胜利 50 周年的"抗战音乐会"上，由中、美两国 21 个合唱团联合演唱了《黄河大合唱》；

1995 年 10 月，在广州天河体育馆为纪念冼星海诞辰 90 周年而举办的"黄河魂"音乐会上，由广东省专业和业余的合唱团共 15000 人联合演唱了《黄河大合唱》，这可能是迄今为止人数最多的一次大合唱了；

1999 年 5 月 11 日，在北京举行的由首都专业和业余合唱团演唱《黄河大合唱》的纪念大会，距延安 1939 年 5 月 11 日举行的《黄河大合唱》演唱会正好是 60 周年；当年在延安作曲和指挥《黄河大合唱》的冼星海早已逝世 54 年了。只有词作者光未然不但出席了当年延安举行的演唱大会，也出席了这次在北京举行的演唱大会。在前者的演唱会上他是 26 岁的青年，在后者的演唱会上他已是 86 岁高龄的老人了。虽然岁月沧桑，但不变的是《黄河大合唱》的歌声依然在光未然的胸中激荡，依然在鼓舞着海内外的中华子孙。这是光未然的光荣，黄河的光荣，《黄河大合唱》的光荣。我不知道，有哪一部"大合唱"能够像《黄河大合唱》这样经受得住历史的检验和人民的选择而传之久远！

当 2002 年 2 月 7 日在北京八宝山革命公墓举行光未然遗体告别仪式之后，北京的友人打电话告诉我：那天，光未然安卧在鲜花丛中，让人想起那首不朽的歌曲《五月的鲜花》；灵堂里没有哀乐，只有《黄河大合唱》在为他送行……

《黄河大合唱》的生命属于光未然；光未然的生命也属于《黄河大合唱》。

黄河是永远的河流。《黄河大合唱》是永远的歌声。光未然虽然走了，但他的精神、他的灵魂，将在黄河的奔腾和《黄河大合唱》的歌声中永生永存！

# 唱响《到敌人后方去》的赵启海

———
王少明

1937 年，七七卢沟桥事变后，日本鬼子疯狂地侵占了我国北平、上海、南京等大城市，在中华民族面临生死存亡之际，由北平流亡学生革命青年诗人赵启海作词、人民音乐家冼星海作曲的抗战歌曲《到敌人后方去》在武汉唱响了。这首脍炙人口的战歌很快从城市流传到祖国各地，从抗日前线深入到敌后根据地，极大地鼓舞了广大军民抗战到底的斗志。

## 投身抗日救亡运动

赵启海 1914 年出生于江苏徐州。1935 年考入北京师范大学生物系，他立志做一名自然科学家，渴望科学救国；但当时日本占领我东北三省后垂涎华北，国难当头，老百姓处于水深火热之中。北平学生爆发了"一二·九"和"一二·一六"两次学生运动。启海与同学们手挽手，毅然投身于示威游行的行列，不惧大刀水龙，与宋哲元的军警展开生死搏斗。1936 年，他毫不迟疑地参加了北师大民族解放先锋队和救亡歌咏团，并负责领导歌咏团高唱革命歌曲。当年夏天，在西山夏令营期间，他曾领导组织樱桃沟两万名学生大合唱，参与组织者还有同学浦安修、陈哲民等。他们高唱着"我们今天是桃李芬芳，明天是社会的栋梁"，《枪口对外歌》《毕业歌》的雄壮歌声震撼云霄。

卢沟桥事变后，日寇大举进攻，北平告急，高等院校同学被迫策划南下。启海和一些进步青年组织了"北平学生流亡剧团"，团员有崔嵬、张瑞芳、徐烽等。当时崔嵬、张瑞芳负责演剧，而赵启海负责歌咏。从北平、天津南下，直到南京，每到一城，他们立即开展抗日宣传演出，受到当地群众的热烈欢迎。一次在南京街头演出时，赵启海高唱"松花江上"，歌中唱出东北沦陷人民失去故乡流亡的悲怆，凄楚动人，使周围的群众都沉浸在强烈的悲痛之中，就连在路边维持秩序的警察也满含热泪。当局有恐于强大的抗日宣传热潮，竟以街头演出有碍治安的罪名，将演出人员关进拘留所。所幸在被扣押一周后，经邵力子先生出面保释，才得以出狱，但他们并没有被压倒，仍然继续从事抗日救亡的宣传活动。

当年秋天，他们到达武汉，在国民政府军事委员会政治部第三厅郭沫若、田汉和洪深领导下的艺术宣传处美术音乐科工作，从事抗日宣传和训练演剧队的歌咏等。1938 年初，他们在武昌组织了"武昌青年救国会"，相继开展各种宣传教育活动，就在这时赵启海与刚刚从苏联回到武汉的音乐家冼星海相识，并与冼星海、张曙等一同开展群众性的歌咏宣传工作，他们不辞劳累地奔走于武汉三镇，忙于教唱和指挥，在城镇和近郊农村到处响彻着抗日救亡的雄壮歌声。

## 创作《到敌人后方去》

日寇侵袭、山河破碎使赵启海和冼星海两个来自北京和澳门的爱国青年走到了一起，用抗日歌曲做武器来激发民众的抗战热情和鼓舞士气，是他俩共同的目的和心声。于是，他俩携手一起进行音乐创作，共同投入到抗日救亡运动的歌咏宣传队伍中。

冼星海在和赵启海的交往中，彼此成为很好的朋友。冼星海在介绍启海结识音乐家李凌时说："启海这位朋友，忠诚、热心群众工作，和群众特别友好，有这样的朋友合作，事情好办得多。"1938 年他们在重庆相逢，即密切合作，成立新音乐社，并与赵沨等保持联系，积极筹备出版《新音乐》月刊。在与星海一同战斗中，他受到了星海的很多教诲和影响。启海曾在回忆与星海的合作时谈道："他是老大哥，我是小弟弟，我写词，他作曲。"两人的合作琴瑟和谐。至今广为流传的《到敌人后方去》的抗日歌曲，就是这个时期他俩共同创作的。

这首歌曲是在大敌当前、国民危急的时刻，党中央号召全民积极投入抗战，到敌人后方去，坚持抗战到底的时代背景下创作的。

据悉，1938 年 9 月 1 日，军委会政治部周恩来副部长对第三厅所属的演剧队全体人员作形势与任务的报告时，详细分析了当时的形势，国民党反动派消极抗日，而日寇直逼武汉，在国难当头的危急时刻，要求大家应以毛泽东同志《论持久战》的思想来武装自己，并且强调指出要到敌人后方去开辟群众工作，扩大实力，认识抗战到底的重要性。在这次形势报告的指引和启示下，启海领悟到党的决策，也受到很大的鼓舞。他满怀激情地写出："到敌人后方去，把鬼子赶出境！到敌人后方去，把鬼子赶出境！不怕雨，不怕风，包后路，出奇兵，今天攻下来一个村，明天夺回来一个城，叫鬼子顾西不顾东，叫鬼子军阀不集中……

到处有我们游击队，到处都有我们好弟兄……到敌人后方去，把鬼子赶出境！"歌词简洁有力、激昂振奋，充满战斗力，号召民众团结一心奋起抗战。冼星海看到歌词后非常兴奋，热血沸腾，如战鼓在耳边敲响，他立即动手谱曲，随之创作出节奏明快，铿锵有力的乐曲。在战时移动演剧等九队练唱后，由于歌词通俗易记，歌曲又流畅上口，很快《到敌人后方去》这首战斗的歌曲就从武汉流传到祖国各地，并深入到敌后根据地，鼓舞了广大人民群众抗战到底的决心和勇气。这首广为流传的歌曲后被选录于《抗战名曲 100 首》等歌曲集里。当时，启海的另一首歌词《祖国的孩子们》，也是由冼星海谱曲。这首歌也同样迅速地流传到四面八方，成为群众所喜爱的抗日歌曲。

冼星海和桂涛声创作的那首著名的歌曲《在太行山上》在武汉抗战纪念宣传周歌咏大会上，由张曙、林路、赵启海等演出。观众大声喝彩，要求再唱，此后这首歌也传遍全国各地。

1938 年初，我和湖北省立武昌九中的同班同学严良堃（现中央乐团著名指挥）、尹卜骅及女中的学生王瑞云等参加武汉青年救国会歌咏团时，有幸在冼星海、张曙、赵启海的指挥教唱下，学唱了许多抗战歌曲，如《游击队歌》《到敌人后方去》等。记得冼星海教唱新歌时，由于他浓重的广东口音，我们这些从未离开过武汉的小青年都听不懂，还是由赵启海代为讲解教唱，他当时那热情奔放、淳厚高亢的歌声，受到大家的热烈欢迎。由于启海教唱得耐心仔细，我们很快就学会了一批抗战歌曲，随之，便立即奔赴城区、郊区农村宣传全民抗战。

特别值得提出的是：这时八路军已在武汉设立了办事处，《新华日报》也在这里创刊了。周恩来同志和董必武同志当时也在武汉，音乐界的很多有名望的同志也逐渐集中到了武汉，使武汉的歌咏活动得到了蓬勃发展……终于在 1938 年 1 月 17 日在汉口成立了全国歌咏协会。协会的 14 位筹备委员中有冼星海、盛家伦、刘雪庵、赵启海等。该协会的组成，对抗日救亡歌咏运动的不断发展起着积极的促进作用。

## 周总理的鼓舞和鞭策

1939 年 10 月，赵启海随政治部第三厅所属的电影流动放映队，到西北各省军队进行抗日宣传教育。中制厂还沿途拍摄大型纪录影片《民族万岁》的部分资料。当他们从兰州到达青海省西宁时，与在当地民间采风多年的音乐家王洛宾相遇。当王洛宾见到曾与冼星海共同创作《到敌人后方去》、与张曙合创《丈夫去当兵》等抗战歌曲的赵启海时，非常激动。两个音乐家和电影导演郑君里在骡马客店的大炕上促膝交谈，竟聊至深夜。王洛宾与赵启海满怀激情地交流彼此民歌采风和创作歌曲的收获，边谈边唱，激动不已，郑君里急忙请启海速记曲谱，以便带回重庆编入纪录片里。此后，赵启海把王洛宾整理的那些优美动听的《在那遥远的地方》《达坂城的姑娘》《半个月亮爬上来》等西北民歌唱到重庆，随之又带到祖国各地，并传唱到了海外。当时他在重庆领导着几个歌咏团，还创办了重庆合唱团，1940 年底该团第一次演出《黄河大合唱》时，其中"河边对口曲"一段就是赵启海和赵定葆演唱的，演出受到观众的热烈欢迎，引起很大轰动。

在重庆期间，周恩来同志对启海的抗日宣传工作情况十分关心，曾在曾家岩 50 号与他长谈，使他受到极大的鼓舞和鞭策，令他终生难忘，也更加坚定了他投入抗日救亡宣传活动的决心。事隔几十年后，我们才得知，重庆的抗日宣传歌咏活动是在周总理的亲切关怀下，由我党直接领导的，而赵启海当时已由一名爱国青年学生成长为坚定的革命战士。1940 年秋，他考入重庆青木关国立音乐学院声乐系，主攻声乐，辅以作曲。1942 年转学到成都，又进入华西坝金陵大学文学院经济系学习，但他为了继续搞声乐，同时还从师蔡绍序继续学习音乐。

20 世纪 40 年代初，赵启海是我在成都华西坝金陵大学的同窗学长，与他的交往使我受益匪浅。抗日战争胜利后，国民党反动派公然撕毁重庆国共谈判协议，再次挑起内战，全国各地爆发了反内战示威的大游行，金陵大学等院校的同学都踊跃加入示威行列，我们又一起投入火热的革命斗争中。60 多年前艰难岁月的亲身经历现在还如同电影一样一幅幅地展现在眼前，尤其是当年启海激昂高唱抗战歌曲的情景仍历历在目。

## 海外赤子难忘抗战歌

1946 年，赵启海从金陵大学获得学士学位后，时逢教育部举办留学美国自费生考试，他以优异的成绩被录取。1947 年秋，进入美国密歇根大学经济研究院攻读经济学硕士学位。获得硕士学位后，就一直漂泊海外。从 1960 年至 1988 年他先后在美国多所学院任经济学教授。1949 年新中国成立后，他异常兴奋，立志学成归国报效祖国。从 1955 年开始他曾几次计划回国定居，但都因种种原因而未能实现。

从 1974 年开始他先后多次回国探亲访友到大学讲学，更加深了他对祖国的眷恋之情。赵启海在美国参加中国留学生晚会以及朋友聚会时曾多次高唱爱国歌曲。1985 年春，我驻美国大使馆举行欢送章文晋大使离任回国的联欢会上，启海满头银发，即席高唱抗日歌曲。歌声依旧那么嘹亮，那么雄浑有力，高亢的歌声使全体与会者不约而同地与他齐声合唱。

将西部歌王王洛宾的《在那遥远的地方》等西北民歌，首先传唱到联合国各国代表面前的，即赵启海那声情并茂的歌声，也由此使我国的这些浓郁风格的西北民歌在美国广为流传。

1986 年，启海回国探亲访友，我们又欢聚在北京，当时他已患老年遗忘症，但和我谈起抗战时期大唱抗战歌曲的往事，却如数家珍。他的左手紧握着我的手，右手在空中用力挥舞，动情地高歌，仿佛又回到抗日烽火的岁月之中。他仍是那样豪情满怀、昂然激情，几十年前的抗日歌曲在他心中一直回荡。身为一个海外赤子，悠悠我心，他却总是难忘祖国的抗日歌。

几年前的一次聚会上，章文晋大使的夫人张颖曾向我们披露，早在1939—1940 年初，她就与赵启海开始接触。据她所知，1935 年启海在就读北师大期间，在"一二·九"和"一二·一六"两次学生运动中已参加了民族解放先锋队，不久就加入了中国共产党，是我党的地下党员。从武汉转到重庆后，张颖成了启海的组织关系联系人，一直在关注着他。当时重庆的群众抗战歌咏运动是很活跃的，周恩来同志经常见到启海，对白区的音乐工作有很多指示，实际上重庆的歌咏运动是在我们党的领导下发展壮大的。启海在艰难的条件下，积极贯彻党的指示，大力开展蒋管区的群众性歌咏运动。20 世纪 40 年代初，启海去成都读书后就与张颖失去了联系。时隔 30 多年，1973 年，章文晋奉派出任首位中国驻加拿大全权大使，张颖任公使参赞，前往加拿大赴任。赵启海、张先华夫妇在美国报纸上看到此信息，如获至宝，便立即快信与章文晋大使夫妇取得联系。启海接到回信后，马上和夫人先华从美国赶到加拿大，抗日战争期间在一起工作并肩战斗的深厚情谊、紧密关系怎能忘却，久别重逢，欢喜万分。从此，我们在国内的亲朋好友也和他有了联系。1974 年中美尚未建交，启海是从我驻加拿大大使馆办妥的签证，如愿回国探望。

1983 年章文晋出任我驻美大使，张颖调任参赞，常驻华盛顿。每逢国庆节，我驻美使馆举办庆祝活动时，启海都要带上夫人和一些朋友驱车八个多小时赶去参加共同欢庆。有时章大使弹琴伴奏，启海引吭高歌，抒发他对祖国的热爱，对家乡的思念之情，令在场华人无不动容。

赵启海是一位教授、学者、诗人，还是擅长创作的歌者。遗憾的是他身在异乡，一直没能实现回归祖国的夙愿，于 2003 年在美病逝。虽然他和冼星海都已不在世了，但那首振奋人心的抗战名曲《到敌人后方去》将会永远流传，永远传唱下去。

# 王洛宾：半生荣辱一支歌

熊坤静

"西部歌王"、著名音乐家王洛宾毕生共搜集、整理、改编、译配大西北民歌 1000 余首，其中以《在那遥远的地方》和《半个月亮爬上来》等最具代表性。那么，《在那遥远的地方》这首名曲究竟是怎样诞生的，它对王洛宾后半生的命运又有什么影响呢？

## 在金银滩上诞生

1937 年 10 月，像当时的许多爱国知识青年一样，新婚宴尔的王洛宾、洛珊（即杜明远）夫妇先是辗转投奔山西抗日前线，参加了由丁玲领导的八路军西北战地服务团。不久，他们又与青年作家萧军等人结伴西行，欲前往当时的抗日大后方新疆，因被阻于兰州，遂加入那里的西北抗战剧团。在随团四处开展抗日救亡的演出宣传活动中，王洛宾初步接触、搜集并改编了诸如《马车夫之歌》（即《达坂城的姑娘》）、《掀起你的盖头来》《阿拉木汗》和《喀什噶尔舞曲》等大西北民歌，深为其艺术魅力所陶醉。在一次赴西宁演出中，他还结识了国民党青海省主席马步芳，受到赏识和邀请。因而，当兰州的西北抗战剧团于1938年秋被国民党甘肃省当局强行解散后，夫妇俩去了西宁。在此，王洛宾先后任西宁一所回民中学的音乐教师和青海干部训练团的音乐教官等职，并受聘于青海抗战剧团。

1939年夏，我国早期著名的电影人郑君里来青海导演拍摄反映各族人民生活的纪录片《祖国万岁》，王洛宾应邀参加了摄制组。摄制组就驻扎在青海湖畔金银滩草原上的千户长同曲乎家，与千户长一家人同吃同住。有一天，这部片子要拍摄牧羊的场面，因当地属千户长家的羊只最多，故千户长的三女儿卓玛便被选为牧羊女。在选择配角的过程中，由于导演对找来的藏民总是不满意，情急之下就干脆让王洛宾穿上藏袍，为卓玛充当赶羊的帮工。

蓝天白云下，王洛宾与卓玛各骑着一匹马并肩疾行在辽阔的草原上，一大群羊宛若一幅宽大的白绫在绿茵中向前飘动着。王洛宾在挥甩着马鞭子赶羊的时候，一不小心，那鞭梢子抽及卓玛的马屁股，使那匹马因受惊而猛跑起来。卓玛惊呼着回头看了王一眼，似有嗔怪之意。就在继续赶羊的当儿，不知什么时候，卓玛已悄然溜到王的身后，扬鞭而下，轻轻地抽在他后背上，使他的坐骑一阵疾跑，而卓玛却抛下一串银铃般清脆的笑声。

在拍摄期间，郑君里的摄制组每天晚上都要在三角城旧址用带来的放映机给大家放露天电影。散布在草原各处的蒙古族和藏族牧民还是第一次见到这种神奇的东西，他们奔走相告，天还未黑，便骑着马、骑着骆驼，络绎不绝地从四面八方很远的地方赶了来，将挂在竖起的两根杆子间的小小的白幕布围得严严实实。

三天时间倏忽而过。摄制组完成了任务，骑着骆驼要返回西宁去了。卓玛一家人骑着马前来为他们送行,依依不舍地送出了很远很远。骑在骆驼上的王洛宾也不住地回头向他们挥手告别,直到渐行渐远、人影模糊为止。然后,王洛宾就像过电影似的,怅然若失地回味起这几天梦幻般的生活,特别是他与卓玛在一起放羊时的每一个情景。就在这种美好情愫的孵化下,蓦然间,一句句歌词浮上脑海:

在那遥远的地方,有位好姑娘,人们走过了她的帐房,都要回头留恋的张望;她那粉红的小脸,好像红太阳,她那美丽动人的眼睛,好像晚上明媚的月亮;我愿流浪在草原,给她去放羊,每天看着那粉红的小脸,和那美丽金边的衣裳;我愿做一只小羊,跟在她身旁,我愿每天她拿着皮鞭,不断轻轻打在我身上。

为了及时捕捉这一稍纵即逝的灵感,王洛宾赶紧摸出怀揣的小纸片和笔,将歌词记录下来。后来,他又多次去金银滩采风,回回都住在千户长同曲乎家。白天,卓玛总是热情地骑着马陪同他到很远的地方去找民间歌手搜集民歌。夜晚,当他坐在酥油灯下整理民歌时,遇到不明白的地方,就会请卓玛给他详细解释。

## 一曲扬名满天下

一回到西宁,王洛宾即着手给这首定名为《在那遥远的地方》的歌词谱曲。期间,由于受到他在青海时所搜集的一首哈萨克族民歌《羊群里躺着想念你的人》的启发,在充分吸收了其个别调式与音素的基础上,又采用了汉族民歌中鲜见的欧洲七声音阶调式,从而使《在那遥远的地方》既具哈萨克族民歌的旋律,又有青海藏族民歌的风格,再辅之上下两个乐句优美抒情,比兴歌词朴素简洁,几乎达到了自然和谐、生动流畅的完美境界。

这支歌曲在西宁演出后不胫而走。同时，王洛宾又像往常一样，将它寄给远在重庆的校友赵启海。经赵在重庆演唱后，轰动一时，随即又传向各地，甚至辐射到南洋各国。赵启海后来赴美留学时，又将这首歌传唱至美国。1947 年底，王洛宾利用奉命为马步芳出差北平的机会，参加了母校北平师范大学 45 周年校庆活动，被特邀上台做报告、谈感想。该校音乐系师生为王洛宾举办了专场音乐会，演唱的全是王创作改编的《在那遥远的地方》等西北民歌；《北平日报》为此还刊发了《西北风刮来了王洛宾》一文，对其十年来在搜集、编创民歌方面的事迹和成就作了介绍。由此，王洛宾声名鹊起。

## 历经风雨终不朽

1941 年 3 月，当王洛宾回到兰州，与住在那里已有外遇的爱妻洛珊办了离婚手续，正欲返回青海之际，却被国民党兰州军统特务机关当作"共党嫌疑分子"逮捕入狱。为此，马步芳还做过一番营救的努力，直至 1944 年 5 月，王洛宾才出狱。马步芳用专车将王洛宾接回西宁，并亲自设宴为他接风洗尘。马在祝酒词中说："现在，全国各处都在唱一个青海民歌《在那遥远的地方》，这是王教官为我们青海省争来的荣光！我要让他们都知道，我青海省有一个王洛宾王教官！"此后，王洛宾备受马步芳器重，先后被提携为国民党第四十集团军军官训练团音乐教官、国民党西北行政长官公署政工处上校文化高参等，穿上了国民党军服。

1949 年 9 月，西宁被王震将军率领的第一野战军一兵团解放后，当该兵团政治部宣传部副部长马寒冰偶尔在旧政府人员名单上看到王洛宾的大名时，便联想到他可能就是创作了《在那遥远的地方》等民歌的作者，于是一路打问到王在西宁的家里，经过寒暄，果然正是此人。马寒冰如获至宝，当即诚邀王洛宾参加人民解放军，一同挺进新疆，这正合王的心愿。入伍后，王洛宾很快被任命为一兵团政治部宣传部文艺科副科长。

此后，王洛宾激情勃发、只争朝夕，又编创了一些反映新形势、歌颂新生活的歌曲。同时，各种报道和荣誉等接踵而至：1986 年 11 月，新疆军区政治部、新疆音乐家协会联合举办王洛宾作品音乐会，首次向社会全面介绍了其音乐作品，并授予他"人民音乐家"的光荣称号，新疆人民出版社也出版了英汉对照版《在那遥远的地方》等歌曲集；1990 年 4 月，台湾女作家三毛慕名来到乌鲁木齐市采访了王洛宾，而后在中国台湾地区和新加坡报刊上发表了《中国"西北民歌之父"一鞭钟情》和《在那遥远的地方找到原作者》等文章，使王洛宾再次引起海外的瞩目；1992 年 10 月，《在那遥远的地方》荣获国家文化部、中国唱片总公司颁发的"金唱片创作特别奖"；1993 年，《在那遥远的地方》《半个月亮爬上来》入选"20 世纪华人音乐经典"，他本人也应台湾中华文化促进会之邀，出席了在台北举办的"在那遥远的地方——王洛宾之歌"音乐会；1994 年 7 月，他被联合国教科文组织授予"东西方文化交流特别贡献奖"。

王洛宾在乌鲁木齐病逝两个多月后的 1996 年 5 月 26 日，北京金山陵园为其举行了墓碑落成暨骨灰安放仪式。陵园里低回着《在那遥远的地方》的旋律，黑色大理石墓碑背面刻着的则是这首名曲的手稿。

多年来，世界著名歌唱家罗伯逊将王洛宾的《在那遥远的地方》作为保留曲目唱遍世界各地。1997 年 12 月，由著名歌王多明戈、卡雷拉斯、戴安娜·罗斯在台北主演的"跨世纪之音"广场音乐会上，三位歌王在演唱了世界上最著名的歌剧和歌曲后，又特地用华语演唱了《在那遥远的地方》，以表示对王洛宾的纪念。因此，海外万年青合唱团成员谢克伦老人在写给王洛宾三子王海成的一封信中这样写道："（'跨世纪之音'）演唱会在最高潮时用了王洛宾先生的一首不朽之作《在那遥远的地方》结束了这场音乐会。这首歌被法国巴黎音乐学院作为东方声乐教材。王洛宾先生给中国的民歌史写下了光辉的音乐史篇。作为一个漂泊在海外的中国人，我们从内心感谢王洛宾先生，一曲《在那遥远的地方》也鼓舞着我们所有在海外的华人……"而美国纽约南威合唱团对王洛宾歌曲的艺术魅力则更是给予了高度赞誉："我们从自己儿时唱，唱到今天儿女成群，从我们年轻时唱到已不年轻的今天，您的歌一直回荡在我们幼稚园的课堂里、我们校园生活的每一个年代，在我们的婚礼上、聚会中，以至于到现在的每一场演出中……"

# 一首歌的浮沉

——歌曲《跟着共产党走》的历程

———

诸有琼

你是灯塔，照耀着黎明前的海洋；

你是舵手，掌握着航行的方向。

年轻的中国共产党，你就是核心，你就是方向。

我们永远跟着你走，人类一定解放；

我们永远跟着你走，人类一定解放。

《跟着共产党走》（又名《你是灯塔》）这首歌曲，由沙洪作词，久鸣作曲，诞生于 61 年前。半个多世纪以来，这首歌曲从抗日战争时期的沂蒙山老革命根据地，传唱到解放区、国统区，一直唱遍全中国，深受广大群众的喜爱。但是，它那段坎坷的历程却鲜为人知。

## 《跟着共产党走》歌曲的诞生

1940 年 7 月 1 日，是中国共产党建党 19 周年纪念日，中国抗日军政大学一分校决定在庆祝党的生日的同时召开第一次党代会。当时，抗大一分校驻在鲁中抗日根据地——山东省临沂市沂南县的东、西高庄一带。学校决定创作一首歌颂党的新歌为这两个活动献礼。任务落实到学校的文工团，由文工团副团长王岳（笔名久鸣）作曲。久鸣表示作曲义不容辞，只要有人把歌词写出来。谁来作词？大家不约而同地想到校政治部的宣传干事沙洪。这时离"七一"只有几天，时间紧迫。文工团党支部书记史屏问久鸣敢不敢与沙洪竞赛，久鸣说："赛就赛吧，沙洪写词用多久，我谱曲的时间不会比他长。"

史屏找到沙洪后，他爽快地答应下来，立即构思，拿出纸笔，只用了 10 分钟左右的时间就写好了。歌词把党比作"灯塔""舵手"，歌颂党是领导的"核心"，代表着前进的"方向"，反映了当时山东半岛和整个抗战形势下党的形象。

史屏兴冲冲地拿着歌词稿回来，交给了久鸣。久鸣说："我要到外面找个僻静的地方写，请不要打扰我。"他手持词稿，边走边吟，思路十分顺畅，很快就谱出来了。一看表，也只用了 10 分钟左右的时间。

久鸣找到史屏和沙洪，热情地唱给他们听。大家一致认为这首歌的曲调流畅激昂，有起有伏，表达了人民对党的热爱和信赖。反映了人民群众跟着党走的决心和信心，一时大家沉浸在胜利的喜悦之中。

这首歌创作出来后，马上就在文工团试唱。然后在建党 19 周年纪念会和一分校党代会开幕式上正式演出，受到了全校师生的热烈欢迎。会议结束后，代表们带着这首歌回到各自的工作单位。当时没有电台，也没有报纸，全靠口传手抄，这首歌很快就传遍了山东各解放区，后来传到苏皖等解放区，又通过党的地下工作者传到了敌占区和国统区的许多城市。

为了安全，敌占区、国统区唱这首歌时，把"共产党"改为"学生们"或"工人们",或只哼哼调门。1947 年久鸣到上海做秘密工作。有一次,他去听一个教师合唱团举行的音乐会。会上演唱这首歌时,台下的他不禁捏了一把汗。当听到他们把"年轻的中国共产党"改唱为"年轻的中国学生们"他悬着的心才放下了。他为党的影响深入了敌人的心脏而感到兴奋和激动。

这首歌词的作者沙洪(原中央组织部秘书长、宋庆龄基金会副会长)和曲作者王久鸣(作曲家、原中国音乐家协会河南省分会副会长)当时还是 20 岁和 22 岁的青年,也都只有两年的党龄。他们怎样能够创作出这样好的歌曲呢?

沙洪说:写歌词的任务虽然比较急,但当时并不觉得是"赶任务",我在思想上和感情上好像已经有了准备。1940 年 6 月,抗日战争已经进行了三年,广大人民群众不但没有被日寇吓倒,而且在我党领导下,信心百倍地浴血奋战。他们清楚地看到,只有中国共产党和八路军,才是抗日的中坚力量,是真正同人民群众同甘共苦的,是全心全意为人民服务的。因此,人民群众无限热爱党,拥护党。我作为一个年轻的共产党员和八路军宣传战士,从周围群众中感受到、看到、听到这种朴素的感情和坚定的信念,我的心灵深处也积聚着同样的思想感情。可以说,这歌词是从我心中迸发出来的。

久鸣是这样说的:沙洪的歌词,4 句话,57 个字,把党比做灯塔、舵手,党在革命中起核心作用,指出前进的方向,结尾肯定:只要跟党走,人类一定得解放。语言精练,比喻得当,形象鲜明,含义深刻。我拿着词稿,一边走,一边哼,走到一棵大树时,头一句的旋律已经哼出来了。头句的后半句旋律向上行;第二句头半句,与开头旋律相同,后半句则变为下行。这样,既对称,又有起伏变化。第三句的曲调转了,从低到高,在 8 度范围里盘绕。结尾把末句词重复一遍,以强调信念。

在重复句的旋律上，把音提高 5 度，突出全曲最高音，以肯定这一信念、出现高潮作结。曲谱用的"6"（音拉）调式，"6"调式的大调具有雄壮的调性。

了解久鸣的朋友说，久鸣不仅具有战士的品格，同时具有相当的音乐修养。他对于歌词有着很强的理解力和表现力。他有丰富的音乐语言，又有熟练的技巧组成完美的曲调。他用坚定而奔放的旋律，完美地再现并生发了歌词的语言及其内涵，这是人民发自内心的声音。

## 《跟着共产党走》歌曲的厄运

《跟着共产党走》这首政治抒情歌曲，在祖国大地上广为传唱，受到广大党员、群众的热烈欢迎和喜爱。万万没有料到一场厄运突然降临。

1949 年 10 月，苏联以法捷耶夫、西蒙诺夫为正副团长的文化代表团在北京参加开国典礼后，要到上海访问。上海市委开了六七百人参加的宣传工作会议，布置如何接待苏联代表团。会议由市委宣传部副部长黄源主持，主讲人是中共华东局宣传部副部长冯定。上海市音协有七人参加。在招商局工作的王久鸣是音协常务理事，也作为音协代表出席了会议。

在讲到注意事项时，冯定说："有两首歌不能唱，一首是《团结就是力量》，因为曲子是美国的流行曲；另一首是《你是灯塔》，因为它抄袭苏联的追悼歌。"

突如其来的宣布，王久鸣好似头上挨了一棍，脑子嗡嗡作响，后面的讲话已听不进去了。"抄袭"加在一个作者头上，何等可耻！他强忍着到台上讲完话，在征求意见时，第一个站起来说："刚才宣布不准唱的《你是灯塔》，作者就是我。"接着，他讲述了这首歌创作的情况和过程后，问："请问根据什么说这首歌是抄袭苏联追悼歌？"

有关领导解释说："这是听北京来人说的。开国大典上，军乐队奏了《你是灯塔》，苏联文化代表团中有人说，奏的乐曲像苏联的一首追悼歌，陪团翻译听到了这话。既然苏联代表团中有这看法，在他们到上海访问期间，暂时不唱为好。至于是否抄袭，会后我们调查一下再说。"

但是由于会上宣布不唱，苏联代表团走后又没有宣布可以唱，因此王久鸣所在的招商局广播室，在《你是灯塔》唱片上贴上了"禁唱"的字条，还打了个"×"。以后，上海市电台也不再播放这首歌了。这个消息越传越广，越传越邪乎。甚至有人听说这首歌是"反动"的，是"站在海边"，"唱给台湾"的。这首歌虽未明令禁唱，却从此销声匿迹了。

一晃30年过去了。与久鸣熟识的人问："为什么不争个真假分明？"不了解的人说："老解放区音乐工作者水平低，尽是土包子，只会打腰鼓、扭秧歌，有几个会作曲？《灯塔》这首歌还不错，可那是抄外国的。"

久鸣向上海市音协主席章枚反映情况，章枚深表同情。他把此事告知全国音协主席吕骥，并建议久鸣直接找吕骥谈。吕骥是久鸣在延安鲁迅艺术学院学习时的老师。吕骥说："《灯塔》是创作，不是抄袭，我可以作证。所说苏联的追悼歌，可能是指《光荣的牺牲》这首列宁生前喜欢唱的歌曲，但与《灯塔》的旋律没有一句相同。苏联的歌曲'6'（音拉）调式很多。《光荣的牺牲》是'6'调式，《灯塔》也用'6'调式，所以苏联人说曲调有点像苏联的追悼歌。"吕骥又说："北京没听说苏联文化代表团对《灯塔》正式提过什么意见，这只是上海一个地方宣布的，要由上海当事人负责解决。"吕骥还说，他已经把此事向中宣部陆定一部长反映过，陆的意见是，既然上海的同志宣布错了，应该向作者赔礼道歉。王久鸣希望能在报刊上发表一篇文章，澄清事实，纠正各种误传，使这首歌能重新播放。吕骥认为，报刊发表文章未免小题大做，再说，首都没听说苏联代表团提意见，上海的同志也只在会上讲一下，并未明令禁唱。

1977 年，王久鸣又写信给吕骥，希望他帮助解决。吕骥回信说："《你是灯塔》这首歌的问题，我想到最好是在《人民音乐》上再发表一次。昨天，我和编辑部的负责同志谈到这个问题。他们表示同意。你是否写一封简单的信给《人民音乐》说明这个问题的经过。信可由我转，也可直寄他们，你看如何？"

久鸣考虑到《人民音乐》刊登这首歌，只是作为历史歌曲刊登，并未涉及是否"抄袭"，并不能使群众了解真相。1978 年《人民音乐》3月号上发表了这首歌曲和有关说明。

1979 年 11 月，久鸣被邀参加第四届全国文代会。他在小组会上发言时，谈到《灯塔》的遭遇，代表们纷纷表示同情，并作为小组提案请主席团在大会上为《灯塔》平反。但文代会有一条规定，涉及作品平反一类问题，一律不在大会上解决。

问题仍然没有彻底得到解决。

## 《跟着共产党走》歌曲的复生

1979 年冬天，久鸣见到了时任北京大学副校长的冯定同志。年近八十的冯定见到久鸣后一再说，他那次轻信人言，搞错了，很对不起。根据这次谈话，由冯定的夫人代笔写了一封道歉信。信的全文如下：

王岳（即久鸣——作者注）同志：

今天上午收到你的信，对你这个人我已没有什么印象了，但对这件事，我还是记得的。正如你信上说的那样，这件事是由北京来人传话，由我和在上海主持宣传工作的几位同志执行的。现回想起来，这件事如此匆忙，主观地轻信人言，实在是太不应该了。是一种粗暴的工作作风！经过这数十年来的风风雨雨，我更能体会你被诬指的心情。首先，我在这里向你赔礼道歉！

至于对这件事的纠正工作，我想可以在音协的刊物上发表文章，公开平反。可以发表一组文章，其中可以包括这几方面的内容：用音协编辑部的名义发表这支歌的创作始末和在全国各地流行的情况。另外，我可以用个人名义，发表对这件事的错误处理经过，目的是向作者和作品赔礼道歉；另外，总结在执行党的文艺政策方面的经验教训，对今后工作引以为戒。另外，作者本人也可发表文章，表达自己的看法。你看这样可好？

欢迎你来。

此信由我口述，别人执笔。

此致

敬礼

冯定

1979 年 11 月 27 日上午

久鸣再次找到吕骥，把冯定的信给他看，并表示希望登报。吕骥说："你去找《光明日报》文艺部的杜惠商量一下。"

电话打通了，杜惠要他把歌词念给她听，又说："我想知道这首歌是否过去唱过，你唱一下，我好知道有多长，占多大篇幅。"于是久鸣在电话里把歌词小声地唱了一遍。杜惠说："这首歌啊，我唱过。你来吧，把冯定的信连同歌谱都带来。"

久鸣到光明日报社与杜惠面谈。杜惠让他把歌和冯定的信留下。久鸣采用读者来信的形式写了"禁唱"的经过情况。12 月 12 日，久鸣到报社看了清样，杜惠亲自把清样送请吕骥、冯定审阅。

1980 年 1 月 15 日，《光明日报》在第三版上发表了《关于歌曲〈跟着共产党走〉》一文，内容包括久鸣的来信、冯定的信和歌曲。

《光明日报》为这首歌恢复了名誉。许多老朋友和不相识的读者纷纷给久鸣写信、打电话表示祝贺。

接着，《中国青年报》也登了这首歌，中央人民广播电台播放了由著名指挥家胡德凤指挥总政歌舞团演唱的这首歌。以后，《解放军报》《人民日报》《羊城晚报》等多家报刊先后刊登了这首歌和相关的报道。

1980 年 3 月 5 日，解放军总政文化部发出《关于向全军推荐 12 首歌曲的通知》，推荐的歌曲中就有《跟着共产党走》。6 月 28 日，中央人民广播电台召开座谈会，请歌词作者沙洪和曲作者王久鸣谈创作这首歌曲的历史背景、流传情况，以及当时根据地人民群众对党衷心拥护和爱戴的情景。电台以《歌声中的回忆：你是灯塔》为题播出。

2001 年 6 月 29 日，在庆祝建党 80 周年的《红旗颂》大型文艺晚会上，演唱了《跟着共产党走》这首歌曲。

为了弘扬这首歌曲所表达的沂蒙人民对党的爱戴，焕发群众和党之间深厚的鱼水之情，临沂市在这首歌曲诞生地沂南县东高庄村建立了纪念碑。7 月 1 日，举行了纪念碑揭碑仪式。

这里竖起了三座花岗岩的纪念碑：一座碑上刻着原山东省政协主席李子超题写的"你是灯塔"四个鲜红的大字；另一座碑上刻着歌词作者沙洪题写的"永远跟着共产党走"；还有一座碑上刻着《跟着共产党走》的歌词和曲谱。这里成为进行革命传统教育和爱国主义教育的基地。

# 戴爱莲归国首演《思乡曲》

王少明

　　近日，我翻出一张 66 年前自己拍摄的照片，那是我国舞蹈大师戴爱莲从英国回到祖国后首场演出的精彩一瞬。照片上是她根据我国音乐大师马思聪的小提琴独奏曲《思乡曲》创作表演独舞的留影。我不禁感慨万千，思绪回到当年，顿时，两位艺术家联袂演出轰动重庆的景象浮现在了眼前。

　　时间虽然已经过去 60 多年了，但我第一次见到戴爱莲的情景仍然记忆犹新。1940 年初，著名画家叶浅予、舞蹈家戴爱莲夫妇从香港辗转广州、桂林，长途跋涉到达重庆。当时正赶上侵华日军的飞机接二连三地疯狂轰炸重庆。他们寄住的朋友家就被敌机第一次空袭炸毁。于是，他们不得不搬到一家小旅馆去，但不幸的是，又遭到第二次敌机的轰炸。在不到一个星期短短的时间里，他俩被迫搬了三次家，这对新婚夫妻饱受了日本侵略者空袭带来的灾难。趁敌机暂停轮番轰炸的喘息之际，叶浅予为了将戴爱莲的舞蹈艺术介绍给文艺界的朋友，特在重庆中国电影制片厂的抗建堂影剧院举办了一次内部的小型舞蹈专场表演会。

被邀请来的有郭沫若、洪深、阳翰笙、应云卫、史东山、舒绣文、黎莉莉、白杨、陶金、马思聪、吴晓邦、丁聪等文艺界的知名人士和他们的亲朋好友。有些临时得知演出消息的文艺工作者也赶来观看演出，都想争先一睹这位海外归来的青年舞蹈家的舞艺和风采。

戴爱莲 1916 年生于西印度群岛的特立尼达。幼年时进当地的舞蹈学校。14 岁随母亲到英国伦敦学习舞蹈，曾先后师从著名舞蹈家安东·道林、鲁道夫·拉班等学习芭蕾舞、舞蹈表演理论和舞谱，后来又投奔现代舞大师玛丽·魏格曼等学习现代舞。在学习了芭蕾舞的传统技巧后，她被现代舞的丰富表现力深深地打动，在当时芭蕾舞与现代舞相互对立的状态下，她就曾大胆地提出现代舞蹈与古典芭蕾应相互借鉴、优势互补的学术见解，已经有了博采众长、发挥创造的开放意识，这对她以后的舞蹈创作和表演的艺术道路具有积极意义。1937 年，她曾在伦敦多次参加保卫中国同盟组织筹集抗日资金的义演，1939 年她毅然回国参加抗日的宣传工作。

在抗日战争的艰苦环境下，能够欣赏到戴爱莲的舞蹈演出，在当时是一次极为难得的艺术享受。在重庆的文艺工作者们也是第一次认识这位从海外归来的华裔青年舞蹈家。当时，我们几个年轻人活跃在重庆雾季演出的话剧舞台上从事舞台美术工作。我们参与协助了戴爱莲的首场演出，为她做舞台灯光、舞美工作，所以有幸目睹了这次演出的盛况。当演出完毕，大幕刚刚落下的那一刻，观众席上就响起了热烈的掌声。戴爱莲跳得满头大汗，没顾上谢幕，就急匆匆地跑到后台冲到我们几个小青年的面前，激动地挥舞着抱拳的双手，用她刚刚学会的英语调的汉语，喘着气连声高喊："谢谢！谢谢！"向我们表示深深的谢意。我们几个年轻人在对她的舞蹈艺术表示极为钦佩的同时，也对她热情友好、平易近人的品德留下了深刻的印象。

　　这次演出会后不久，时任重庆中华交响乐团首席小提琴演奏家兼指挥的马思聪和该团首席大提琴演奏家朱崇志在重庆中国电影制片厂的抗建堂举办大、小提琴合奏音乐会。马思聪亲自演奏了他创作的小提琴独奏曲《思乡曲》和《塞外组曲》等，并由他的夫人担任钢琴伴奏。

　　马思聪于 1912 年生于广州，曾经两度赴法国学习音乐，主修小提琴和作曲，1931 年回国后在华南和西南等地演出和任教。1936 年他从故乡广州来到北方，接触了北方的民间音乐，在艺术上有了一个大的转折。他吸收了北方民歌的音乐元素，于 1937 年创作了小提琴《内蒙组曲》《新疆组曲》等。《思乡曲》是《内蒙组曲》的第二首，采用内蒙古民歌中"城墙上跑马"的旋律，由 4 个短小的乐句组成，以民间常用的变奏曲式表达了眷恋故乡的深情。这首优美动人的乐曲，是马思聪 25 岁时的成名之作，至今保持不灭的光辉，被音乐界人士誉为"最值得欣赏和铭记的曲子"。它不仅代表了一个时代的声音，也成为中外小提琴乐曲的经典之作。马思聪在后来的创作中多是将西洋音乐的技巧与中国的民族音乐相结合，尤其是运用小提琴的艺术谱写了许多表现民族文化特色和情感的音乐作品。

　　马思聪当时演奏的《思乡曲》以其幽怨、悲怆的旋律，深切、委婉的情感表现了在侵略者铁蹄下的人民流离失所、渴望回到故乡的主题，其曲调如泣如诉，具有非凡的魅力，让在场观众都沉浸在浓郁的情绪之中。作为舞蹈艺术家的戴爱莲回到祖国内地后，这是她第一次听到中国音乐家创作并演出的小提琴独奏曲，她如醉如痴、欣喜若狂。在结识了马思聪以后，一种强烈的创作激情和冲动涌上心头，她决定将这首《思乡曲》改编成独舞，并希望能与马思聪合作演出。很快，她经过精心的设计和巧妙的编排，就使音乐《思乡曲》具有了舞蹈表演的立体艺术形式。在即将公开的首场演出中，戴爱莲将《思乡曲》和《塞外组曲》

两个新创作的独舞节目列入其中，使其首次展现在观众面前。

叶浅予和戴爱莲在重庆文艺界知名友好人士的大力协助下，紧张地筹划着戴爱莲回国后的首场公演，由于得到了重庆中华交响乐团和舞蹈界人士的赞许和支持，于是他们决定将音乐和舞蹈联袂演出，举办一场重庆中华交响乐团音乐会暨戴爱莲、吴晓邦舞蹈表演会。消息一经传出，立即在山城引起了极大的轰动。

在筹备演出期间，叶浅予和戴爱莲夫妇在漫画家丁聪等人的陪同下，专程来到重庆观音岩一路100号重庆中国电影制片厂驻渝办事处兼职工宿舍的简陋竹制小楼房里，诚心诚意地邀请我们几个青年舞台美术工作者担任演出的舞台美术装置和灯光设计工作。记得当时参与的五位青年是姚宗汉、张垚、苏丹、章超群和我。著名导演应云卫曾将我们五个小青年命名为"第五中队"，并自封为队长。戴爱莲通过叶浅予向我们详细介绍了她演出的节目和对舞台美术的初步设想，我们五位青年都欣然表示同意，立即接受了他们的邀请，并表示将竭尽全力搞好舞台美术工作。戴爱莲听了非常高兴，立即从椅子上跳起来，跑到我们面前热情地和我们几人一一握手，又用半中半洋的中文连声表示"谢谢！"还乐得像个孩子似的合抱双手作揖道谢。叶浅予看到如此热烈友好的情景，马上掏出随身携带的速写本来，以他敏锐的观察力、高超的速写技巧，为我们几个青年人每人画了一幅肖像画。记得将张垚矮小的外形夸张画成了像美国1938年著名动画电影《白雪公主》里的小矮人形象；将我圆圆胖胖的脸庞画成为笑面弥勒佛。每个人物都惟妙惟肖，令人叫绝，逗得旁边的人捧腹大笑。我们对叶浅予当场作画相赠，甚为感动。事后每个人都悬挂在宿舍里各自的床头品赏自乐；然而，遗憾的是，事隔不久，日军的飞机狂轰滥炸，我们住的小竹楼也难逃厄运，这几幅珍贵的速写肖像画就被埋葬在山城的废墟瓦砾堆里了，给我们留下了极大的遗憾。

重庆中华交响乐团音乐会暨戴爱莲、吴晓邦舞蹈表演会，定在重庆闹市中心最大的国泰大戏院演出。重庆作为抗战时极其闭塞的西南重镇，观众以往只是在电影的银幕上看到过欧美的芭蕾舞演出场景，从没有亲眼目睹过芭蕾舞演员真人在现场的演出，所以，遇此千载难逢的机会怎能错过。于是在国泰大戏院门前立刻就排起了购票的长龙。从售票窗口不时传来浓重的四川口音在喊："买用脚尖跳舞的票！"顷刻，全部入场券就销售一空。首场演出时，不仅座无虚席，就连剧场的通道上都挤满了买站票的观众，还有许多人在剧场外面等候退票，足见人们对这场演出的关注和期待是多么强烈。

演出的上半场是中华交响乐团的音乐会。作为战时内地的著名交响乐团，拥有著名的小提琴家马思聪、黎国荃，大提琴家朱崇志等。他们演奏的多是世界古典名曲，在当时战乱的情况下，能听到那么美妙的音乐应属很难得的艺术享受了。可是观众席间却时时发出不和谐之音，总有嗑瓜子、摆龙门阵和嬉笑的噪声干扰演出，使得一些音乐爱好者百般无奈，难以忍受。可是到了下半场，转为戴爱莲、吴晓邦的舞蹈表演时，剧场内立刻出现了巨大的转机，当灯光黑暗、音乐响起的一刹那，全场鸦雀无声，观众的注意力都被吸引到了舞台上。

马思聪为戴爱莲的独舞配乐，亲自演奏他的《思乡曲》。当优美、清丽又哀婉的琴声传出时，舞台上帷幕徐徐升起，蔚蓝色的天幕下展现出辽阔的西北黄土高原的背景，舞台的右侧停放着一辆装有双轮大轱辘带篷的马车。一束圆锥体的白色强光直射到依靠车旁坐着的穿中式服装的农家少女——表演者戴爱莲身上。伴随着由远而近的琴声，少女徐缓地竖起脚尖，翩翩起舞，用舞蹈语汇表现琴声中忧伤、怀恋和热爱故乡的浓烈之情。除去《思乡曲》外，戴爱莲还跳了根据马思聪的《新疆组曲》改编的《塞外舞曲》独舞。她的表演充分显示了扎实的舞蹈功底、高超的编导技巧和精湛的舞艺，以及对中国民间艺术的融合；因而，当时全场观众都屏息静气，全神贯注地边听边看，唯恐漏掉舞者的每一个细微的动作，珍惜这一个千载难逢的美好时刻。马思聪可以说是中国小提琴音乐的开拓者，而戴爱莲称得上是中国舞蹈艺术的先驱者和奠基人，1940 年这场珠联璧合的演出之际，戴爱莲 24 岁，马思聪 28 岁。两位都是刚从国外归来充满爱国激情又颇具艺术造诣的年轻艺术家。他们尝试洋为中用，又利用本土原创的民族艺术，将动听的音乐与优美的舞蹈结合在一起，这的确是一次开创先河的艺术实践。

演出结束后，观众报以长时间的热烈掌声，舞台的大幕刚刚落下，又不得不再次开启。在欢呼声中，戴爱莲一而再、再而三地登台谢幕。她激动得热泪盈眶，不停地鞠躬并挥手致谢。在这次演出中，著名舞蹈家吴晓邦也表演了《思凡》《国旗舞》等独舞节目，还与其弟子盛婕合演了双人舞。师生合作，婆娑起舞，他们优美的舞姿和精彩的表演，也频频获得观众的掌声。

戴爱莲回国的首场演出取得了圆满的成功。她将舞蹈与音乐有机结合，将芭蕾舞、现代舞和民间舞融为一体，吸收民间传统艺术的精华，着力表现中华民族的现实生活的创作态度和方法，在当时社会上引起了较大的波澜，得到了广大观众的热烈好评。

对于这次演出的舞美工作，我们几个青年人都十分重视。在战时物资匮乏的年代，我们几人尽力配合演出的要求，克服各种困难，精心设计、精心制作，尽力达到完美的舞台效果。为了烘托舞台气氛，增强艺术感染力，特意在舞台的装置上增添了两侧的几道边幕，以加强视觉的纵深感；又在舞台的顶部悬挂了白色的轻纱，以制造出幻梦的意境。在灯光方面除加强调控天幕和表现远景天片的色彩和明暗度之外，在当时没有追光灯专业设备的条件下，大胆地采用普通的聚光灯来代替追光灯；并想方设法找到奇异牌1000瓦的强光灯泡，换下500瓦普通灯泡，制造出较强的追光效果。为了防止强光灯泡产生的高温会影响到聚光灯灯具或聚光透镜的炸裂，还特意配备了一名电工手握电风扇不停地吹风降温，确保演出的安全。当我们把一束强光做追灯，紧紧地罩着舞蹈者旋转、跳跃时，不仅立即吸引了观众的视线，而且使观众能够清晰地观赏到表演者的细微动作和高难度的技巧。叶浅予、戴爱莲夫妇对此非常满意，赞不绝口。我们几个青年人也从参与这次舞美工作中尝试了很多以往没有经历的实践，受益匪浅。

戴爱莲回到祖国，怀着满腔的热情想要参加到抗日斗争中去。重庆只是她回内地行程中的一站，而她真正向往的目的地是革命圣地延安。她希望能为抗日救亡的革命事业贡献自己的艺术青春。她和叶浅予在香港结婚时，宋庆龄曾亲自出面做他俩的证婚人。当他们离开香港到内地时，宋庆龄又亲自发函给周恩来，介绍戴爱莲急于想到延安的意愿。他俩到达重庆后，不久，在重庆化龙桥八路军办事处，周恩来接见了他们夫妇，非常诚恳地告诉他们，此时，大后方更需要他们，希望他们能够留下来在重庆开展抗日宣传工作。众所周知，当时国民党当局为了极力阻止进步青年投奔延安，沿途设置了重重关卡，严加盘查和搜捕。有的青年只走到重庆市郊的第一关卡青木关，就被军警特务拘留查处。有大批想奔赴延安的青年学生被关进西安的牢狱里，遭到残酷迫害，甚至被无辜枪杀。在如此严峻的形势下，戴爱莲只得决定暂时不去延安。

1940年深秋，他们夫妇俩又回到香港。叶浅予将此次战时大后方的所见所闻绘制成《重庆行》的漫画88幅，在香港展出，反响很大。后又着手准备前往新加坡，一方面举办叶浅予的画展，一方面推出戴爱莲的舞蹈演出，共同宣传中国人民在抗日斗争中的顽强精神。可是，当年底太平洋战争爆发，日军侵占了香港，他们夫妇俩混入难民中逃离了香港，辗转又回到了重庆。戴爱莲任教于重庆郊区的北碚育才学校，创办舞蹈组，还组织人员前往川北和西康藏彝少数民族地区采风，广泛搜集民间音乐舞蹈的资料，不断地积累生活素材，为以后创作民族民间舞蹈打下了坚实的基础。新中国成立后，她从事编导、表演和教学工作，创作了很多经典的民族舞蹈，如群舞《荷花舞》和女子双人舞《飞天》等都是她的传世之作。

# 他是人民的知音　人民是他的知音

## ——怀念音乐家劫夫

傅庚辰

相信群众，依靠群众，从群众中来，到群众中去，集中起来，坚持下去，一切为了人民群众的利益，这是中国共产党的工作路线。在音乐界，劫夫是执行这条路线的模范，他的作风、他的创作道路与人民群众有着血肉联系，他的身上仿佛有着一种与生俱来的与人民群众不可分割的共性，他的言谈举止、他的音容笑貌和群众是那样的水乳交融，他盘腿坐在群众中间，似乎你很难分辨哪个是老百姓、哪个是他，他对群众需要的敏感性，对时代需要的敏感性，对生活需要的敏感性极强。他把一个革命音乐家的思想情怀和现实生活、时代精神、人民命运的高度统一，把民族民间音乐和革命精神的高度统一，把深刻的革命思想和群众易于接受的艺术形式的高度统一，是难能可贵的，这是他的成功，是他留给我们的宝贵经验和财富。

1943 年日本侵略者在晋察冀边区实行大扫荡，在完县野场村制造了"野场惨案"，我们 118 个老乡为了保守八路军的秘密，在敌人机枪和刺刀的威胁下英勇不屈，全部壮烈牺牲，劫夫闻讯赶到惨案现场，面对尸骨和鲜血，痛哭失声，悲愤万分，当场写下了《忘不了》这首歌，词曲几乎同时涌出。歌曲形象之逼真，情感之浓烈，曲调之动人，字字血、声声泪，是对日寇暴行的血泪控诉，获得了强烈的效果，达到了很高的艺术境界，成为叙事歌曲的典范。1963 年当我们的国家在前进的道路上面对许多困难，国外敌对势力刁难我们，有些人怀疑"中国的社会主义能不能走下去"的时候，劫夫以其坚定的理想信念敏锐地抓住了这个时代的重大主题，高唱出"我们走在大路上，意气风发斗志昂扬，共产党领导革命队伍，披荆斩棘奔向前方"。这首由他自己作词的歌曲《我们走在大路上》很快传遍全国、鼓舞了一代又一代的人们奋勇前进。1966 年，河北邢台发生大地震，劫夫迅速赶往灾区，创作出反映灾区人民心声的歌曲《天大地大不如党的恩情大》，创作速度之快、选取切入点之准、产生效果之强都是惊人的。歌曲作为灾区人民的决心和誓言，作为党和人民血肉相连的赞歌，产生了巨大影响，受到同一时期到达灾区的周恩来总理的称赞，周总理还特别谈到他很佩服劫夫能在党和国家遭受困难的时候写出《我们走在大路上》这样鼓舞革命精神的歌曲。

最能说明问题的例子莫过于前辽宁省委文化部长、著名音乐家、中国音乐学院首任院长安波同志的一段回忆，那是在烽火连天的抗日战争年代，安波到群众中去采访，一位村干部讲起他的对敌斗争经历：他被捕了，敌人给他坐过三次"老虎凳"，灌了六次"辣椒水"，他几次"死去活来"，但他始终没有吐露一字秘密。安波在感动之余问这位村干部：是什么力量支持他的？哪知他不慌不忙地回答说："是两首歌子。"安波问："那是什么歌子呢?"村干部答："歌子没什么稀奇，我们这里谁都会唱，一首是《歌唱二小放牛郎》、还有……"这时屋中"松明子"亮了起来，照在一副副年老和年轻人的脸上，他们个个带着严肃和深沉的目光，完全陷入了对敌斗争的回忆中，村干部喊了声："一、二！"歌声立刻划破深山长夜的寂静："你要我唱一支歌，我唱个民族英雄王禾"……当唱到"敌人用开水浇他、割去他的耳朵……他不言不语挺立不动"时，我看到很多老乡眼里闪着泪花，然而他们仍然引吭高歌下去："直到行刑那一天，英雄的颜色一点没有变……"这就是劫夫歌曲的战斗作用。于是安波当即致信劫夫："昨天晚上我们听到了一次世界上最美好、最高尚，也是最动情的歌声……这首歌就是你与方冰合作的《王禾小唱》。你应该从这件事中得到安慰、得到鼓舞与力量，你应该紧握你的笔杆。不，不是笔杆，而是一挺千金难买的重机枪！我相信在全国人民解放后，你在我们之中是最有资格大笑几声的！"这是多么生动的例证，一首歌曲在普通老百姓的身上产生这样大的力量，可见作品和作者与人民群众融合之深！劫夫是人民的知音，人民也是劫夫的知音。

深入浅出、雅俗共赏是艺术创作上很高的境界。这需要相当的功力，需要作者对生活的深刻观察，深入开掘和高度概括、需要选准下笔的切入点，提炼形象生动的语言，做到一语中的，劫夫的作品就有这样的境界。他的许多作品都是深刻的内容、简练的形式、生动语言的高度统一。抗战时期的歌曲《王禾小唱》《歌唱二小放牛郎》《忘不了》……解放战争时期的《国民党一团糟》……新中国成立后的《革命人永远是年轻》《我们走在大路上》《天大地大不如党的恩情大》等许多作品都是这样。特别是他为毛泽东诗词所谱写的许多歌曲更是如此。《蝶恋花》《送瘟神》《咏梅》《为女民兵题照》等许多脍炙人口的诗词歌曲都以其深入浅出、雅俗共赏的美学品格和艺术魅力赢得了广泛的赞誉，成为艺术上的精品。中央电视台为纪念毛泽东主席诞辰 110 周年播放的"毛泽东诗词颂歌"大型晚会里竟有劫夫同志的七首作品。由此可见他的诗词歌曲影响之深远，我想这是历史对艺术家及其作品的选择。艺术悟到高深往往删繁就简，当然这个"简"是有深刻内涵和深厚根基的。劫夫的创作为我们作出了范例。

作为音乐教育家、前东北音专校长、沈阳音乐学院院长，劫夫的功绩是不可磨灭的。他在自己的创作上走民族化的道路，在主持东北音专、沈阳音乐学院的工作中也是非常重视民族音乐教育的。学校专门设立民族音乐课，设立民族器乐专业，系统地讲授民歌戏曲，他要求作曲系的学生必须背会 50 首以上的民歌和系统地学习两个剧种以上的戏曲音乐，在创作上走深入生活、深入群众、深入民族民间的道路，这对沈阳音乐学院作曲系学生们的成长产生了深远影响，这种影响在秦咏诚、雷雨声、谷建芬、杨鸣、藏东升、傅庚辰等许多人的身上和作品里都显而易见。拿我来说，我作曲的电影《地道战》音乐之所以能写成，和我在学校时期系统地学习了《河北梆子》是分不开的。这种向民族民间学习的优良传统一直继承下来，沈阳音乐学院后来的教学在走这条道路，许多有成就的新一代作曲家得益于此。徐占海同志就曾向我谈起，他写歌剧《苍原》也是得益于学习了许多民歌和戏曲。

1968 年在一次劫夫和我的谈话中，他曾对我说："傅庚辰，当一个为人民服务的作曲者比当什么都强。"这句话是有深刻含义的。人民在劫夫的心中至高无上，终其一生他始终是一位人民的音乐家。

2001 年 10 月 14 日，在全国群众歌曲创作研究会召开前夕，我去北京景山公园了解群众歌咏情况，我看到有上千人自发地聚集在 起放声歌唱，曲目多为过去年代流传下来的歌曲，当唱到《革命人永远是年轻》的时候，业余指挥说："我们每个礼拜到这里来年轻一回，星期一上班就更有精神了！"话音未落，响起一片掌声和欢呼声，紧接着"革命人永远是年轻，他好比大松树冬夏常青……"那充满青春力量的歌声响彻云天，我激动的心潮起伏澎湃，我想劫夫同志若身临其境，看到此情此景，当可感到安慰。因为他的歌声已经深深地印在了人民的心中。

# 我的音乐人生

———————

蒋英口述

一

上海兰心大戏院，曾经是上海英国侨民剧团的专用剧场，也是中国最老的欧洲式剧场。1947 年 5 月 31 日，蒋英的第一场个人演唱会就是在这里举办的。

**蒋英：**我觉着我有点害怕，因为我离开上海已经十年了，恐怕没有人认识我了，所以我就想开音乐会有人来听吗？哪晓得开音乐会盛况空前，我在后台上前台去张望一下，前台全都是花篮，都几乎没有站脚的地方了，但是我很勇敢，也很高兴，于是放声歌唱，结果很好，很受观众欢迎，掌声如雷。

从蒋英远赴欧洲学习音乐，到她举办第一场个人演唱会，蒋英走过了十年的人生旅程。蒋英回忆说，她之所以能走上音乐道路，和父亲蒋百里的支持密不可分。

**蒋英**：他喜欢音乐，当他留学德国的时候，住的那家的主人是业余音乐家，凡是有大音乐会、大歌剧，他都带着我父亲去。我父亲最喜欢贝多芬，贝多芬曲子的主题他都能哼哼出来。他也教我，他看见我小时候喜欢蹦喜欢跳，也喜欢唱歌，就说，小孩将来学音乐吧！叫我学音乐的第二个原因是因为我们的中学是教会学校，有一个音乐组，有四个老师教钢琴，学校里有很多钢琴，我就报名学钢琴了。8点钟上课以前，一定要去练琴半个小时，我练得很有乐趣，回来就告诉爸爸说：爸爸，我天天练琴，练得很好，很有乐趣，你给我买一架钢琴吧。爸爸就给我买了一架钢琴，由此我就走入音乐之道了。

蒋百里是民国时期最著名的军事理论学家和文化学者，1936年，他前往欧洲考察，蒋英也与父亲同行，她的目的非常明确，到古典音乐的发源地去追寻她的音乐之梦。

**蒋英**：到了欧洲以后，他还要请专家听一听我唱歌，让专家看看我的形象。专家说我像个歌唱家，"不要弹琴，你唱歌给我听听你的嗓子"。他听了听，说："你的嗓子很好，很宝贵，你学唱，不要学钢琴。"所以我就到音乐学院去报声乐，学唱歌了。

在德国柏林音乐大学，蒋英开始了她的音乐之旅，她跟随一位意大利老师学习声乐。对于蒋英来说，德国是一个崭新的世界，让她的留学生活充满了乐趣。

**蒋英**：当初一句德文也不会，但是学语言学得快。

离开中国的那一年，蒋英只有16岁，当时她根本没有想到，这一去不但离家万里，而且出国十年，蒋英把人生中最美好的青春年华都留在了莱茵河畔。

**蒋英**：那是1937年，要打仗了，没得吃，德国人自希特勒登台以后，就见不到白面包、黄油了，所以德国人很苦。我那时候十七八岁，年轻力壮，不怕，早上一顿土豆，晚上一顿土豆，晚上还没睡觉，肚子就已经饿了，但是第二天早上照样还得起来上学，这样的日子过了一段，自己觉得出来留学本来就要吃苦的，不怕，忍着，勇敢一点。

1939 年 9 月，德国发动闪电战，占领波兰，第二次世界大战全面爆发，欧洲几乎所有的国家都被卷入了战火。蒋英的留学生活日益艰难。

**蒋英：**打仗打得厉害了，确实是没得吃了，我们最不好的时候就是又饿又困，困是什么原因呢？因为天一黑，英国飞机就要来炸，飞机声音一响我们就要逃到地窖里去，一蹲就是三小时，没觉睡，第二天早上又困又饿，挣扎着到学校里头去，学生老师也可能不在，所以那时候是非常苦的。我已经瘦得不得了了，有一个朋友，是地主的女儿，她从家里送来一打鸡蛋给我。放在桌上，别的朋友进来一看，哎呀，这么美的珍珠啊，她们多少年见不到鸡蛋了。

为了完成学业，蒋英在柏林苦苦坚持。但是很快，战争之火烧向了德国本土。迫于无奈，蒋英和两个朋友逃到了德国南部的慕尼黑，然而，蒋英始终没有忘记自己所钟爱的音乐，不久之后，她来到了中立国瑞士。

**蒋英：**瑞士是中立国，许多名人都躲在瑞士，有两个名歌唱家躲在瑞士的一个小音乐学院里头。我有一个好朋友，他知道我在南德边境，请我到瑞士去，我就在瑞士一个小音乐学院继续学习，拿到了文凭才回来。

## 二

1956 年，香港《大公报》发表了一篇随笔，作者对十年前听到的一位女歌唱家的演唱做了细致入微的描述，文章是这样说的，说她的歌唱音量非常大，一发音声震屋瓦，完全是在歌剧院中唱大歌剧的派头，这在我国女高音当中确实极为少见。这篇随笔的作者就是后来成了武侠小说宗师的金庸，而文中提到的女歌唱家就是金庸的表姐，刚刚回国不久的蒋英。

1947 年 5 月，蒋英的个人演唱会获得了巨大的成功，这让回到上海不久的蒋英信心大增，在朋友们的帮助下，她开始筹划第二场演唱会。

**蒋英**：那个时候在上海，有许多德国犹太移民，都是音乐家。有一个指挥，很好，他给我伴奏，他劝我开音乐会，他说我给你用乐队伴奏，我高兴极了，我们就准备开第二个音乐会，但是事隔不久，钱学森回上海了，我们两个人一见面以后，就不谈音乐会了，就谈别的事情了，谈更重要的事情了。

蒋英所说的"更重要的事"，就是她与钱学森的婚事。1935 年，钱学森即将远赴美国，蒋英跟随父母前往钱家去送行。钱学森的母亲提起了两家十几年前订立的一个"合同"。

**蒋英**：他妈妈提出来，说一个要到欧洲去，一个要到美国去，我这个合同将来怎么履行啊。我爸爸就说，不谈了，一个到美国去留学，一个到欧洲去留学，咱们这个就算了。但是过了几年，我在上海，他又回来了。

钱学森的父亲钱均夫是一名教育家，而蒋英的父亲蒋百里则是军事专家，虽然一文一武，但是共同的求学经历和家世背景让他们结成好友，两家的关系也非常密切。

**蒋英**：因为蒋百里是留日的，钱均夫也是留日的，蒋家有五个女儿，钱家只有一个儿子，所以钱家的妈妈，就跟蒋家的妈妈商量，你女儿太多了，你给我一个吧，我母亲很大方，说我有五个，你挑一个吧，钱家的妈妈就挑了小三，她说：我就要小三。所以就把我过继到他们家去，正式摆酒席，给我奶奶做了缎子大袍子，请客吃饭，说：老三现在叫钱学英。

蒋英回忆说，初到钱家，她只有四岁，当时的情形已经基本上忘记了，不过有一件事，让她至今记忆犹新：钱学森不跟这个四岁的小妹妹一起玩。

**蒋英**：我到了他们家以后不听话，他不跟我玩儿。他大，他那时候十二三岁，不会跟一个小妹妹玩儿，我在家里有五个姐妹，有大院子，玩儿得多开心。我在他们家里待不惯，老哭，他妈妈着急了：这样也不好。我爸爸说：还是还我们吧。把我又退回来了，但钱妈妈就提出个条件，退出去算是我的干女儿，长大了以后给我当媳妇。这个合同一直存在多少年呢，我们都长大了，也就忘记了。

蒋英与钱学森在 1935 年分别之后，由于战争的阻隔，整整十年未曾谋面。1947 年 7 月，钱学森向麻省理工学院请假，回国探亲。这是他到美国之后第一次回国。钱学森的父亲感觉，履行合同的时机到了。

**蒋英**：他爸爸还记着，说：现在蒋英回来了，咱们要履行合同了，他们两个人从小就是家里给他们订的婚。

蒋英回忆说，钱学森的父亲认定了蒋英一定要是他的儿媳妇。因此蒋英在上海的活动，特别是举办演唱会的情况，他都写信报告给自己的儿子，因此，钱学森虽然身在美国，对于蒋英的情况却了如指掌。

**蒋英**：他很大方，他不提合同，他说：你跟我一块儿到美国去吧？就这么一句话。我知道他有意思，他爸爸替他做工作，每个礼拜天来给我送好吃的，每个礼拜天还送东西来，他爸爸在拉这关系。他没有做什么事，都是他爸爸替他做的，他爸爸催他说：你还不赶快？他刚到上海，他爸爸就催他。他来了，正好我也开完音乐会，就成了。

# 三

1947 年 8 月 30 日，钱学森和蒋英在上海国际饭店举行了婚礼。新婚之后不久，他们双双飞往美国的波士顿。此时的钱学森已经成了世界公认的力学界和应用数学界的权威、现代航空科学和火箭技术先驱，以及工程控制论的创始人。蒋英对自己的人生也有非常完满的一个规划，然而不久之后发生的一件事，彻底打乱了他们的生活轨迹，钱学森和蒋英一家在美国的生活，也一下子从天堂跌到了地狱。

**蒋英**：到美国去了，老实说，音乐事业有点中断。娃娃报到了。娃娃报到了，就休息了一年。我自己心里也准备，我要有个家，要两个宝宝，两个宝宝以后，我就要搞我自己的专业了。我们有了两个小宝宝，预备回国的时候，被美国阻挡，这一阻挡，就是五年，这五年当中，是相当辛苦的，因为我们都被特务包围，哪里也不能去，我更不能出来唱歌了，我只有家里两个孩子，家务我一个人承担，也没有精力唱歌了，那五年我停止了唱歌。

60 年斗转星移，经历了无数跌宕起伏，中美关系早已今非昔比。然而当年钱学森被带走的一幕，让年过九旬的蒋英依然刻骨铭心，至今难以释怀。

**蒋英**：他们来了一个人，穿得很正式，说请钱学森到办公室去，就把钱学森带走了，放到监狱里头 14 天，我去看他的时候，那是真正的监狱，铁栅栏杆，还有许多犯罪的人。他们说：他是共产党，要坐牢的，所以他们让他坐了两个礼拜牢，后来用了 1 万多美金把他保释出来，保出来了以后就是软禁，哪里也不许去，只许在学校里教书，我就是在家里头，不跟人来往，因为怕特务。

1950 年的美国，麦卡锡主义狂潮泛滥，对共产主义的恐惧也导致了对中国这个新生的共产党国家的仇视，作为中国人，钱学森受到了莫须有的怀疑。

**蒋英：** 1949 年新中国成立了，1951 年，我们就抱着 1951 年生的女儿回国，但是他们不许我们回国，我们一切都准备好了，只有一个小箱子，我们什么也没有。

美国人的留难，也更加坚定了钱学森和蒋英回国的决心。蒋英后来回忆说，当时家中常备着几个小旅行箱，以便随时可以打点行囊，踏上归途。

**蒋英：** 他们希望钱学森成为美国公民，多次做工作。钱学森说：我不是美国人，我是中国人。他们造了许多假证人，假证件，都不能证明他是美国共产党，所以才释放了。

突如其来的打击，让钱学森的体重骤减 30 磅。家中的一切都依靠蒋英勉力操持。回忆起那段时光，蒋英说，由于怕钱学森和孩子们出意外，她根本不敢雇保姆，所以买菜、做饭、照顾孩子、操持家务，事无巨细，她都要亲力亲为。到了 1955 年，钱学森和蒋英一家的处境出现了转机。

**蒋英：** 但是最后我们还是有办法，我们偷偷地写了一封信，送到一个很远的超市去。这封信到达了比利时，在比利时我有一个妹妹，我就把我们的情况告诉她，请她跟新中国联系，说我们想回国，替我们想想办法。我妹妹很聪明，马上把这封信寄给陈叔通，陈叔通拿着这封信马上报告周总理。周总理拿着这封信马上给中国大使，中美两位大使在日内瓦谈判，中国大使拿出这封信来说：他们要回来，你们不让他们回来，你们说的不是实话，我们这里有信。

1955 年 7 月，在周恩来总理的直接领导下，外交部成立了中美会谈指导小组，中美之间的谈判也从领事级升格为了大使级。在中美之间第一天的会议上，中国代表王炳南一上来就再次提出了关于钱学森归国的问题，美国代表也是老调重弹，回应说钱学森并没有回国的意愿。王炳南当即亮出了钱学森寄给陈叔通的信件，美国代表措手不及，场面十分狼狈。一个多月之后，也就是1955年9月，钱学森和蒋英带着一双儿女，踏上了归乡之路。

**蒋英：**我们后来知道，这是我们到了家了，到船上我们才问：怎么美国人会放了我们？他们告诉我们：周总理、国家出面交涉，他们才放了我们。

## 四

在外交部解密的档案当中，有一份题为"钱学森等已抵深圳"的电传，记载了钱学森回到祖国的欣喜，电文当中说，在经历了五年的软禁生活到达深圳之后，他们相互恭喜，如履新生。1956年1月，刚刚回国三个月的钱学森在陈赓的邀请之下出任了中国科学院力学研究所的所长。而与此同时，蒋英的人生也发生了很大的变化，在美国五年的软禁生活，让她失去了继续自己音乐事业的机会，回到祖国，蒋英终于可以再次登上舞台。

**蒋英：**把我安排到中央歌剧院。那时候叫实验歌剧院，我很高兴。我第二次能获得工作，走上新中国的舞台，感到很兴奋。

蒋英回忆说，能够重回舞台，让她非常兴奋，不过，蒋英长期生活在国外，这个崭新的舞台让她感到了些许不适应。

**蒋英：**我唱祖国歌曲，因为我的普通话不纯，带点外国腔，很多人都笑我，所以我就不敢唱了。一年之内我去找老艺人，到小土窝里蹲上两个钟头去跟他学四声。我跟老艺术家学说唱，学京剧，也唱一点昆曲，一年之内，我的普通话好转了，我可以唱祖国的歌了，我唱了祖国歌以后，领导说：她可以参加独唱小组，到处去巡回。我出去巡回唱。有一次我在重庆，还唱了一次"返六场"。多少年以后，我们的领队给我寄个贺年卡来说：你还记着你当时在武汉歌唱时，唱"返六场"吗？我很骄傲，我很骄傲，我有我的家庭了，我还要我的舞台。

一分耕耘一分收获，蒋英的音乐事业开始步入正轨，然而就在此时，中央歌剧院的领导找到蒋英，提出了一个让她难以接受的要求。

**蒋英**：歌剧院的领导找我谈话，他说：钱学森不在家，家里有三个老人，又有小孩，你老在外边参加演出不大合适，我们建议你到音乐学院去教书。一听这话我愣了，我说：我在美国最困难的时候，唯一的希望就是能够回到新中国去，回到新中国的舞台去，在新中国舞台上唱新中国歌，这才算报国。怎么我到了北京，现在一切都要从我手中拿走？我不去！后来听说这是周总理布置的，周总理为了照顾我们，叫我到音乐学院去，不要去巡回演出。周总理的主张，我一定要服从！我就按时到音乐学院去报到，教学教了 40 年。

蒋英回忆说，就在她从舞台转向音乐教学的那几年，钱学森的工作非常忙碌，作为妻子，她甚至几个月见不到自己的丈夫。对于钱学森的具体工作，蒋英并不了解，不过她非常清楚丈夫从事的事业所包含的分量。

**蒋英**：就是关于基地的事情，他一句也不跟我说，我一句也不问，反正我要知道的都是从报纸上看到，这点他是严守机密的。他自从干了这个，打球、照相、画画的爱好都不要了，就是火箭。他从前最爱听音乐，现在所有的兴趣都消失了，就剩下了他的工作。

对于蒋英来说，音乐学院是一个全新的舞台，她开始努力适应这种变化，不过在 20 世纪五六十年代那样的大背景之下，蒋英还是感到了一丝困惑，因为那个时候西洋歌曲在中国知音难觅。不久之后，一场史无前例的运动爆发了，也让她的音乐生涯再一次戛然而止。

　　**蒋英：**全学校的老师都要下农村去，我也打好了铺盖卷，预备跟大家一块儿去，但是临走的那一天晚上，军代表来到我家里来告诉我：你明天不要去车站，上边有话。我一听心里不高兴：我铺盖卷都打好了，怎么不让我去呢？这又是周总理的主意，周总理说：蒋英不要去。第二天我就到学校去了，说：我报名当阿姨，看这 40 个小孩可以不可以？他们欢迎。所以我在那儿当保姆当了三年，给孩子洗衣服、教书。

　　1977 年，在经历了十年动乱之后，中央音乐学院恢复高考，蒋英的音乐事业得以延续，此时她已经年近 60 了，可是依然保持了年轻人的那股热情。最让蒋英感到欢欣鼓舞的，就是西洋唱法重新登上了中国乐坛。当年，她历尽艰辛，在欧洲苦苦追寻自己的音乐之路，到了此时可以说终于有了用武之地。在蒋英的精心培养之下，她的学生们也纷纷走出国门，在国际上取得了骄人的成绩。1999 年，"庆贺蒋英教授教育生涯 45 周年"音乐会在保利剧院举行，四位蜚声国际乐坛的歌唱家祝爱兰、傅海静、杨光、多吉次仁齐聚北京，成为音乐会的主角，他们的老师就是蒋英。

　　**蒋英：**我热爱舞台，站在舞台上，我觉得台是热的，因为我的老师就跟我说过，你就是个舞台人物。

　　（文稿来源：凤凰卫视"口述历史"栏目。编导：刘革非）

# "我的音乐与生命同在"

## ——记《大海航行靠舵手》的曲作者王双印

———

李振盛

在"史无前例"的岁月里，曾有一支不分场合天天唱、人人唱的歌，那就是《大海航行靠舵手》。这支被8亿人唱了10年的歌，无疑创下了歌曲传唱的"世界之最""世纪之最"。

### 周总理指导修改的歌

许多人以为《大海航行靠舵手》这首歌曲是"文革"的产物，这其实是一个误会。这首歌创作于"文革"之前，而且是在周恩来总理的热情关怀并帮助修改之后，正式推向全国的。

《大海航行靠舵手》的曲作者王双印和词作者李郁文，是我多年前在黑龙江结交的老朋友，是我所尊敬的两位颇有成就的音乐家。

1932年，王双印生于黑龙江省呼兰河畔，童年时常跟当地艺人学吹拉弹唱，受到音乐启蒙。1947年，15岁的王双印考进东北民主联军的军需学校，由于嗓音洪亮，加上吹拉弹唱样样在行，还能自编自演，便被分配到业余演出队。后来，他相继在鲁艺文工团、黑龙江省歌舞团、哈尔滨歌剧院任独唱演员，兼搞作曲。

1964 年，正值举国上下掀起学习毛主席著作的热潮，王双印被工农兵群众学毛著的热情所感动，萌发了创作的冲动，便与同在哈尔滨歌剧院工作的词作者李郁文合作，谱写了《大海航行靠舵手》（最初的歌名是《干革命靠的是毛主席思想》）。在当年的"第二届哈尔滨之夏音乐会"上，作为歌唱演员的王双印，演唱了这首新歌曲，立即引起轰动，观众反响强烈。那时，我刚到《黑龙江日报》任记者，十分幸运地在采访中用相机记录下了王双印在舞台上神采飞扬地演唱的情景。

1964 年 6 月，周恩来总理陪同朝鲜民主主义人民共和国的崔庸健委员长到哈尔滨访问。王双印在迎宾文艺晚会上演唱《干革命靠的是毛主席思想》，周总理边听边打着节拍。演出结束后，周总理特地把王双印叫进贵宾室，亲切地对他说："这首歌写得好，曲调明快，歌词形象生动。若把'毛主席思想'改为'毛泽东思想'就更为准确了，因为中国革命的胜利是集体领导的智慧嘛！"周总理还就个别音符是否可改用切分音提出了建议。王双印立即按照周总理提出的意见，对歌词和曲谱进行了修改；不久，又接受了原北京电视台（今中央电视台）文艺部副主任王敬芝的建议，将歌曲的名称改为《大海航行靠舵手》。

1965 年初，当时最具有权威性的《红旗》杂志发表了《大唱十首革命歌曲》的重要社论，《大海航行靠舵手》名列榜首，王双印也随着这首歌的广泛传唱而名扬大江南北。

### 在田间"学牛叫"的日子

1964 年秋，中共黑龙江省委组织首期农村社会主义教育运动，我所在的黑龙江日报社和王双印所在的哈尔滨歌剧院的社教工作队都被派往阿城县，我俩在相邻的两个人民公社里与贫下中农"同吃、同住、同劳动"。

对于王双印来说，与社员一起播种、育苗、铲地，在田间地头听农民唱乡间小调，看农民自演的二人转，是难得的深入农村体验生活的机会。这期间，他先后创作出《我是贫农的好后代》《老饲养员》《车老板之歌》等乡村歌曲。其中《我是贫农的好后代》最受欢迎，而我是这首歌的第一位听众。

那一天他来到我的住处，进门就说他要唱一首新写的歌给我听，征求我的意见。只见他展开一张折叠的信纸，上面密密麻麻地写着乐谱。他便右手打着拍子哼唱起来，唱完后问我感觉怎么样？我不懂得作曲，只是说："听着倒也流畅，感觉有点过于平缓，就像是喝了兑水的酒一样——没劲儿。尤其是开头的'我是贫农的好后代'那一句，显得平平淡淡，缺少激情。"他马上动手修改了几个音符，再唱给我听，果然大不一样，"好后代"三个字唱得铿锵有力，气韵高昂，听后令人振奋。他看我这位"第一听众"满意了，便笑着说："这首新歌就由你老兄'审定'通过了，这里面也有你的一份功劳啊……"

过了几天，王双印拉着我一起到地头去唱这首新歌。"你们知道这个大胖子是谁吗？"我向在地头听歌的农民们发问。"知道，他叫王双印，是挺有名的演员哩。以前也下乡来为俺们唱歌。"旁边一位老实巴交的老农插话说："他天天早晨都到田间地头去'学牛叫'，开始俺们还挺纳闷儿：好好一个人，怎么天天学牛叫？后来才听说那不是学牛叫，是在练什么声。"一番话让我实在忍不住笑了：王双印是唱男中音的，他一起声，确实有点像牛叫！

1989 年，被人们遗忘了 20 多年的《大海航行靠舵手》的曲调，突然又在全国城乡响起来，大街小巷都在播放着这首曲调。他细一听，味

道全然不对劲，歌词已面目全非，把"大海航行靠舵手"改成了"大
老爷们爱老婆……"，歌词之庸俗低下，不堪入耳；演唱者阴阳怪气，
油腔滑调，让人无法忍受。王双印愤然拿起法律武器到北京告状，他的
亲密合作者李郁文也在报刊上发表文章声援战友。他的正义行动得到司
法界、舆论界的大力支持，胜诉而归。王双印对此也说得明明白白：
"在我看来，这不仅仅是在篡改《大海航行靠舵手》这支歌，更是在篡
改一个时代的标志。我所捍卫的不仅仅是个人的著作权，更是在维护历
史的庄严与真实。"

不久，王双印离休了。他整理汇集自己创作的50多首歌曲出版了
《王双印歌曲选》。1994年2月28日，黑龙江省音乐家协会、哈尔滨歌
剧院等单位举办"王双印从艺45周年音乐作品大型演唱会"。当62岁
的王双印重新站到舞台上，放开洪亮歌喉高唱《大海航行靠舵手》时，
观众的热情又一次被他点燃，全场沸腾起来。看到观众没有忘记他，王
双印双眼噙满激动的泪花……

1996年春天，我因采访任务，住进花园村宾馆。六十多岁的王双印
骑自行车来看我，老友旧地重逢，百感交集。几杯酒下肚之后，他老兄
酒后吐真言："当年，你下放五七干校，我能说话而没敢为你说话，是
怕在省报社让你去干校的情况下，我去调人会违背原则。我参加革命50
年了，现在想一想，那时的'原则'是什么呀？是方的？是圆的？还是
扁的？……假如我少想一点那个'原则'的话，你一家人或许就不会遭
那份罪了……"说着说着，他竟然老泪纵横，泣不成声，弄得我也怪难
受的。"一切都过去了，别再提它啦！对于人生来说，'经历即财富'。
当年，你要是真把我调到'样板团'去拍剧照，干校是不用去了，但也
少了一段难得的人生经历。那样，我的一大笔'财富'还没到手，就被
你'剥夺'了……"听我这么一说，他反倒破涕为笑了。叙罢别后的经

历，王双印郑重地告诉我，他自拟的座右铭是："历经坎坷，遇韵高唱，壮心不已，情系祖国。"他对祖国、对人民的一片赤诚实在令人感动。

## 盖棺论定留下传世之作

自那次倾心交谈不久，王双印便患上了半身不遂，不能说话，不能动弹，日子过得颇为艰难。

我去双印家探望，那栋不大的"高干楼"（当年我去他家串门曾对它羡慕不已）与旁边的大厦相比，实在显得寒酸。见我进门，王双印想站却站不起来，说话也说不了，只用尚能动弹的左手指一指床边，示意我坐下。时令已进入了春天，气温不算低，而他仍穿着一身棉袄棉裤。

我见此情景，一阵酸楚油然而生：双印当年可是特要强的人啊！我安慰他说："人生都有踽踽独行的时候，你的心绝不能退缩！"他使劲地点了点头。我大声地告诉他："我早就想写一篇有关《大海航行靠舵手》曲作者的文章，用一些老照片串起来，专门讲照片背后的故事。我已写了几千字，都是咱俩亲自经历的一些事儿，等文章写完后给您过目。"他脸上露出了笑容，尽管他的笑已完全失去了原有的风采，我看了还是很高兴。因为我要让他知道，社会上还有人在想着王双印，人们不会忘记他写的歌。当我要离开时，双印眼圈发红，有些难舍难分的样子。我便告诉他，等他病好之后一定为他拍些更好的照片，还要照出他当年的风采。他听后苦涩地笑了笑，口中发出类似"好，好"的"呵，呵"之声……

1999 年 6 月 3 日的《今晚报》刊登了王双印逝世的消息和一幅中年时期的遗照。报纸上的两行标题是"留下传世之作《大海航行靠舵手》，作曲家王双印逝世"。简讯虽短，却写得相当客观、公正。悲痛之余，不禁想起王双印曾对我说过的一句话："我的生命与音乐同在！"

# 王次炤：从知青到中央音乐学院院长

———

张建安

采访王次炤院长，是在政协十届五次会议期间。王院长给我留下了十分清晰的印象，正如他的语速流畅而清晰一样，给人干净利索且带有亲和力的感觉。

王次炤担任中央音乐学院院长已十多年，带领该院成为国际一流的大学，蜚声海内外。这些成绩是大家有目共睹的。我采访他，不只想知道他更多的业绩和更多的想法，还想从他的身上寻找到一些做人做事的原则，寻找到深层的动力和人格的魅力。

一

王次炤，1949 年出生于浙江杭州。他从小喜欢音乐，小提琴、笛子、二胡、琵琶、三弦、手风琴都学过。但小时候的理想却不是长大后当音乐家，而是一心一意地做着科学家的梦。他中学读的是浙江省重点中学杭州第二中学，那时他的理科成绩很好，尤其是数学，曾得过数学竞赛的第一名。"文革"后，17 岁的王次炤和许多年轻人一样，下乡成为一名知青。他来到了浙江兵团，挑大粪，改造盐碱地，在钱塘江湾围海造田。这是他生命中的一次重大转折。在新的艰苦的环境中，王次炤的做人原则、个人喜好以及身体素质，发挥出特殊的作用。他身体素质好，在学校时就喜欢体育锻炼，好的身体底子使他可以较为轻松地完成任务。而他从小在父母的教育下，就有尽可能去帮助别人的做人原则。所以，每次当他空着篮子返回的途中，见到那些挑着大粪的可怜女孩时，他就总愿意帮助她们，有时甚至连着好几次。他本人不爱说话，也不存找对象的目的，只是按照自己的原则去做事。掘地的时候，每当他完成任务时，他就很自然地去帮助别人。这些虽然都是点点滴滴的小事，但时间一长，王次炤的人缘就非常好。

刚下乡时，王次炤还准备考大学，但不久之后高考就停了，科学梦彻底结束。没有别的事可做，王次炤开始将一些精力放在音乐上，此时，他的心中并没有明确目标，只是做自己喜欢做的一些事，使自己不虚度人生，做一个对社会有用的人。他参加了业余宣传队，弹琴、演样板戏，从连队的宣传队到团部宣传队、师部宣传队，一直到兵团宣传队。他也开始学作曲，在兵团期间还发表过几十首歌曲。

从 1966 年到 1978 年，王次炤度过了 13 年的知青岁月，这在所有的知青中也是少有的。这漫长的岁月，有许多坎坷和曲折，但有一件事是王次炤最难忘记的。

王次炤喜爱音乐，可在 1968 年到 1970 年一段时间却很难听到音乐，这是他受不了的。不得已，王次炤和几位喜欢音乐的朋友一起听起了"美国之音"电台播放的"每日音乐会"。王次炤他们只是听音乐而已，但在当时，"美国之音"是敌台，不管你听什么，都是非常严重的问题。很快，有人"揭发"他们听敌台。王次炤被隔离审查三个月，紧接着就要挂牌揪斗。形势很严峻，按照常理，王次炤难逃厄运。可是在这样的情况下，专政小组没有想到，王次炤本人也没有想到，竟然有很多人站出来帮王次炤说话。年轻人，特别是许多女孩子齐声喊道："王次炤是个好同志！王次炤是个好同志！"群众的力量是很伟大的，专政小组迫于压力，居然把王次炤解放了。王次炤因此非常感动，深刻地体会到：做人，还是要做好人。你的人格，会最终决定或者影响别人内心里对你的真实的评价和看法！

讲到这件事时，我能明显地感觉到王次炤内心的情感。我的心中也因此涌动着一种感动，沉默了一会儿，我不由自主地问："假如当时没有人帮你，而是有很多人整你，你的人生观会发生变化吗？"王次炤马上回答："不会的。我这人是很想得开的。人不会被整垮。"这让我看到他坚强的另一面。

1977 年国家恢复高考，第二年中央音乐学院和上海音乐学院都在上海招生，当时王次炤已经 28 岁了。因为报考作曲和理论的考生可以放宽年龄限制，他就去试了一下，本来并没有抱太大的希望，但没想到，两个学校都考上了。最后，他选择了中央音乐学院，来到了北京，开始新的人生旅程。

## 二

王次炤因偶然的机缘来到了中央音乐学院，此后的一切似乎都是一帆风顺的。1983 年毕业于中央音乐学院音乐学系并留校任教，历任中央音乐学院音乐学系音乐美学教研室副主任、音乐学系副主任、中央音乐学院副院长、中央音乐学院院长兼党委书记，现任中央音乐学院院长。但是，只要进一步想想，在不断的改革与前进中，王次炤怎会不遇到许多困难？

1994 年，王次炤开始主持院内工作。当天晚上，有三位职工去找他，希望为他们的亲属解决工作。送走三人后，王次炤预感到问题的严重性。第二天一上班，他便首先来到了人事处，发现那儿有上百份求职报告。再细查，发现情况非常糟糕。大部分求职者都是本院职工的亲属，且这些人都是别的地方找不着工作的，有考不上大学的，有长期赋闲的，还有劳教出来的……如果这些人都进到学校，后勤问题便将成为学校里一个很大的包袱。意识到这些，王次炤当机立断：一个都不能进。但这个事要想实行，还必须依靠党委的力量。于是，出于对学院负责的态度，王次炤马上向党委提出紧急报告，要求人事冻结，非专业人员一律不进。这在当时是非常困难的。王次炤又建议党委强行做出决议来执行。如此一来，这项改革的重大决策真正得以实施，且一直坚持到现在。此事无疑会得罪很多人，从个人私情上讲，王次炤也不愿意这样，因为许多人是他非常尊重的老师、职工的孩子。但从公义上讲，王次炤此项改革无疑是非常正确的。以此为基础，王次炤进一步精简队伍，并从北京师范大学、中国人民大学等单位引进高素质的教学管理人员，使学校的整体素质得到提高。

与"精简"措施相对的另一件事，是王次炤想方设法地延迟了一些老教授在学校的工作时间。王次炤始终认为，学院要想发展，必须有人才、有教授。没有一流的教授，你这学院就无法成为一流的大学。由于历史问题，"文革"中断十年的高校教育给大学带来严重的后遗症。20世纪80年代中后期，不少高校队伍中，知识人才青黄不接。按照国家规定，大多数学校严格要求教师年满60岁就退休。但王次炤根据中央音乐学院的情况，认为如果这样做势必影响整个学术的衔接，会对学院造成很大的负面影响。在这种情况下，王次炤找主管部门（当时是文化部）的领导人、人事司的有关人员，坚持中央音乐学院应延迟老教授退休的时间。人事司一开始不同意，对王次炤说："整个文化部直属九所院校。中央音乐学院年满 60 岁没退休的人员已 23 人了；第二家多的是中央美术学院，是 9 个人；其他院校过 60 岁的不过一两个。你们已经有 23 人了，比别的院校多那么多，怎么还要延迟？"王次炤据理力争，说："'文化大革命'中断十年教育这一事实，我们必须认识到。现在缺乏的是人才，假如把 60 岁以上的人都退完了，中央音乐学院就不是中央音乐学院了。"他又动感情地向文化部的领导表态："给我十年时间，我可以慢慢调整教师的年龄结构。'文革'浪费十年光阴，现在需要有十年的时间补回来，这样才能保证学术的延续。"为了这件事，王次炤不断地去沟通，他的诚意感动了领导，领导感慨地说："还没有一个校长，像你这样为老教师延退的事情多次找过我们。这件事就由你们自己把握吧。"这样一来，王次炤终于为学院留下了一批 60 岁以上的高级人才，保证了学院的教学水平。但是，教学人才毕竟要年轻化，学院急需找到新的人才。王次炤苦心地寻找着，他的视线从国内转向了国外。这时候，机会出现了。

80 年代中后期，归国留学生非常少。但在 90 年代初期的时候，王次炤发现：许多在国外非常有名的艺术家都有想要回国的念头，但是他们又有自己的苦衷。王次炤对此做了认真的分析，了解到许多人对国外的留学生有误解，认为那些人之所以不回来是因为中国的待遇很差。事实上并非如此，待遇固然是一个方面，但关键还是国内的学术环境不行。有一位歌剧系的同学就曾对他说："我内心里特别想回来。但是，我如果回来，我的艺术生命也就结束了。在国外，我与经纪人公司签约，好几年的签约都已签好了。这样，我一年下来有几十场的演出，几年下来便会有很多剧目的积累。可是我如果回来，一年能演几个角色呢？可能一个都没有。所以，我没办法回来。"了解到这种情况，王次炤开始想办法了。他想：我需要的是一流的师资。教好学生，提高学校的教学质量，这是最重要的。只要能达到这些要求，老师们定居在国外和定居在国内又有什么区别呢？

经过深思熟虑，王次炤决定实施一项重大的改革措施，他要用灵活机动的办法吸引国际一流的师资，这些老师可以继续在国外签约演出，然后用其他的时间回来教学。对于没有入外国籍贯的，回来后户口落在国内，以中国艺术家的身份跟外国经纪人公司签约，由他们安排每年的演出；对于外国籍贯的，由于中国目前还没有双重国籍，学院就想办法给他们办工作签证，长期居留的那种。这一措施在当时是非常大胆的，别人想都不敢想，而王次炤却雷厉风行地付诸实施了。事实证明，这一政策为中央音乐学院吸引了许多一流的人才。而且，这些人在国外演出并不影响他们的教学，相反，他们总能给学生们带回很多很多，尤其是将有益的舞台经验带给学生，这比天天上课却没有舞台经验要好得多。

王次炤还实施了很多改革措施，使中央音乐学院充满了生机。为了学院的发展，王次炤可谓殚精竭虑，但即便如此，还是有人想在背后捅刀子。有一年，主管部门的领导接到一封匿名信，把王次炤写成一个五毒俱全的人物。领导让人事部门调查此事，部人事司的人向王次炤了解此事，王次炤说："可以把匿名信贴到公布栏上，让大家评价。假如真是像匿名信所写的那样，我下台不就行了。"人事司的同志很认真地找人谈话，结果知道，匿名信完全是捏造。被谈话的人都很气愤，严厉指责写信人。最后，调查的同志含着泪对王次炤说："你太不容易了！没想到你在学校这么做事，居然还有人写匿名信。"王次炤本人对此并没有多想，在他看来，一个人把握好自己才是最重要的。当然，任何人不可能完美，工作中也肯定有缺点，只要尽可能地做好并不断调整就可以了。

# 三

如今的中央音乐学院虽然规模还比较小，但水平是一流的。在第一次中外大学校长论坛会上，谈论的核心是中国要创世界一流大学。休会期间，教育部周部长希望中央音乐学院为与会者举行一场音乐会，他让王院长组织师生参加演出。王次炤遵嘱挑选了一些水平较高的老师和学生为大会演出。音乐会进行了一半时，那些外国名校（哈佛大学、牛津大学、剑桥大学等世界名校）的校长纷纷回头对周部长说："你不是要创一流大学吗？这就是一流大学！"由此可见，中国的艺术教育早已被国际认可。截至目前，中央音乐学院已有476人次在国际各类音乐表演比赛上获奖，获奖密度在国际音乐学院是数一数二的。

在国内，中央音乐学院被称为中国最高的音乐学府，也是全国艺术院校当中唯一一所进入"211工程"建设的重点大学，但在王次炤的领导下，学院从不以老大自居，总是不断地吸收、借鉴国内外高校的成功经验。中国有九所音乐学院，中央音乐学院的师资中，其他八所学校的毕业生都有。

在国际上，中央音乐学院的知名度甚至比在国内还要大。学院几乎每天都有国外知名教授或大师级的音乐家来讲学和交流，这成为学院办学非常重要的组成部分。学院的教师中，有从世界各地留学回国的人员，德国、法国、英国、奥地利、瑞士、意大利、挪威、芬兰、美国、加拿大、澳大利亚、日本、俄罗斯、波兰、捷克、匈牙利、罗马尼亚等各个国家的都有，使中央音乐学院真正成为一所国际型的大学。不过，当笔者问及中央音乐学院的优势和劣势时，王次炤依然这样理性地回答："与国外一流的音乐学院相比，中央音乐学院的优势还是很多的。比如说我们的基础训练比国外要好。因为我们早期的基础教育是非常好的，我们有附小、附中，包括大学本科的教育水平都是很高的。但是我们的劣势是我们的国际化水平不够。国外一流学院，比方说巴黎音乐学院，他们的外国学生比例非常高。实事求是地讲，我们的尖端艺术教育是很好的，频频在国际大赛上获奖，国际上对我们也非常认可，但是我们还没有形成一个可以吸引外国一流学生来学习的整体文化氛围。这里有教育体制的问题，也有学校管理机制的问题。"就此而言，中央音乐学院还有很多方面需要发展，王次炤院长还有许多的事要努力去做。

采访中得知，王次炤非常重视校长自身的人格管理和人格的自我完善。他认为，校长一般都有一定的学术地位、有一定的管理能力或者有一定的社会地位。但作为校长，在管理学校事务时应该尽最大努力，把学校的学术、人力资源开掘出来，充分调动每个人的积极性，靠集体的力量来推动学校的发展。一个人力量再大也只是一个人，学校的教职工都在关心学校的发展，把每个人的智慧集中起来，这才是学院取之不尽的资源。所以他提出校长"人格管理"的理念，认为校长首先必须有开阔的胸怀，能容纳能人，不能排斥比你地位高的，或者在管理上、学术上比你强的人。这是校长人格魅力的体现，做不到这点，学校的发展肯定会受到影响。学院既要建立严明的管理制度，也要建立宽松的人际关系，这非常重要。作为一校之长，必须顾全大局，要考虑学校的整体发展。从这一角度看，人格的自我完善是最重要的，只要你做到这一点，从学校的整体利益出发处理矛盾，矛盾就好化解，阻力就会消除，学校就能顺利前进。

如今的王次炤，他的视野并不仅仅局限在中央音乐学院。他是全国政协委员、全国政协教科文卫体委员会委员，中国音乐家协会副主席兼理论委员会主任、教育部高等学校艺术类专业教学指导委员会主任、全国艺术硕士教育指导委员会常务副主任、中国音乐评论学会会长、中国数字化音乐教育学会会长、肖友梅音乐教育促进会会长、中国音乐美学学会副会长。他对中国的音乐事业有强烈的责任感，他认为音乐是构建和谐社会的精神基础，是社会主义先进文化的重要组成部分。他希望中国的音乐水平能够普遍提高，希望中国的国民都能徜徉在美妙的音乐王国，得到享受，愉快地生活。

# 赵朴初先生的诗词曲

陈益群

赵朴初先生是著名的社会活动家、杰出的爱国宗教领袖，也是享誉海内外的韵文作家和书法大师，才情横溢，在诗词曲和书法方面都达到了很高的境界。赵朴老的人品、学识受到人们的崇敬，他的诗词曲和书法作品也广为流传，成为人们学习和收藏的珍品。和朴老有 70 年交往的同乡同学、挚友梅达君，在《寿朴老八十》的百句长诗中，用"落落诗人多本色，不矫揉也不修饰。为憎为爱两分明，短吟长歌见风节"来赞美朴老的诗词。

## 探索诗词继承和创新

朴老出生在书香门第，家学渊源，从小受到中华文化的熏陶，有古典文学精湛深厚的根底，自幼对诗词产生浓厚的兴趣，一生创作了数以千计的诗词曲，并坚持对诗词的继承和创新进行思考和探索。他曾说过："幼年时，由于家庭和环境关系，胡乱读过一些古诗词，逐渐受到了感染，发生了兴趣。年龄稍长，渐懂世事，用诗歌语言表达内心感受的愿望不禁油然而生。这也许就是古人所谓'言之不足，故嗟叹之，嗟叹之不足，故咏歌之'的意思吧。同时，又生当世界形势与国内形势都发生着空前巨变之际，新事物、新问题纷至沓来。外界刺激之强烈、个人感受之深刻与内心思绪之复杂，不仅是前人所未道，并且还是前人所未知。"数十年来，朴老常常感到诗歌表达形式和内容之间的矛盾，不断用旧诗体、新诗体、古体诗、白话诗进行探索比较，他说"我由于个人爱好，对于所谓新旧两种诗体都曾作过若干尝试，而结果都不大理想。新事物、新情感、新思想，是否可以入诗？如果可以，应当如何写？旧形式是否还可以用？如果可用，应当如何用？这些都是常在脑筋里盘旋的问题"。这一连串的问号，表明赵朴老不仅是位诗词大师，而且是位诗词创新的探索者。

## 对"曲"情有独钟

在我的印象中，赵朴老慈眉善目，豁达大度，对待后辈循循善诱。在政治上爱憎分明，疾恶如仇。在繁忙的社会公务活动中，仍不忘用诗词来抒发情感，表明立场，以诗词为武器，讴歌真理，鞭挞丑恶。他认为"曲""小令"的形式灵活，用词通俗，接近人民群众的语言，便于表达自己的真实情感。他在1977年9月出版的《片石集》前言中说："我对传统曲律完全是外行，对写'曲'发生兴趣也是很晚的事。记得1959年一次出国途中，偶然带着一本元人散曲选集《太平乐府》，供飞机上的浏览。在西伯利亚的上空，随手写了几首小令，描写当时的景物与心情，这是我写曲的开始。回国后不久，先后碰到七一节和十周年国庆，我也都用'曲'来庆祝党和国家的大典。当时我手边所有'曲'的样本仅仅是一本《太平乐府》和一本《元人小令集》，里面绝无这类庄严的内容，因此，对我来说这是一个有点近乎冒失的尝试。但结果证明'曲'这种诗体也是可登'大雅之堂'的。在此之后，为了反对侵略古巴、越南等地的帝国主义，为了反对向我武装挑衅的外国反动派，为了反对现代修正主义和霸权主义，我曾多次试用'曲'作为愤怒声讨的工具，结果证明它比较能够胜任。在传统各种诗体中，'曲'是最能容纳那种嬉笑怒骂、痛快淋漓、泼辣尖锐的风格的。"

1994 年 5 月，赵朴老在接受中央电视台对《无尽意斋》采访时，也谈到了这个意思。朴老说"从词注意到曲，我是比较早的。我觉得曲有好处，嬉笑怒骂都可以放上去。文学、诗词有时可做很多东西，可以同政治结合，为政治服务"。

## 《某公三哭》轰动一时

数十年间，赵朴初创作了许多诗词曲，有庆贺重要节日和活动，有对领导对同志的怀念，有出访出游的感受，随作随放随送，数量无从统计，有人说或以千计。这些作品是朴老真情的显露，是人民心声的表现。其中最著名的就是散曲《某公三哭》。

50 年代末 60 年代初，国际争斗纷纭，美帝国主义咄咄逼人，西藏达赖叛乱，印度挑起中印边界战争，苏共第一书记赫鲁晓夫蛮横地挥舞大棒干涉和压制中国，中苏论战升级，我国高举反帝反修的旗帜，顶住了帝修反联合反华的压力。1963 年 11 月，美国总统肯尼迪遇刺身亡，赵朴老写了《尼哭尼》：

**[秃厮儿带过哭相思]** 我为你勤傍妆台，浓施粉黛，讨你笑颜开。我为你赔折家财，抛离骨肉，卖掉祖宗牌。可怜我衣裳颠倒把相思害，才盼得一些影儿来，又谁知命蹇事多乖。

真奇怪，明智人，马能赛，狗能赛，为啥总统不能来个和平赛？你的灾压根儿是我的灾。上帝啊！教我三魂七魄飞天外。真个是如丧考妣，昏迷苦块，我带头为你默哀，我下令向你膜拜。血泪儿染不红你的坟台，黄金儿还不尽我的相思债。我这一片痴情呵！且付与你的后来人，我这里打叠精神，再把风流卖。

隔了半年，印度总理尼赫鲁去世。1964 年 5 月赵朴老写了《尼又哭尼》：

[哭皇天带过乌夜啼] 掐指儿日子才过半年儿，谁料到西尼哭罢哭东尼？上帝啊！你不知俺攀亲花力气，交友不便宜，狠心肠一双拖去阴间里。下本钱万万千，没捞到丝毫利。实指望有一天，有一天你争一口气。谁知道你啊你，灰溜溜跟着那个尼去矣。教我暗地心惊，想到了自己。

"人生有情泪沾臆。"难怪我狐悲兔死，痛彻心脾。而今而后真无计！收拾我的米格飞机，排练你的喇嘛猴戏，还可以合伙儿做一笔投机生意。你留下的破皮球，我将狠命地打气。伟大的、真挚的朋友啊！你且安眠地下，看我鞠躬尽瘁，死而后已。呜呼噫嘻！

再过半年，中国自力更生爆炸了第一颗原子弹，苏联的勃列日涅夫把赫鲁晓夫赶下了台。1964 年 11 月赵朴老又写了《尼自哭》：

[哭途穷] 孤好比白帝城里的刘先帝，哭老二，哭老三，如今轮到哭自己。上帝啊！俺费了多少心机，才爬上这把交椅，忍叫我一筋斗翻进阴沟里。哎哟啊唉！辜负了成百吨黄金，一锦囊妙计。许多事儿还没来得及：西柏林的交易，十二月的会议，太太的妇联主席，姑爷的农业

书记。实指望，卖一批，捞一批，算盘儿错不了千分一。哪料到，光头儿顶不住羊毫笔，土豆儿垫不满砂锅底，伙伴儿演出了逼宫戏。这真是从哪儿啊说起，从哪儿啊说起！

说起也稀奇，接二连三出问题。四顾知心余几个？谁知同命有三尼？一声霹雳惊天地，蘑菇云升起红戈壁。俺算是休矣啊休矣！泪眼儿望着取下像的宫墙，嘶声儿喊着新当家的老弟，咱们本是同根，何苦相煎太急？分明是招牌换记，硬说我寡人有疾。货色儿卖的还不是旧东西？俺这里尚存一息，心有灵犀。同志们啊！还望努力加餐，加餐努力。指挥棒儿全靠你、你、你，要到底，没有我的我的主义。

1965 年初，苏联部长会议主席柯西金将访华，毛泽东主席说，柯西金来了，把这组散曲公开发表，给他当见面礼。1965 年 2 月 1 日，《人民日报》上全文发表，中央电视台在新闻联播节目中全文播出。公开发表时，将三个曲子分别改名为《哭西尼》《哭东尼》《哭自己》，加了一个总题《某公三哭》。当时在国内引起了很大反响。人们争相传抄《某公三哭》，轰动一时。这是诗词作品直接服务于政治斗争的突出事例。

## 《反听曲》鞭挞丑类

赵朴老长期在周恩来总理领导下工作，得到周总理的亲切教诲和关怀，始终对周总理抱着崇敬的心情。在"大革文化命"的那个时代，黑白颠倒，是非不分，人民的好总理也受到诬陷攻击，朴老心中很不平静，常用诗词来抒发自己的胸怀。1967 年 8 月他写了两首词曲。

### 感 遇

忍辱负重，艰难劳止。回首邱山，折齿孺子。食草一杯，乳如江流。鞠躬尽瘁，无怨无尤。猗欤至哉，人民之牛。

一九六七年八月

### 河满子——东山

悄悄非关多病，三年不见东山。花事绸缪风又雨，更兼蜂妒莺谗。终信晓珠天上，照他红艳千般。

一九六七年八月七日

在周总理病逝和粉碎"四人帮"后，赵朴老于 1977 年 1 月将数首怀念周总理的诗词抄给邓颖超同志，包括上述这两首。他在《河满子——东山》后注"一九六七年八月，见街头张贴王力八月七日讲话，矛头指向周总理，作此书愤"。在《感遇》的题下，特意用钢笔注明"为总理写的"。这首《感遇》，曾有人改题为《牛赞》，赞扬周总理的孺子牛精神，在社会上广为流传。

对林彪和"四人帮"祸国殃民的倒行逆施，赵朴老十分抵触和反感，在 70 年代初就用诗词揭露他们的狼子野心和两面派的丑恶嘴脸，当时流传的有几首《反听曲》。

### 反听曲

听话听反话，不会当傻瓜。可爱唤做"可憎"，亲人唤做"冤家"。夜里演戏叫作"旦"，叫作"净"的恰是满脸大黑花。高贵的王侯偏偏要称"孤"道"寡"，你说他还是谦虚还是自夸？君不见"小小小小的老百姓"，却是大大大大的野心家，哈哈！

一九七一年三月

### 反听曲之二

听话听反话，一点也不差。"高举红旗"，却早是黑幡一片从天挂。"公产主义"，原来是子孙万世家天下。大呼"共诛共讨"的顶呱呱，谁知道，首逆元凶就是他！到头来，落得个仓皇逃命，落得个折戟沉沙，这件事儿可不假，这光头跟着那光头去也！这才是，代价最小、最小、最小，收获最大、最大、最大，是吗?！

一九七一年九月

1976 年 10 月一举粉碎"四人帮"后，赵朴老又写了《反听曲之三》，篇幅较长，这里不再引用。这些揭露鞭挞林彪、"四人帮"的诗词和怀念周恩来总理的诗词，在风雨如磐的年代里，不能公开发表，只能在朋友间私下传诵，给人民以信心和力量。

## 《金缕曲》歌颂人民教师

党的十一届三中全会后，全国拨乱反正。1979 年，教育部和全国教育工会在青岛召开全国优秀班主任表彰会，一向关心教育事业的赵朴老答应去出席。但临行前又因故脱不开身，他就写了一首《金缕曲》以表祝贺。

### 金缕曲敬献人民教师

不用天边觅。论英雄、教师队里，眼前便是。历尽艰难曾不悔，只是许身孺子。堪回首，十年往事。无怨无尤吞折齿。捧丹心、默向红旗祭。忠与爱，无伦比。幼苗茁壮园丁喜。几人知、平时辛苦，晚眠早起？燥湿寒温荣与悴，都在心头眼底。费尽了、千方百计。他日良材承大厦，赖今朝、血汗番番滴。光和热，无穷际。

一九七九年八月作

赵朴老多次在会上朗诵过这首《金缕曲》，并逐句逐字进行解说，他说，我是含着泪来填写这首词的，我接触到不少教师，我认为要找英雄不用到天边去寻觅，在眼前，咱们教师队伍中就有。

1985年庆祝第一个教师节来临时，民进中央请朴老手书了这首《金缕曲》，木刻水印发给教师代表，作为教师节的珍贵礼物。《金缕曲》还被谱曲在庆祝会上演唱。

赵朴老的诗词曲，内容博大精深，平凡中饱含哲理，从中可以领悟到他磊落正直、忧国爱民的品性；还可以学习到他在诗词创作上的探索创新精神。近闻上海古籍出版社即将出版《赵朴初韵文集》，收集了朴老大部分的诗词曲，将为我们提供学习观赏的好教材。

# "生正逢时"

## —— 吴祖光

---

吴欢 等口述

在中国戏剧界，有一位被周恩来称作"神童"的剧作家，他 19 岁时就因抗日戏剧《凤凰城》名满全国，他就是吴祖光。曾有人说他："空有满腹才华，奈何屡遭坎坷，生不逢时！"吴祖光听后答道："自清朝被推翻以来，我经历了民国、共和国，各种各样的好事、坏事、怪事都遇上了。社会不断向前发展，国家越来越好，哪里是生不逢时？当然是生正逢时。"从此给人题字时，吴祖光只写四个字——"生正逢时"。

### "戏剧神童"

1917 年 4 月 17 日，吴祖光出生在舅公庄蕴宽家。庄蕴宽是晚清官员，民国期间历任江苏都督、都肃政使等职。吴祖光的父亲吴瀛是故宫博物院的创办人之一。吴祖光就生长在这样的一个大家庭。

中学时，吴祖光和几个同学天天看富连成科班的京戏演出，这大概

吴祖光（1917—2003）

可以算是吴祖光的戏剧启蒙了。1937 年暑假，在南京国立戏剧专科学校工作时，吴祖光用四个月时间完成了剧本《凤凰城》的创作。

**吴欢**（吴祖光之子）：戏剧系的系主任曹禺一看完我爸爸这个戏，大吃一惊。他说祖光这戏写的有意思。

**王凡**（作家）：剧本非常有特色，一共四幕剧，整个结构非常紧凑，处理得非常好，让曹禺感到非常意外。他说，一个从来没有过戏剧创作的人，第一个剧本居然能写成这样子。特别支持这个剧本的演出。

1938 年初，吴祖光的话剧处女作《凤凰城》在重庆国泰大戏院首演，演员都是国立戏剧学校的学生。公演初期，吴祖光也几次进到剧场看自己创作的第一部戏。

**吴欢**：他想进前台，被人堵住了，说，你是干吗的？他说，我看戏啊。看门的说，票呢？我爸说，我没票，我就是这个戏的编剧。结果那个看门的说，这么一小孩，还编剧呢。根本看不起他。最后把后台的经理请来，吴祖光才进门去，看他自己编的戏。

《凤凰城》鲜明的抗日主题和爱国激情，引起了爱国人士的共鸣，连老百姓也都纷纷走进剧场。第二年，《凤凰城》剧本由生活书店出版。《凤凰城》还演到了新加坡，中国香港、中国澳门等地，这一年吴祖光19岁，"戏剧神童"的美誉不胫而走。

## 周恩来七次看《风雪夜归人》

抗战时期，吴祖光住在印尼华侨唐瑜建造的"碧庐"。"碧庐"是重庆文艺界一个吸引人的地方，就像现在的沙龙或者俱乐部。在这里，吴祖光结识了盛家伦、黄苗子、郁风、丁聪等等才子，还有不少演员。

**吴欢**：全部是文化界的名流。他们的生活方式有点吊儿郎当，因为都是艺人嘛，早上不起，晚上不睡，但是做起抗战工作来，那都是一个顶俩，非常有能力，所以他们自嘲是"二流子"。大家一起吃饭，有钱一起花，就像一群流浪汉。

有一天早上，郭沫若到"碧庐"去，他听到大家互称"二流子"，看到有人还在睡觉。

**吴欢**：有些人还没起呢，有些人哈欠连天，又有酒，又有菜，屋子里乱七八糟。郭沫若说，我给题一个名吧，堂号就叫"二流堂"——一帮二流子。这个名字又好记，一下就传开了，周恩来也知道了，一直传到延安。

吴祖光与周恩来之间的交往，应该说是因他的《风雪夜归人》而起。1942年，吴祖光完成了《风雪夜归人》的剧本，描写的是戏子与姨太太的爱情悲剧。吴祖光说："我要写的是最下贱的人的高贵品质，写生活和生命的意义。"1943年初，这部表面上看与政治无关，也不是写抗战题材的话剧《风雪夜归人》在重庆公演。

吴祖光与新凤霞

**王凡：** 当时国民党驻重庆行营主任叫钱大钧，他看戏看到一半就拂袖而去，说这个戏诲淫诲盗，没什么好看的。

**万伯翱：** 批判国民党的腐败，没有光明，只是黑暗。这个戏在重庆演了没几场就被封杀了。

共产党则与国民党的态度截然相反。3月15日，《新华日报》第四版登载了六篇文章，都是介绍和评论《风雪夜归人》的，其中不乏肯定赞赏之词。

**王凡：** 吴祖光还记得其中有一篇署名"章嫛"的文章。后来，他认识了曾经当过周恩来秘书的张颖。张颖说，那些文章就是在周恩来的授意下写的，"章嫛"实际上就是她。

后来周恩来两次找吴祖光，认为《风雪夜归人》的结尾应该作一些修改。在吴祖光的原作中，女主角玉春最后成了温顺听命的平常女人，周恩来认为这不符合事物的发展规律。吴祖光后来修改了结尾：玉春一句话也不说，以沉默的方式继续抗争。十几年后，吴祖光在一次和周恩来的养女、导演孙维世的谈话中得知，周恩来对他这部戏的关心实在是超乎他的想象。

**王凡**：孙维世问吴祖光，你知道不知道总理看了几次你的《风雪夜归人》。吴祖光说，我估计大概有三四次吧。因为这个戏剧演出的时候，吴祖光最初几场就在舞台后面看，他印象里看到总理来了有两三次。孙维世跟他说，何止是两三次，总理一共七次去看这个戏。

## "胆子最大"的吴祖光最早发表《沁园春·雪》

1945 年，毛泽东、周恩来、王若飞到重庆，与国民党谈判。毛泽东在重庆时，把自己 1936 年创作的《沁园春·雪》送给柳亚子一份，柳亚子很快把这首词传了出去。吴祖光从黄苗子处拿到了一份传抄但却不全的《沁园春·雪》。为了补足遗漏的几句，吴祖光四处查找，没有找到全词的版本。后来他把三个传抄本凑起来，得到了完整的《沁园春·雪》。吴祖光想把这首词发在自己主编的《新民晚报》副刊《西方夜谭》上。

**吴欢**：他请示了周恩来，周恩来拿着这首词交给了毛泽东。毛泽东非常明确地说，你转告吴祖光，不能发。因为旧诗词谬种流传，另外这首词霸气十足，毛主席心里也没谱，周恩来心里也没谱。

吴祖光认为《新民晚报》不是党报，不该受约束，这首好词一定要发表。11 月 14 日，吴祖光把毛泽东的词以《毛词·沁园春》为标题在《西方夜谭》刊发了。

**吴欢**：街谈巷议都是《沁园春·雪》，从古到今、三皇五帝被毛泽东写了个遍，"数风流人物还看今朝"，那派头简直太大了。这一首词把国民党阵营都给搅乱了，全国人民，民间略识之乎的人都在传颂：共产党的这个领袖叫毛泽东，本事显然大过国民党的蒋介石。

萧乾说，我们这个文化圈里边，胆子最大的就是吴祖光，发表毛泽东《沁园春·雪》这件事，只有吴祖光干得出来，换了我萧乾，我是说什么也干不出来。

**吴欢：**这件事情，毛泽东非常高兴，周恩来也特别高兴，从此周恩来对我父亲评价就是，"我在文化界最好的朋友就是吴祖光"。

## 文艺伉俪的坎坷人生

新凤霞是民间艺人，没有念过书，她7岁就开始在戏班演戏。1949年，22岁的新凤霞从天津来到北京，很快在天桥走红。看到新凤霞还是单身，很多人都想追求她。

**吴欢：**她说，我只找有文化的。我不愿意找当官的，也不愿意找军人，我要找文化人。

此时，在香港待了几年、从事电影工作的吴祖光已经回到北京。老舍准备把吴祖光介绍给新凤霞。新凤霞排过《风雪夜归人》，她以为吴祖光年纪很大，没往心里去。

**吴欢：**文艺界有一次开会，我爸爸在台上发言。那个时候实际上他也有三十四五了，我妈一看，说这就是吴祖光啊。我爸爸长得白白净净，也是仪表堂堂，我妈心里面就想，这个行。暗中就喜欢上了我父亲。

全国青联开会，新凤霞要发言。这可愁坏了大字不识的新凤霞，她想到了吴祖光。

**吴欢：**我爸爸说，你放心，这事我一定给你办好。接受了我妈布置的任务之后，我爸就开开心心地回到家里，开始给我妈写稿。写好之后就给我妈送去了。我妈说不行，我不认识字，我爸就得给我妈念。两个人一来二去的，开始越来越近乎。

1951年，吴祖光和新凤霞的婚礼在欧美同学会举行，阳翰笙、欧阳予倩是主婚人，郭沫若是证婚人。

**吴欢**：来了几百人，大朋友小朋友老朋友新朋友，一时俊彦，全都到场了。"搅局"的是侯宝林。当时通知下去说，吴祖光和新凤霞的婚礼是鸡尾酒会，是"洋范儿"的。侯宝林他们开始"捣乱"了，一人抱着只大公鸡，说这是"鸡"尾酒会。大家西装革履都到齐了，侯宝林这帮艺人来了之后开始放公鸡，公鸡追得这些名流们到处跑。婚礼非常盛大热闹，大家都非常开心。

吴祖光在筹划婚礼时，曾想邀请周恩来。周恩来表示想见见吴祖光夫妇，但工作人员考虑到，如果总理去参加婚礼，要一级警卫全戒严。

**郭英**（原中南海接待科科长）：后来大家研究了半天，总理还是不要去了，就在西花厅接见。就这样，在西花厅摆了一桌。

婚后，吴祖光教新凤霞读书认字，新凤霞还拜齐白石为师学习画画。吴祖光说："和凤霞的结合我当时认为是我一生幸福的开始，我满怀喜悦之情，认为我将永远这样幸福生活下去。"

1960 年，在北大荒待了三年的吴祖光回到北京，与家人团聚。

1966 年，"文革"开始后，"二流堂"被打为"反革命裴多菲俱乐部"，吴祖光被打成"现行反革命"，之后在"五七干校"待了七年。"二流堂堂嫂"新凤霞也被造反派赶卜舞台。1975 年，新凤霞脑血栓发病，导致偏瘫。

**何冀平**（编剧）：我亲眼看到她一只胳膊不能够动，只能用一只手画画。我非常喜欢她写的散文，她的《我叫新凤霞》，还有几本散文集我都仔细地看过，文笔非常通俗，非常清新。以前的艺人没有机会学文化，我真是没想到一个没有文化、没有正经上过学堂的做这一行的女子，最后能成为一个作家。

新凤霞不光写作，还坚持画画，她每画完一幅画就会叫吴祖光题字，这样画着画着竟也有了几千幅。

1998 年，71 岁的新凤霞因病离世。

**吴欢：**父亲一生觉得对不起母亲，觉得他太爱放炮，导致母亲跟着他受了很多苦。父亲这个人是非常坚强的，但是母亲去世之后，父亲就是哭不停，天天哭，天天哭，活活把自己给哭傻了。这就是感情，没办法，一个最坚强的人，当他的女人没有了之后，他从精神上彻底垮掉了，从神童才子、睿智老人变成了一个木讷的、衰老的老者，最后他没法活了。

曹禺说吴祖光总是"那种笑嘻嘻的满不在乎的神色，却有一种不服输的气概"。马英九曾为吴祖光题词尊称他是"老神童"。今年是吴祖光先生逝世十周年，他的妻子新凤霞也已逝世 15 周年。为了纪念吴祖光，国家大剧院排演了他的话剧《风雪夜归人》。吴祖光的创作是属于所有华人的。

(凤凰卫视"我的中国心"栏目供稿)

# 春过也，共惜艳阳年
## ——忆北京人艺建院之初

欧阳山尊口述　听澜整理

## 梦开始的地方

那是 1952 年 4 月的一天，快到 5 月了，地点是在史家胡同 56 号东跨院的三间房——我的家里。房子是南房，中间是堂屋，两边有耳房。门窗都朝北，堂屋南墙有一个后窗户，比较高，往里开。我那时刚从外地调回来，家里的物品很简单：北面门窗旁边，有一个老式的木制的洗脸盆架，上面挂着毛巾，放着搪瓷脸盆。暖瓶外壳是竹子做的。沙发是木制的，一个双人的、两个单人的。扶手比较宽，上面有藤的垫子，靠背也是藤的。沙发中间有长茶几，是木头的，中间也是藤的。喝水用的是玻璃杯。沙发旁靠南墙有个旧式的衣架，挂着深颜色的中山装，屋里还有一个高的花架。

按照上级的任命，曹禺是院长，焦菊隐和我是副院长，赵起扬做秘书长。我们的年龄搭配很有意思，每个人之间都差个四五岁：焦菊隐是

年轻时的欧阳山尊

1905 年生人，他的年纪最大，当时 47 岁，比曹禺大 5 岁，曹禺比我大 4 岁，而我又比起扬大 4 岁。

我们四个人在一起谈得非常投机，前前后后谈了共 42 小时。因为谈的时间很长，累了就站起来走走，姿态各异。当时我家里请了一个老保姆，是旗人，会做红烧鸭子。谈着谈着，大家就在我家吃饭了，吃完以后接着谈。谈话时，我和起扬不抽烟，焦菊隐、曹禺同志抽一点儿，当时谈话也没有人记录。

当时我们几个人还都比较年轻，我那时爱穿灰色的中山装，但在自己家里比较随意，就穿毛衣或毛背心，热的时候就把袖子卷起来；我们四个人穿的裤子都是旧式下边卷边的，赵起扬还戴着干部帽。

说到几个人的特征，可以简单描述一下：曹禺同志的性格是满不在乎、比较爽快的。有一次赵沨（文化部原艺术局局长）和曹禺在我家喝酒，曹禺很喜欢喝酒，但酒量不高，喝了以后，从沙发上出溜到地下，醉醺醺地说要回家了。赵沨就跟他开玩笑说："你现在不是已经到家了吗?"他就是这样的人。而焦菊隐是一丝不苟的，他是博士，学问很大，生活上则小心翼翼。他平时喜欢把头梳得很光，当时住在另外一个院子，买了很多煤，怕同院的人偷，就在周围浇了很多石灰水。"文革"中，我们住在一个屋子里，中午造反派不在，我们都睡午觉。这时焦菊隐出去上厕所，他回来后，赵起扬偷偷让我看他，只见他小心翼翼地拿出包裹好的新衬衫和新裤子，轻轻吹去上头的浮尘，面露微笑。

由于到任的时间前后差几天，刚开始时是三个人聊，后来赵起扬也加入进来了。他来剧院任秘书长，此前是中央戏剧学院歌剧团团长。我们四个人在一起就是要谈一谈将来这个专业化的话剧院怎么搞。

我们几个人对当时的苏联都感到很新鲜，各人谈各人的见闻。曹禺同志刚从苏联回来，他参加过莫斯科会议，看了很多演出。我几次到苏联，看了很多苏联的话剧、歌剧、舞蹈等。大家谈对莫斯科的感觉，对莫斯科艺术剧院的感受和认识，甚至谈到欧洲的剧场……

比如，我分别看过匈牙利和罗马尼亚排演的《卡门》，虽然谈不出戏剧理论上的差别，但可以把自己看到的真实感受谈出来。我还特别关注了剧院的建筑问题，印象很深的是：莫斯科艺术剧院并不是先有了剧场，而是把罐厂的铺子买下来改造的。观众离舞台很近，跟演员交流非常方便，没有乐池隔着。后来排《关汉卿》时我还借鉴了这一点。我还参观过苏联最大的剧场——红军剧场。从上看，它是个五角星，而且很大。我在下面看过一次戏，冷冷清清，跟观众距离很远，很不热闹。我去参观后台，他们的技术人员说："我们的红军剧院是失败的，你可以到我们的小剧场看看，也许有些东西对你有启发。"我去看了，小剧场在五角星的一个角上，非常好，跟观众非常接近，而且有个小转台。

我到莫斯科艺术剧院看他们演《青鸟》，灯光很暗，看不清。我问他们为什么，他们说：斯坦尼斯拉夫斯基就是这样的。由此可见他们有个缺点：保守、守旧。因此我提出，我们要选择地学习他们的东西。

焦菊隐同志是大学问家，他有燕京大学和巴黎大学的两个学位，在比利时、法国留过学，因此谈欧洲谈的很多。他的法文、英文都没问题，俄文则是一点一点自学的。学了俄文之后，他翻译了丹钦科的《我的艺术生活》，此外《三姐妹》等剧目也都是他翻译的，非常不容易。因此他虽然没到过苏联，但对苏联的斯氏体系及演出是很有研究的，特别是他会把欧美的许多东西结合起来考虑。另外他在中国办过戏曲学校，对戏曲也很有研究。他跟我说过："我正式学过戏曲，是学小生，拜过师的。"因此苏联、欧洲、中国的知识，他都有。

我们海阔天空地谈，不是第一、第二这样教条地谈。我们把许多东西结合起来考虑，也从中国的国情、文化和话剧特点来考虑。中国的话剧，从1907年李叔同等在日本演出《黑奴吁天录》，到后来的京戏、文明戏，以致后来在上海演出的很多话剧，大部分话剧我都了解。洪深、曹禺的戏，我父亲导演的剧目，包括一些官印的剧本和历史戏，我都参加过。所以我感觉，现在说"北京人艺的风格就是北京味"是一种误解。北京人艺的风格，从一开始就叫五湖四海、中外古今。五湖四海是指我们的成员有从中戏来的、从抗敌演剧队来的、从延安来的，还有华北文工团来的。当时国民党文化部政治部主任是周恩来，他成立了十个抗敌演剧队，里面基本都有我党的组织，其中演剧三队里我党的组织非常强大，田冲、胡宗温、赵寻都在这里，他们是由中央组织部直接领导的。后来他们被派到二战区阎锡山的地盘去做工作，被抓起来过，经过了很多斗争。我们演的戏也是"五湖四海"的，老曹的戏我们确实演了不少，有许多都是重头戏。但我们也演过夏衍的戏，还请蒙古族作家超克图纳仁来写《金鹰》。当时正是困难时期，吃不到肉，我们把他安排在宾馆里，每周给他开小灶。最后写了，欢送他时，我问他在这里生活怎

欧阳山尊（前排右二）给演员们说戏

样，他说："很好，就是肉少点！"他可不知道我们当时的情况有多艰难。

我看到报上刊登文章庆祝《青年突击队》创作 50 周年，这个戏我们演过，由老舍创作、焦菊隐导演、于是之主演。老舍写了很多戏，包括《女店员》《青年突击队》《春华秋实》，等等。他是新中国成立后最有创作热情的作家之一，从《龙须沟》起，北京人艺演了很多他的戏。老舍的很多剧本都不如他的《茶馆》，在国际上得到了认可，因为他把 60 年里各种人物的变化都写活了。而且老舍的本事就在于几笔几画就把人物的轮廓画出来了，因为他了解生活。老舍写《茶馆》时我曾问他："第一幕写埋葬清王朝，第二幕写埋葬军阀混战的王朝，第三幕写埋葬蒋家王朝，第四幕写革命高潮的到来，是不是应该这样写？"老舍先生说："你说的很好，可惜当时我不在国内，在英国。"这就是现实主义作家，不是烂扯。老舍先生这么热情，有的戏写完只演几场。他对新社会生活还不够理解，有一天他积累多了，会写出比《茶馆》更精彩的东西。

我们的剧目是"古今中外"。外国戏我们演了很多，很不错。因为来的人是五湖四海的，表演风格不统一，我们要经过艰苦的努力，使五湖四海的演员，包括导演在内，统一创作方法——这是我们谈的主题之一。我们承认现实不统一，要改造这个现实，使之统一，因而有了后来北京人艺的三句话：深厚的生活基础，深刻的内心体验，塑造鲜明的艺术形象。这是建立在那 42 小时谈话的基础上的。在这个过程中我们开过了很多次总结会，争论得很厉害，如"从内到外"还是"从外到内"。争论的目的就是为了内外统一，表现栩栩如生的人物形象。这些理论不通过实践是总结不出来的。我们有活生生的例子：董行佶是从天津来的，他年纪很轻，先演《春华秋实》中的老掌柜的，后来又演了《雷雨》中年轻的周冲，大家都不相信。他总结说："我见过我父亲很多朋友，都是老头，我给他们端茶倒水，以此来观察他们。其中有一个老头其貌不扬，端茶时把小手指头翘起来，我看他这样子很漂亮，我演老掌柜就是学他这个动作。"他的创作方法是合乎斯氏的"初次检验"的，这是"从外到内"。"从内到外"是刁光覃，他出戏慢，要慢慢地磨。

## 我和话剧的难解之缘

说到我做副院长，那要从"老人艺"说起。老的北京人民艺术剧院成立于 1950 年 1 月 1 日，是由延安中央党校文工室、中央管弦乐团、华大三部合并起来成立的。老人艺是综合性的文工团体，有话剧团、歌剧团、舞蹈队、合唱团、昆曲团，此外还接收了当时中南海的老的军乐队、傅作义的军乐队等，有很多人。

我到"老人艺"之前做的不是艺术工作。从 1947 年开始我就参与了解放战争期间的很多策反工作，比如在蒋管区搞地下工作，处理国民党俘虏等，还做过迫击炮弹、枪弹等。沈阳解放以后，成立了沈阳汽车总厂，我当副厂长兼总支书记。我从城工部调到军工部，当企业计划科科长，后来当公务科科长，直至汽车总厂厂长。由于业务需要，我经常要跑北京，中组部干部处处长廖志高找我谈话说："你父亲要到北京来开政协筹委会，他大概希望你还是搞文艺。你原来就搞文艺，他的很多戏也是你演的，你还是回到文艺岗位吧。"我说我学的是工科，我还是愿意搞工业。谈到第六次，他说："你父亲非常希望你回到文艺岗位上。"我回到家跟我父亲讲："我要干什么，你素来不干预，这次听说我在东北搞工业搞得很好，你们又要我回到文艺岗位，是否有此事？"我父亲否认说："没有，我可以写封信给组织部。"那时他还没入党，信是这样写的"中共中央组织部恭启：小儿山尊有志于工业工作，敝人并无意见。"第七次谈话，我把这封信拿出来给廖志高看，他说："你这个同志啊……回东北吧！"

回去后，成立东北局，我调到机械工业局当第一计划处处长，和苏联专家在一起工作。苏联专家说："听说你从前是干艺术的，你干吗不当艺术家，反而当专家？在我们苏联，艺术家比专家地位更高。"我说：我还是要学工业，因为我信奉"工业救国"的思想。那时候我做"五年计划"，调了300人来做计划，在办公室三天三夜不睡觉，连算盘、老式摇的计算机、笔算都用上了，每一个机器上的螺丝钉都要算清楚。这时候东北局组织部副部长找我来，说："欧阳山尊同志，你现在赶快到北京，中组部来调你了。我们隐瞒两次，现在中组部来电批评我们无组织无纪律。你马上走，你人先走，我们检查后到。"

到了北京以后组织部问我搞什么，我说搞工业。工业部的干部满员了，正好燃料工业部成立，管煤炭、石油、电。我去了，办公室主任找我谈话说，正要搞一个燃料工业机械制造局，先成立个技术处，让我来当处长，有两个苏联工程师，两个国民党的工程师，先领导这四个人搞起来。去了之后，我们先调查研究，画了很多表。没想到刚开始工作，组织部又来找我谈话，希望我还回到文艺岗位去，于是任命我为"老人艺"副院长兼歌咏团团长。那是1950年5月，"老人艺"正在排歌剧《王贵与李香香》，我也参加了，演游击队长，很有意思。演王贵B角的是任鸣的父亲——任群，他跟李波两人配戏，英若诚等都演游击队员。有一场戏，我看游击队员睡着了，拿被子给他们盖上，英若诚就在里面。当年年底，朝鲜战争爆发，我报名参加中国人民志愿军，赴朝进行文艺创作，直到1951年3月回国。

1951年7月，我与周巍峙一起参加青年出国文工团赴东欧九个国家演出，周巍峙任团长及总支书记，我任第一副团长兼总支第一副书记，还有很多其他副团长，我们在一起有十个月。中途国内通过大使馆调我回国，当时我途经莫斯科，遇到沈雁冰（时任文化部部长）、曹禺，沈告诉我："你赶快回去，现在文工团要进行专业化，你要回去干这个事，而且北京人艺和青艺正在演《钦差大臣》，孙维世导演，你回去看看。"当时曹禺还不知道自己要到人艺。出国前我曾经给彭真同志写过报告，因为自己是半路出家，没有专业戏剧知识，希望任务完成以后留在苏联，进苏联的戏剧大学学习五年，回来后再继续搞文艺工作。彭真同志答复我说："这次出去，全国文工团的负责同志都在，只把你一个人留下太特殊了。但这次时间很长，你可以多看一些演出，多学习，多考虑剧场建筑的技术问题。"

回国后，北京市委宣传部部长廖沫沙找我谈话，说"老人艺"的话剧部分（当时是叶子、于是之负责的）和中戏的话剧团要合并，成立专业性的话剧团体，彭真同志说北京只要话剧团，还叫北京人民艺术剧院。组织得差不多了，彭真同志下聘书，曹禺同志任院长，焦菊隐当时在北京师范大学担任西语系主任，将他从师范大学请出来，任第一副院长。此前，焦菊隐与"老人艺"有过很多工作联系，帮我们导演过冼星海作曲的《生产大合唱》。因演员中有很多昆曲演员，而焦菊隐在新中国成立前办过戏曲学校，很熟悉这些，所以请他来客串导演。

我还记得，后来"老人艺"请老舍写《龙须沟》的场景，老舍先生非常热情，他说："北京解放后，北京市政府不修王府井、长安街，就修这条臭沟，表现出对下层劳动人民的关心，这就是北京人民政府成立以来的建设的很重要的路线，我老舍就要写这条臭沟！"他抱着这种热情，自己跑到龙须沟去体验生活。北京人艺就是在这么多人的关怀、爱护和努力之下，一步步成长壮大起来的。

（本文图片均由北京人艺戏剧博物馆收藏）

# 听苏民谈戏剧与人生

张　辉

　　几年前在西郊宾馆开会，吃饭时恰好坐在苏民旁边，不谙世故的我径直问"贵姓"，先生不以为冒犯，回答我"苏民"，并亮出胸牌给我看。看我一脸懵懂，大概猜出我此时正在心里问"苏民是谁"，就补充一句："濮存昕的父亲。"闻此言同桌的人都开心地大笑起来。苏民也笑着自我解嘲："以前和儿子在同一场合，别人都是指着濮存昕介绍：苏民的儿子。现在是：介绍我时，还要加上一句：濮存昕的父亲。儿子如今比我名气大多了。"幽默里透着自豪。先生的平易消除了我的拘谨，便得寸进尺地问了许多为什么，进而登堂入室，坐在先生那墨香四溢的书房内，喝着苏夫人端上的香茶，听先生侃侃而谈戏剧与人生，如同享受精神的盛宴……

**"与其说我是导演，不如说我是演员；与其说我是演员，不如说我是教师。"**

　　苏民 20 世纪 40 年代初就是北平业余学生剧团——"沙龙剧团"的

骨干。那时话剧被称为"爱美的戏剧",因它是自西方引进的、完全有别于中国传统戏曲的新鲜事物,投身话剧运动成了一些青年反叛家庭、社会的象征。十几岁的中学生苏民和他的一班志同道合的同学组成了一个跨学校的"沙龙剧团",活动地点就在苏民家隔壁的小学校。没有布景,就各自回家搜罗、自己制作;没有钱吃饭了,就去有钱的团员家"吃大户"。条件是艰苦的,但为爱美的理想和为戏剧运动作贡献的信念鼓舞着,在他们眼里,日子是快乐的、绚烂多彩的。

到了抗战胜利后的 1946 年,在北平地下党的领导下,倾向进步的几十个戏剧团体组成了北平戏剧联合会,结成戏剧界的统一战线。党组织利用剧联联系广泛的特点,在青年中扩大共产党的影响;利用话剧这种广大市民喜闻乐见的形式宣传进步思想,揭露国民党统治的黑暗。在血雨腥风的对敌斗争中,苏民经受了严峻的考验,被吸收为北平地下党的成员。

剧联的活动触怒了国民党当局,随即被强迫解散。在地下党的领导下,原先剧联的骨干继续用祖国剧团的名义恢复活动。他们用各种巧妙的方式,在国民党特务的眼皮底下开展反对国民党的宣传。1948 年 8 月,在黎明前最黑暗的时刻,国民党公布了各大学进步学生的黑名单。在国民党特务下毒手之前,苏民和祖国剧团的战友们一起安全地撤离了北平。

1952 年,苏民成为刚刚成立的北京人民艺术剧院的一员。人艺为他提供了大显身手的舞台,他的人生在这里奏响了最华彩的乐章。他先后在《蔡文姬》《雷雨》《智者千虑必有一失》《胆剑篇》等话剧名著中饰演主要角色;先后担任《王昭君》《李白》(获文化部文华导演奖)、《虎符》《天之骄子》(获北京市金菊花导演奖)等剧目的导演。当我问他自认为做演员更成功还是做导演更出色时,他说,他认为自己做得最成功的是教师的角色。几十年来，他曾数次为剧院办演员训练班。任宝贤、修宗迪、韩善续、梁月军、尚丽娟、杨桂香、王姬、宋丹丹、梁冠华、郑天玮、龚丽君、徐帆、陈小艺、李洪涛、何冰……北京人艺舞台上目前活跃的老中青三代演员多出其名下。正像他说的："与其说我是导演，不如说我是演员；与其说我是演员，不如说我是教师。"

想到自己有不能再亲自授课的一天，有不能再登台执导的一天，他说，他最大的心愿就是把自己几十年舞台实践和教学实践的体会写下来，留给后人。

## "我一生有几个不能忘情的东西"

苏民说，他一生中有几个不能忘情的东西，"不能忘情书画，我是学这个的；不能忘情戏剧，我是干这个的；不能忘情旧交，既能定交，就是知心的朋友；不能忘情山水，可惜看得太少"。

走进苏民那简朴的客厅兼书房，迎面书柜的上方是一幅山水长卷，笔法细腻，气韵生动。听说是主人60年代的作品时，才知苏民原来是北平艺专国画系科班出身，20岁时已在北平中山公园办画展。那时戏剧仅仅是他的业余爱好。

苏民本不姓苏而姓濮，原名濮思洵，苏民是他的字，祖上是江苏溧水的显赫家族，世代为官，但以诗礼传家。父亲替他取"苏民"为字有三重含义：一寓他是江苏人士，二慕历史上苏氏三杰的才名，三期救民于水火，从中可见父亲对他的希冀。

出身于书香门第的濮思洵本可以吟诗作画，过文人雅士的生活。但党的一声召唤，他放下即将完成的学业，毅然投身进步的戏剧运动，做了随时都有可能掉脑袋的地下党，亦从此踏上戏剧的不归路。因地下工作的需要，他以字为名，"濮思洵"和他的家世一样，成了他成长的背景和一段历史。

问他：悔不悔自己当初的选择？也许当初在绘画上发展会更有成就？回答说：无怨无悔，是戏剧成就了他的一生。在他几十年的戏剧生涯中，绘画艺术的功底为他提供了长久的深厚的滋养。他对文艺作品的理解，对人物个性的准确把握，在舞台上的造型都得益于早年的艺术熏陶。

如今已退居幕后，是不是可以纵情挥洒、重续丹青？苏民说，他也是这么想的，画板都已经准备好了。但却总是忙，被邀请去讲课，被邀请参加唐宋名篇朗诵会……最近，北京人艺请他执导重排经典剧目《蔡文姬》。已经74岁的苏民毫不犹豫地接受了邀请。他说，这出戏是总导演焦菊隐先生的与《茶馆》可以并提的代表作品，也是北京人艺独特风格的代表之一，人艺为了继承好的传统，重排此剧，他就是豁出老命也要排好。

最后，苏民拿出珍藏着他半生往事的相册给我看。从20世纪30年代濮氏大家庭的合影到解放初期他与夫人的订婚照，到60年代一家五口在中山公园的留影。他说，那时尽管生活困难，但只要一家人在一起，日子就过得很快乐。后来孩子们都长大了，走上各自的人生道路。不久前，老两口参加中央电视台夕阳红栏目主办的"世纪金婚之旅"，在长江之源留下了他们金婚的纪念。

# 难以忘怀的憾事

## ——记童超的艺术道路

张 帆

人生谁都有憾事，有的是为自己惋惜，有的是为他人惋惜。

不言而喻，在北京人艺的历史上有许多令人遗憾的事。

我在这篇短文中要说的是今年已80高龄的童超老师，老同志们都尊称他为老超。

老超在学生时代（19岁）开始演戏，21岁大学毕业后（1947年）加入了由中共地下党领导的"祖国剧团"，直到20世纪80年代改革开放时期，他在近50年的演艺生涯中曾参加过50余部戏的演出，先后塑造了《名优之死》中的刘振声、《茶馆》中的庞太监、《骆驼祥子》中的二强子、《智取威虎山》中的杨子荣、《日出》中的王福生、《蔡文姬》中的左贤王、《胆剑篇》中的吴王夫差、《武则天》中的骆宾王等一系列个性鲜明、光彩照人的艺术形象。

正当他在艺术上攀向一个又一个高峰的时候，不幸的事情发生了。《丹心谱》刚刚投入排练，老超因中风住进了医院，那是1979年春，老超时年 54 岁。不幸中的万幸是由于抢救及时，没落下什么明显的后遗症，但实际上病魔已悄悄地缠住了他。老超是个演戏不要命的人，一旦没戏演了，他真有活不如死的感觉。没过多久，老超在大病初愈后又全身心地投入到《茶馆》《名优之死》和《骆驼祥子》的复排演出中，以后他又多次参加各种演出和影视剧的拍摄工作。由于过度劳累，老超的病反反复复发作了四次。1987 年他在刚参加完《末代皇帝》（饰恭亲王奕劻）的拍摄之后，病魔毫无情面地将他永远地拉出演艺生涯，时年62 岁。老天是多么的不公平呀！一代名优正在走向炉火纯青的时候，却被迫告别自己钟爱的事业，这对他是多么大的打击呀！转眼间，18 年过去了，老超还在和病魔抗争，我在这里只能默默地祝福他，祝福他平安长寿。

写到这里，我想起了 20 世纪 70 年代和老超在一起生活的日日夜夜。"文革"时期，我俩曾在所谓的"专案组"里工作过很长时间；我们曾在《云泉战歌》剧组"转"了好几年；我们曾一起到长辛店二七机车车辆厂体验生活，接受所谓的"工人阶级再教育"。"四人帮"垮台后，我们曾一起到南方深入生活搞创作，在杭州龙井泉边一起品茶作诗；建院 40 周年前夕，我带着一个摄制组到他的家里去拍他的专题片，他看见我们高兴得像孩子一样……可以这样讲，老超是我进北京人艺后的第一位老师，他的敬业精神、他的做人准则使我终生难忘。

老超本不姓童，而姓朱，叫朱桐超。1925 年，他出生在天津的一个大宅门里。他的祖上曾在天津开过大买卖，到了他祖父这辈儿尚能维持小康生活。童超的奶奶生下一子不幸夭折，爷爷又不想再纳妾，于是就将三弟的一个儿子过继过来，这就是童超的父亲。由于生计所迫，父亲长年奔波于京津、绥远一带，这样他就成了爷爷和奶奶身边的宝贝疙瘩。童超的爷爷是个戏迷，尤其喜爱京剧和曲艺，只要有空就去泡戏园子，不光自己去，还常带着他去，他简直就是在戏园子泡大的！9 岁时就能唱《法门寺》和《击鼓骂曹》中的大段唱腔，爷爷为此十分得意。爷爷不仅是戏迷，还是个收藏家，存有大量的名家唱片，什么余叔岩、孙菊仙、龚云甫、谭富英、言菊朋、马连良、叶盛兰、杨宝森等，还有鼓界大王刘宝全、白云鹏以及花四宝、王佩臣、容剑尘等人的唱片，一应俱全。这些名家作品的熏陶，对后来老超在话剧民族化上的探索起了不可估量的作用。

1943 年，18 岁的童超中学毕业了，家中的经济状况也到了山穷水尽的地步。后来他打听到北平有所土木工程专科学校，不但管吃穿住，毕业后还有事儿干。童超于是告别了天津，告别了亲人，开始了在北平的大学生活。进校没几个月，他的艺术才华就被人发现了。在一次同乐会上，他不但表演了相声、快板、京剧清唱，还参加了独幕话剧《醉了》的演出。导演、乐队伴奏、服装设计无所不干，他一个人几乎包揽了大半个晚会，顿时轰动了整个校园！

1947 年夏，童超大学毕业了，获得了学士学位。但文凭和"方帽子"对他毫无意义，毕业就是失业。由于求助无门，只得又跑回学校借宿，靠老同学施舍生存。那些日子，童超真真切切地体验到了挨饿是什么滋味儿。

不久，他的情况受到了地下党的关注。党派蓝天野找到童超，并介绍他参加了由地下党领导的"祖国剧团"。他成了一名正式演员，童超的艺名就是这时候起的，再后来人们就叫他老超了。

1948 年北平解放前夕，形势非常紧张，老超到河北解放区，先是在党领导下的华北大学学习，后又加入了"华大文工二团"。1948 年 1 月下旬，北平和平解放，为迎接解放大军入城，老超和文工团员们打着腰鼓提前进了城。1950 年 4 月，华北大学三部并入中央戏剧学院，老超也跟着进了"中戏"的话剧团。

1952 年，老超又随"中戏"话剧团合并到新组建的北京人民艺术剧院，从此他开始了新的艺术生涯。

但是，老超的艺术道路并非是一帆风顺的。于是之曾说过这样的话："对业务问题极端认真，在我们这一代人里是共同的。童超业务上苦闷过，我也苦闷过，苦闷得几乎要改行。和'苦闷'相对的词，那时叫'突破'。奔这个'突破'就好像是寻觅神话的那把金钥匙。一旦有所'突破'，便大欢喜。童超就是找到那把金钥匙的人。"

于是之这里所说的老超的"苦闷"是指他从建院到 1956 年的三四年里接二连三地演砸了几个领导干部的形象，有中国的，也有外国的，老超突然觉得自己简直不会演戏了，陷入了极度的苦闷之中。其原因是从思想上搞乱了学习斯坦尼表演体系的方法、搞乱了体验和体现的关系、搞乱了政治和生活的关系。但是痛苦中的老超没有气馁和沉沦，而是想方设法塌下心来认真思考、分析、总结和探寻。不久，刚刚参加完"中戏""导训班"的学员蓝天野回到剧院，他带回了苏联专家的真经。院里决定由蓝天野挂帅在本院开个训练班（俗称"回炉班"），以使更多的人加深理解斯坦尼体系的真谛。老超毫不犹豫地放下架子，甘当小学生，认真"回炉"深造，而且是边学习，边在演戏中体会，很快就收到了立竿见影的效果。他在《名优之死》中扮演的刘振声获得了极大的成功！他终于找到了于是之所说的那把金钥匙，并由此一发而不可收，连续创造出我在本文开头提到的那一连串的感人形象和许许多多令人倾倒的人物瞬间。

你能忘记《名优之死》第一幕结尾时刘振声狂饮过后由狂笑到哭的大激情吗？你能忘记最后刘振声死去的情景吗？你能忘记《茶馆》中庞太监见到秦二爷时那得意忘形的神态吗？你能忘记《骆驼祥子》中二强

子在刘四爷面前撒酒疯的劲儿头吗？你能忘记披着麻袋片儿找女儿要钱的那个已经变成无赖的二强子吗？你能忘记左贤王那一阵风似的台步和猛然转身把斗篷抖成一朵"伞花"的帅极了的表演吗？……这些画面将永远铭刻在我和老观众的心中。一想到这些，我就觉得老超的艺术成就理所当然地应该写入中国话剧的史册。

在构思本文的日日夜夜里，我无时无刻不在回忆和老超在一起的日子，回忆他当年的神采，回忆他创造的一个个人物形象……一天，我忽然梦见老超又回到了首都剧场的舞台，他如鱼得水般地忽而扮演《狗儿爷涅槃》中的狗儿爷，忽而扮演《天下第一楼》中的卢孟实，又忽而扮演《李白》中的李白……数不清的一束束鲜花抛向了舞台，有的观众甚至冲上了舞台，老超被观众簇拥在舞台中央，他笑了，笑的是那样的开心，他心里的遗憾好像已飞到了九霄云外……

# 戏剧工作者眼中的田汉

———

**戴　霞**

　　1952 年 9 月 12 日，《人民日报》发表了我父亲戴不凡先生《评〈金钵记〉》一文，该文的编者按说："'白蛇传'是我国流行最广的优秀的民间传说之一。各地经常演出这个剧目，所根据的脚本不止一种，《金钵记》即其中之一。在改编工作上，这个剧本是有缺点的。戴不凡同志在本文中对这剧本进行了分析和批评。在本文发表以前，作者田汉同志已对《金钵记》作了一些修改，并已将剧名仍改为《白蛇传》，现正继续进行修改中。修改本个久可以出版。兹以本文涉及如何处理以民间传说为题材的戏曲的带有原则性的问题，所以发表出来，以引起戏曲工作者和文艺界的注意。"

　　此文发表前，父亲曾收到《人民日报》的信函，望他尽快携带有关《白蛇传》的资料来京参加讨论。来京后，他除同文化部艺术局副局长马彦祥、《人民日报》文艺部主任袁水拍讨论有关《白蛇传》的一些问题外，中宣部副部长周扬为此单独召见了我父亲。后来经周扬点名，父亲同年 10 月 9 日由杭州《当代日报》（后改为《杭州日报》）调至由田汉任局长的文化部艺术局工作。几年后，他又随田汉到中国戏剧家协会工作。父亲与田汉一起工作了近14年后，"文革"爆发了。

田汉作为一名剧作家，创作了大批优秀的剧本，受到广大人民的喜爱。但他根据陕西地方剧碗碗腔《女巡按》改编的京剧《谢瑶环》却被一些人强加上"莫须有"的罪名而受到严厉的批判。"文革"开始后，田汉被当作"三反分子"揪了出来。不久，我父亲也被扣上"黑线人物"等帽子被造反派揪斗。再以后，田汉、阳翰笙等文联及各个协会的部分领导、文艺界的知名人士被造反派非法拘押，白天被示众批斗，晚间他们同囚斗室。这其中，也有我的父亲。这样，父亲与田汉曾共同度过了一段朝夕相处的痛苦日子。无论是田汉当局长、当剧协主席，还是"文革"时他惨遭迫害，父亲始终都是很钦佩老上级田汉的。在父亲眼里，田汉是一个令人尊敬的领导、师长，一个才华横溢的剧作家、诗人，又是一个平易近人、可以与之无话不谈的好朋友。每每谈起田汉的作品、人品，实事求是的作风，对自己的教诲，以及田汉在"文革"中备受侮辱、惨遭毒打，其家被抄，大批珍贵图书惨遭浩劫的情景，父亲的心情再也无法平静。

## 妙笔生花，三改《群英会》

1957年，岑范导演了由中国京剧院、北京京剧团联合演出的彩色戏曲影片《群英会》，谭富英、叶盛兰、马连良、萧长华、裘盛戎、袁世海等著名表演艺术家参加了影片的拍摄。影片公映后，上座率空前的好，老戏迷们过足了戏瘾，一致称赞这部影片无论是导演，还是演员或剧本，其艺术水平均堪称一流。影片《群英会》为后人留下了一份宝贵的文化艺术遗产，鲜为人知的是，田汉为《群英会》剧本的改编，付出了大量的心血。

事情得从 1952 年 10 月文化部举办的第一届全国戏曲观摩演出大会说起。在这个新中国成立后的首次戏曲盛会上，共演出 82 台剧目。大会组委会从中筛选了《群英会》等 32 台优秀传统剧目向全国推广。为更好地贯彻中央人民政府政务院发布的《关于戏曲改革工作的指示》（即《五五指示》），将当时戏曲改革工作的主要力量放在审定流行最广的旧有剧目上，文化部在 1953 年就将审定京剧传统剧目列为当年工作的第一重点。同年六七月间，周扬指定艺术局副局长张光年专门负责此项工作。由此，艺术局成立了剧目组，负责整理、审定传统的有代表性的京剧剧本，以供剧团演出。整理后的剧本以《京剧丛刊》的名义出版。剧目组由四人组成，组长由张光年兼任，我父亲也是其中的一员，具体负责京剧传统剧本的审定、整理和编辑工作。

在当时特定的历史背景下，戏改工作存在着粗暴的作风，部分戏改干部乱改剧本，有些演员不得已，自己也在乱改剧本。在这种情况下，剧目组决定，每人先选一个优秀的传统剧目进行整理审定，并要求整理者尽量吸收保留各种老本和演出本所长，搞出"汇校集锦本"来。

我父亲整理的第一个剧本便是《群英会》。他阅读了几种剧本后，认为中国戏曲研究院收藏的本子比较详细，便于舞台演出，于是就把它作为底本，并以《戏考》《京戏大观》《戏典》《京戏考》中所收相关剧本以及谭鑫培和马连良的演出本等为参校本，同时还参考了李卓吾、毛宗岗本的《三国演义》。为慎重起见，在整理过程中，父亲把整理本拿到中国戏曲研究院去讨论，同时也到李少春、袁世海、叶盛兰等著名演员处征求意见，而后又进行修改。他夜以继日地工作，终于把整理修改好的剧本转到了田汉局长的手中。田汉十分仔细地看了这个整理本，除赞同一些修改意见外，他又亲自对剧本做了相当多的修改。后来，父亲拿着田汉修改好的剧本去征求李少春、袁世海等人的意见，这些演员对剧本的修改不仅表示同意，而且还觉得田汉的词改得好。但也有两位著名演员表示了不同意见，一位说田汉的"本子改得好，但我可不可以还按我原来的唱"？另一位则说"你们怎么改都可以，我还是唱我的"。父亲觉得他们所坚持的，都是那些未尽合理的细节和文法不通的唱词。田汉接到征求意见本，又听了汇报之后，没有责怪那些有不同意见的演员，而是将他们的意见认真琢磨了一番，然后从头至尾地又重新修改了一番。父亲拿着经田汉两次修改过的剧本很是犯难，因为他知道这两位演员还是不会同意田汉的修改意见，而不经过他们同意审定的本子，也和报废没什么两样。

过去演出《群英会》的演员，大都来自富连成社，于是父亲就去征求曾任该社总教习、蒋干的扮演者萧长华先生的意见。在访问中得知，萧先生原是这个戏的撰定者，而萧先生也不满意自己的学生乱改他的剧本。在详细谈了这个戏的编写和演出情况后，萧先生便把精心保存的自己数十年前编撰的几本《全部赤壁鏖兵》剧本用牛皮纸包好，交给父亲带回去参考。

阅罢萧先生的剧本后，父亲认为该本中"横槊赋诗"一场文字虽略显粗糙，但应补充到《群英会》中去。于是他抄下那场戏，请田汉过目。还不到两天时间，父亲就收到田汉的短信和用毛笔与钢笔改写的本子。看到田汉在本子上或纸条上的手迹，父亲觉得田汉不放过任何一个不够准确的地方，所改之处非常合理，字里行间体现出其渊博的知识及一丝不苟的工作态度。

剧本"聚铁山劫粮"中，原本周瑜命鲁肃下场后，认为孔明中计，唱"这是我暗杀他不用钢刀"。田汉批注"这是借，而不是用刀"。因此他将此句改为"学曹操杀祢衡不用钢刀"。经过他改动的六个字，使人想起更多的历史内容。如果不是一个烂熟三国历史的作家，改这句唱词时，是不会联想到曹操杀祢衡这个典故来。

又如"群英会"一场，周瑜对蒋干说道："当年弟与兄同窗学艺之时，不曾望有今日。""艺"字，当时许多演员念作"业"字。田汉批注道："六艺有射御，可以说'学艺'；'学业'或一名词。"从中可见，田汉对一个字，也会生发开去，浮想联翩，引古证今，说出道理来。

在"借东风"一场中，有"学天书玄妙法犹如反掌"之句，父亲认为这是该剧最难处理的一句唱词："玄妙法"似通非通，且把孔明神话得有点"玄"。他曾拟订了十几种修改方案，为此还请教了一些演员。但由于它牵涉唱与表演的问题，"牵一发而动全身"，所以一直也改不出一句漂亮的唱词儿来。田汉听说父亲曾为这句唱词犯难，他思索后，只将"玄妙法"改为"改造化"，并加注道："十一月发东风，冬行春令，改造化也。"虽只三字的改动，却有画龙点睛之妙。只有对中国古代知识非常丰富的人，才会改出这种鬼斧神工的笔墨！

田汉修改这出戏时所加的自注和说明，不仅体现出他确实是编剧的高手，而且也可以看出他是如何以严肃认真的态度对待我国珍贵的戏曲遗产的。田汉在修改《群英会》时，考虑的是不仅要使剧本的文学性更强，而且也要充分考虑到演员的实际演出情况。萧长华先生认为田汉的改词"不碍唱"，这是一个著名戏曲演员对田汉工作最恰如其分的评价。

父亲在整理《群英会》的过程中，发现在剧目审定过程中，有脱离演员的倾向，遂向田汉汇报。后来文化部作出决定，所审定的剧本"凡属可改可不改者，不改"。根据这个原则，父亲与萧长华先生又一起研究了这个剧本。萧先生特别喜欢自己本子中较为通俗的念白、唱词，所以在可改可不改之处，父亲完全尊重他的意见。而萧先生也十分愿意吸收田汉所改的一些十分精彩的唱词、念白，"横槊赋诗"一场，就全部采用的是田汉所改之本。

　　田汉帮助我父亲改出的《群英会》，成为剧目组整理出来的第一个剧本，同时也成了"范本"，它使剧目组在工作中有据可循，也使戏改工作者明白如何谨慎地对待我国的优秀文化遗产。对京剧剧目的审定工作，许多人认为少则五年，多则一二十年也未可知。由于文化部对这项工作的重视，也有像田汉这样的领导在其中所做的大量工作，因此这项工作不到两年的时间就完成了。审定后的剧本，由上海文艺出版社以《京剧丛刊》的名义出版。虽然田汉参加了《群英会》的具体修改工作，并为这个戏付出了大量的劳动，但他没有理所当然地署上自己的名字。而后来由北京电影制片厂拍摄的《群英会》电影，演员所用的演出本就是在戏改中整理修改后审定的剧本。

　　父亲在从事剧目审定工作中有幸得到田汉的教诲，这使他在以后的整理传统剧目工作过程中兢兢业业、一丝不苟，为此得到艺术局领导和演员们的信任。后来，父亲被派去整理梅兰芳、周信芳、盖叫天这三位京剧艺术大师的演出剧目。他不仅圆满地完成了任务，而且还与这些艺术大师结下了深厚的友谊，成了忘年交，这当为后话。

## 响当当的一粒铜豌豆

　　1958 年，世界和平理事会将我国元代著名戏剧家关汉卿列为世界文化名人之一。这年的 6 月 28 日，在纪念关汉卿戏剧创作 700 年演出周的开幕式上，由北京人艺著名话剧演员刁光覃、舒绣文主演了田汉创作的话剧《关汉卿》，它是新中国成立后田汉话剧创作的最高成就，也是新中国成立后我国最优秀的话剧之一。

　　父亲对田汉在新中国成立前写的剧本、诗歌是相当佩服的。上高中时，他经常与同学们一起唱田汉创作的抗日救国歌曲。他欣赏歌词中"愿付出任何代价，甚至我们的头颅，我们的热血"，换取"博爱、平等、自由"所体现的战斗精神与人道主义思想。新中国成立后，由于田汉工作繁忙，相对于新中国成立之前，他创作的剧本不是很多。1958 年"大跃进"后，文艺界涌现了一大批紧跟时代的作品，戏剧舞台上也出现了一些"畅想未来"的戏。有的剧作家在其剧作中写道：20 年后，人们的物质生活极端丰富，以致把红烧肉都倒在地上不吃。田汉是文艺界的领导，在那个特殊的社会环境下，他也未能免俗，写出了《十三陵水库畅想曲》这样不成功的作品。

在现存的历史文献中，关于关汉卿生平的资料极少，若把他搬上舞台是相当困难的。但父亲看到田汉的《关汉卿》剧本时，便放不下了，一口气将它读完。他认为田汉"凭空结构，自铸伟词"，以关汉卿写作《窦娥冤》为线索，通过关汉卿和朱帘秀的爱情关系，真实地再现了700 年前这一伟大剧作家的形象风采。剧本的情节自然，内容生动，结构紧凑，是一部不可多得的优秀剧目。得知田汉用了不到一个月的时间就"突击"出了这么一部好戏，父亲由衷地敬佩。父亲对关汉卿是有研究的，他曾在《光明日报》等报刊上发表过《关汉卿及其剧作》《关汉卿生年新探》《关汉卿笔下的妇女性格的特征》《杂谈关汉卿的创作态度》《〈单刀会〉的结构及其他》等十余篇专题论文，参与筹备组织了纪念关汉卿戏剧创作 700 年大会，并为郭沫若起草了《学习关汉卿，并超过关汉卿》的大会报告，还在"关汉卿学术座谈会"上做了大会发言。他原本计划撰写一部关于关汉卿及其剧作的研究专著，但因工作繁忙而未能如愿。父亲认为，关汉卿的剧作，"没有一部不是直戳封建统治者的胸膛的"，他"是和这些被压迫者站在一起，知道她们的生活，熟悉她们的生活，用她们的眼光观察和描写生活。他替她们说话"。

1958 年 5 月 6 日，在有诸多戏剧家、历史学家参加的《话剧〈关汉卿〉座谈会》上，父亲做了长篇发言。显然，他是那么偏爱这个剧本，而又深入细致地进行了研究。他认为，在田汉笔下，看到的是一个"秉性刚强，是非爱憎分明，不肯屈服于任何横暴，正气凛然，胸襟恢宏，气概豪迈而又多情的古代剧作家形象，这分明是能写出《窦娥冤》、能写出《鲁斋郎》、能写出《望江亭》、能写出《单刀会》这些震撼人心剧本的关汉卿的巨大形象。"此剧的另一特点是作者把戏曲的语言巧妙地运用到话剧里面了。"我还没有看到过话剧的对话，是用这样精练、有节奏的七言诗来写的。"但是，他在发言中也对该剧中的一些不妥之处直言不讳地提出了自己的看法，田汉虚心地听取了他的建议。在那段时间里，他们见面后总是要谈论一阵这个戏，田汉还几次约父亲到其细管胡同的住所去谈修改这个戏的事情。

1959 年，父亲应《文艺报》之约，发表了《响当当的一粒铜豌豆——读话剧剧本〈关汉卿〉断想》一文。文中盛赞这个戏的创作成就，并总结了其创作经验。文章指出，长期以来，关汉卿曾被一些文人认为是"可上可下之才"的风流荡子，而话剧《关汉卿》的作者田汉是以科学的方法来观察历史生活，才可能饱含激情地将这位性格突出鲜明的 13 世纪梨园领袖的形象展现出来。作品中将关氏写成为人民而战斗的剧作家，是一次成功的翻案。

# "英大学问"

## ——记北京人民艺术剧院的"文化使者"英若诚

张　帆

　　"英大学问"者，何许人也？副标题已经告诉您，他就是北京人民艺术剧院话剧表演艺术家、翻译家、国家文化部原副部长英若诚。

　　那么他老人家这"英大学问"的雅号又从何而来呢？说来也简单，这是老北京人对有学问人的一种尊称，什么"张大学问""李大学问"等。英若诚之所以被称作"英大学问"，就是因为他是北京人艺大学问者中的佼佼者，所以才获此雅号。那么他的学问大在何处？来自何方？又用在哪里？您且听我慢慢道来——

　　英若诚，1929 年生于北京，满族人，属正红旗。祖父英敛之，清末爱国知识分子，一贯主张改良维新，是辅仁大学的创办者之一，也是华北第一大报《大公报》的创办者。英若诚的父亲英千里 12 岁就被送到英国剑桥大学读书，苦读八年后回国完婚，婚后又返英国深造，直到1925 年才回国，不久就担任辅仁大学秘书长兼外文系主任，后又成为该校的教务长、校长。英千里不但哲学、逻辑学造诣很深，而且通晓英、法、西班牙、拉丁四种文字。此外，英若诚的长辈中也大多是学者、教育家、实业家、行政官员等，如此说来，英若诚是不折不扣的京城名门大户的后代。他在兄弟姐妹当中排行老三，小名叫"小毛儿"，所以全家上上下下都叫他"毛三爷"。"毛三爷"小时候是出奇的淘气、出奇的聪明，常突发奇想做出一些惊人之举，能着实吓你一跳。比如在学校受了不公平的惩罚，他居然能做出用弹弓去打训导主任的后脑勺之类的事，您说他的胆量如何？父亲为避免他在眼皮子底下惹是生非，将他送到了天津的圣路易中学读书，那是一家外国人办的教会学校，学生中绝大多数是外国人的孩子，只有他和另外三个孩子是中国人，而且学校严格规定：在校园中必须说英语，这逼着"毛三爷"不得不下决心苦学英语，他利用早晚的课余时间，每天坚持背500字的《圣经》原文和一段莎士比亚的十四行英文诗。不到半年，他就过了语言关。由于天天和外国孩子在一起玩耍，"毛三爷"的英语自然是越说越棒，回到家中，他居然可以用英语和父亲交谈了，这让英千里喜出望外。

那时候，凡圣路易中学毕业的学生几乎都可以直接升入英国剑桥大学，但英若诚没有去剑桥，原因有二：一是英千里在反思自己的求学之路后，觉得一味地学习西方而不了解祖国，是无法为国效力的。他反对英若诚从一个外国学校出来，再到另一个外国学校里去。二是英若诚更向往清华大学，当时清华聘请的外籍教授中有一位美籍华人叫王文显。这位学者特别热爱戏剧，除了自己写剧本外，还讲授戏剧课，在他的影响之下，学校的校园戏剧蓬勃发展。耳闻不如目睹，酷爱戏剧的英若诚坚决放弃了入剑桥深造的机会而考入清华大学西语系。遗憾的是，当英若诚真正踏入清华后才发现王文显教授早已离开。尽管如此，他还是在清华找到了满足的地方，一是同学和老师中不乏一些热爱戏剧的知音，有一个"骆驼剧团"，他可以边读书、边过戏瘾。二是清华大学那不断有新书出现的迷人的图书馆。由于他的英语早已过关，所以他可以抽出大量的时间读书、读英文原版的戏剧原著。他18岁就翻译了苏联大师爱森斯坦的《电影感》，25岁将斯坦尼斯拉夫斯基30万字的《〈奥塞罗〉导演计划》译成中文，并得到专家的赞赏。他的英语水平已到十分标准、流利、地道的程度，对英语中的美国音、澳洲音、黑人音，以及许多地方的俚语都了如指掌。英国人说他"比牛津还牛津"，美国人说他"比美国人还美国人"。记得20世纪80年代初，美国喜剧大师霍普来中国演出，霍普一张嘴，观众席里的外国人就大笑不止，可中国观众一点儿反应没有，这使霍普很心急，情急之下，他亲自将陪同他的英若诚请上台当翻译，英若诚事先没有一点儿思想准备，但他却十分轻松而潇洒地按照霍普的语言节奏，几乎是在他表演的同时便将他的台词译成中国式的相声语言传达给在场的中国观众。这下可不得了，霍普的每句台词都能使在场的中外观众同时笑起来，有时是外国人笑完了中国人接着笑。这使霍普大悦，演出结束后他紧紧地搂抱着英若诚，半天也不肯放手，他说他万万没有想到在中国遇上了这么神的知音。殊不知这点儿本事对英若诚来讲真算不了什么，雕虫小技而已。

1950年，英若诚在清华大学毕业后，和他的同窗——也是他的妻子吴士良一起考入了北京人民艺术剧院。

"文革"前，英若诚在北京人艺参加演出的戏大约有20部，其中以京味儿戏和外国戏居多，特别是《雷雨》中的鲁贵、《骆驼祥子》中的刘四爷和《茶馆》中的老小刘麻子，他演得最为出色。还有电影《白求恩大夫》中的童翻译，他演得好，又是剧组中的真翻译，导演一会儿也离不开他。

我第一次"零距离"地见英若诚，是初步为他落实政策的1971年夏天，当时我们都在"五七"干校劳动改造。一天，军宣队的政委指着身后一个又黑又瘦的老头模样的人说："英若诚在运动初期曾因'特务'问题接受审查并关进监狱,现已查明他没有'特务'问题,回来和大家一起劳动,继续改造……"身边的老同志告诉我:三年的监狱生活,折磨得他简直变了一个人,都快认不出来了。1973 年"批林批孔"时,我们俩在一个班里学习,我还是他的副班长。那时说是搞"大批判",实际大家净偷着闲聊,大家尤其喜欢听英若诚"神侃"。他简直是上知天文,下知地理,无所不知,无所不晓,"英大学问"大概就是这么来的。后来我才知道,他之所以有渊博的知识,一是爱读书,二是记忆力奇好!几乎是过目不忘。每当别人夸他记忆力好时,他总谦虚地说:"我的记忆力远不如钱钟书先生,钱先生的记忆力那简直是照相机似的。"是啊,若没有超人的记忆力,恐怕难有大学问。

英若诚真正"红"起来,那还是在改革开放以后。我重点谈谈他在中外文化交流上的贡献。

1980 年北京人艺的《茶馆》出访西欧,开创了中国话剧走出国门的历史,而且从此一发不可收,出访任务接踵而来,外国的许多大导演也纷纷到北京人艺排戏。人艺上上下下都活跃起来,其中最活跃的当数英若诚。

1981 年 2 月,英国著名导演托比·罗伯森来北京人艺执导莎士比亚名剧《请君入瓮》(原名《一报还一报》)剧本,翻译兼副导演是英若诚。莎翁的剧本在国内有多种译本,北京人艺都没有采用,而是请英若诚再译。为什么如此折腾呢?这和北京人艺的演出风格有关,北京人艺特别注重戏剧的民族化、大众化,特别注重中华民族的欣赏习惯,特别注重雅俗共赏,无论是中国戏还是外国戏,都要让普通观众看得懂、听得明。细心的观众会发现,北京人艺演的外国戏,从没有冗长的拐弯抹角的台词,也没有晦涩难懂的词句,更没有所谓的"倒装句",您甚至会感觉演员是在演外国事儿的中国戏，这就是北京人艺。所以剧院请英若诚按照中国人的欣赏习惯重新翻译该剧，为了能直接打动中国观众，英若诚坚持意译而不是直译，他甚至还采用了一些中国成语，如"只许州官放火，不许百姓点灯""种瓜得瓜，种豆得豆""挂羊头卖狗肉"之类的词儿，这一尝试获得了意想不到的剧场效果。此类事例，在英若诚的译作中比比皆是，而且得到许多专家学者乃至外国朋友的赞赏。

1982 年，英若诚应邀到美国的密苏里大学讲学并排戏，在那儿他再次见到了美国的著名剧作家导演阿瑟·密勒，他们一拍即合，很快达成了一个请阿瑟·密勒到北京人艺来导一出戏的协议。那么排哪出戏呢？英若诚回忆道："我的意见是选择他的创作中影响最大、最深，使他一跃而成为美国当代最重要的剧作家的作品。密勒很敏感地听出来，我的意思是《推销员之死》，他沉默了一会儿，算是同意了，但接着提出一个条件，剧中主要人物威利·洛曼要由我扮演，理由是他不会中文，而作为导演，他必须不断地与主要演员交流、探讨。我同意了，就这样埋藏在我心里 30 多年的梦想实现了。"英若诚为什么这样讲呢？30 多年前，英若诚在清华大学最后一次去图书馆借书时，管理员告诉他来了一批新书，其中有一个剧本很有名，叫《推销员之死》。英若诚说："剧本深深地打动了我，因为从内容到形式它都很有新意，写的是一个小人物，但对他的内心世界挖掘得很深。我一口气读完剧本后，这个人物——威利·洛曼——在我想象中活跃起来，好像是个老朋友，好像我完全可以理解他，可那时我才 20 岁，而威利已经是 60 多岁的老人了，我还没出校门，而且也不知道将来会干什么，这个梦想只能埋在心里。"

不久，阿瑟·密勒真的来到了北京人艺，在与英若诚、朱琳、朱旭等老一辈艺术家的愉快合作下，顺利地排出了一部中国式的《推销员之死》。英若诚把一个走投无路但又不服输、还死要面子的小人物演得活灵活现、惟妙惟肖，演出获得了巨大反响，中外观众交口称赞。更有意思的是这出外国戏去了中国香港，新加坡，轰动东南亚。

1983 年，由他翻译并导演的《家》在美国演出（由美国人演），获得成功。同年他被美国密苏里大学埃德加·斯诺基金会聘为该校戏剧系客座教授，被授予密苏里州堪萨斯市荣誉市民的光荣称号。

1985 年 9 月，由英若诚翻译并执导的英国作家彼得·谢弗的名剧《上帝的宠儿》（又名《莫扎特之死》）投入排练，该剧由张永强（饰莫扎特）、吕齐（饰萨烈瑞）、宋丹丹（饰康斯唐兹）领衔主演，1986 年初公演，到 1988 年累计演出超过 100 场，深受观众喜爱。

1986 年 8 月 29 日，当《上帝的宠儿》演得正红火的时候，英若诚调任国家文化部副部长。由一个普通演员成了国家的部长，英若诚在中国是头一位。

英若诚当了部长以后，闲暇的时间自然会少了许多，但无论多忙，他仍眷恋着人艺，眷恋着话剧。1988 年他"忙里偷闲"，将美国著名作家赫尔曼·沃克的《哗变》译成了中文。美国著名的演出组织家杜立图先生特意将当年演过这出戏的演员查尔顿·赫斯顿请到北京人艺，任该剧导演。将这部戏介绍到中国来意义有很多，很难用简短的文字说清楚，但有两点是必须要提到的：《哗变》是一部奇特的话剧，《哗变》是一部真正的话剧。说它奇特，凡是看过这出戏的观众都能领略到它的构思的奇特。全剧自始至终就是在法庭（军事法庭）上打官司，没有女角，没有场景的变换，演员绝大多数的时间都是坐在证人的位置上讲述事件的来龙去脉，而法官席上的演员除上下场外几乎是一动不动地坐在那儿。这样的话剧在我国的话剧舞台上还是首次出现。从剧作家的角度说，它向我们介绍一种新的创作样式，很值得回味。说它是一部真正的话剧，那是因为演员在台上没有调度，也没有什么道具可拿，甚至也没有任何音乐效果配合，全靠演员坐在那儿"干说"。用演员朱旭的话说——"这是个犯忌的剧本"。犯什么忌？犯的就是"干说"的忌，或者说这是一部考验演员功力的戏。整个戏的节奏、人物个性、故事情节、人物关系等，所有这一切都是要靠演员"说"出来，而且还要说得有声有色、起伏跌宕、魅力无穷，否则将无法牢牢地把观众吸引住，这有多难啊！演员台词的功底若达不到坚实的程度是不敢接这部戏里的任何一个角色的（当然不包括那些不说话的陪审员）。主角奎格有一段1800余字的台词——这可能是话剧舞台上最长的台词了，但老艺术家朱旭把它说绝了，甚至成了他个人表演的一个保留节目。这真是个磨炼话剧演员的好剧本。

1990年，英若诚辞去文化部副部长的职务，回到了他热爱的舞台上，并很快翻译和导演了英国作家萧伯纳的名剧《芭巴拉少校》。1995年，他又将刘锦云的《狗儿爷涅槃》译成英语交给了美国百老汇夜莺剧团排演，该剧于1996年1月23日在美首演。

1999年，中国对外翻译出版公司极有胆识地出版一套装帧精美的《英若诚名剧译丛》（全部中英文对照）。书中收录他五部英译中的剧本，即《请君入瓮》《推销员之死》《哗变》《芭巴拉少校《上帝的宠儿》和三部中译英的剧本即《茶馆》《家》《狗儿爷涅槃》，英若诚将他的这套书称之为"冷门书"，因为他觉得很少有观众会在看完戏后再去读剧本，但是英若诚又说："舞台演出确实有它的特殊要求，观众希望听到的是'脆'的语言，巧妙而对仗工整的，有来有去的对白和反驳。这在一些语言大师，例如王尔德或萧伯纳的作品中可以说俯拾皆是，作为译者，我们有责任将之介绍给我们的观众。"

英若诚的成就还有许多是观众难以忘却的，比如他在电视剧《围城》（饰高校长）、《我爱我家》（饰"右派"邻居）和影片《知音》

（饰袁世凯）中的精彩表演。他在一些中外合拍的影片中也曾成功地饰演过不少角色，尤其是他在中、意合拍的大型电视片《马可·波罗》中扮演的忽必烈，几乎震动了整个西方世界，使得他们再也不敢轻视亚洲演员。

# 纯粹的艺术家孙维世

---

杜高　余林　石维坚　张奇虹　田成仁
郑振瑶 等口述　于洋整理

## 苏联生活的深刻烙印

　　1921 年，孙维世出生在一个革命家庭。父亲孙炳文曾和朱德同往欧洲考察学习，不久在德国柏林由周恩来介绍加入了中国共产党。共同的革命理想使三人英雄相惜，遂成莫逆之交，亲如手足。1926 年 6 月，孙炳文任国民革命军总政治部秘书长。不幸的是，1927 年 4 月，"四一二"反革命政变第八天，孙维世的父亲孙炳文被腰斩于上海龙华密林深处。那一年，孙维世才 6 岁。

　　后来，抗战爆发，孙维世在八路军办事处巧遇周恩来，随即实现了赴延安的心愿。周恩来和邓颖超写信给孙维世的母亲任锐说："愿将烈士遗孤当成自己的女儿。"信中还鼓励教育孙维世："你是我向党负责的女儿。"此后他们情同一家，为后人留下了一段革命者温馨感人的天伦佳话。

**张颖**（周恩来秘书）：周恩来因为当年孙炳文和自己深厚的革命情谊，所以认了孙维世为干女儿。

20世纪30年代末，周恩来准备赴苏联治病，决定带孙维世一起去。得到毛泽东的批准后，孙维世便跟随周恩来夫妇一同去了苏联，去了戏剧艺术大师果戈理、契诃夫、斯坦尼斯拉夫斯基等人的故乡，在古典艺术的沃土中尽情吸吮养分，并立志投身戏剧导演专业。

**瞿独伊**（瞿秋白之女）：孙维世到苏联学习时和我一起生活。有的时候她会在家里表演，说话、做各种动作，好像正式演戏那样。她很用功的。

**王希林**（北京电影制片厂录音师）：大约是1941年，我还小，记得孙维世拿了一个苏联的电影剧本叫《宝石花》，要找一些中国人配音。当时我母亲是电台的播音员，她让我母亲配女主角。还需要些小孩声音，就把我们这些中国小孩也叫去了，在里边喊一些简单的台词。

80年代，我先生有一次看参考片时看到了这部电影，他说：太好了！这大概是第一部由中国人译制的外国童话电影。

孙维世在苏联学习期间，正是卫国战争最惨烈的阶段。在异常艰苦的生存条件下，她边学习边参加医院的救护工作，这段经历对她产生了重要影响。

**张奇虹**（原中国青年艺术剧院导演）：孙维世是在战争环境里受到的教育，她热爱英雄，有强烈的爱国主义情结和一种乐于奉献、不怕牺牲的精神。我在苏联学习的时候，遇见一位老妇人，卫国战争时曾和孙维世住在一起。这位老妇人很瘦很矮，孙维世很壮很高，所以轰炸机一来，孙维世就抱着她、护着她。

**王希林**：卫国战争爆发以后，孙维世报名参军，因她是中国留学生，未获当局批准。此时苏联某广播电台需要人手，孙维世成为身兼翻译、编译、定稿三职的工作人员，夜以继日地拼命工作。我父母亲与她同在一个编辑室，他们经常对人说，这个孩子非常聪明、非常能干。

不但中国同事喜欢她，在国际电台工作的其他国家的同事也喜欢她。孙维世是学习戏剧的，接触中她不忘观察各国朋友的举止言谈，潜心学习多种语言，见人就打招呼问候。外国同事觉得这位中国姑娘与众不同，不但漂亮而且活泼，不像多数中国人那么"古板"。

卫国战争期间，孙维世参加了莫斯科战地医院的工作。有一天在电台审稿时，她出了很多虚汗，我母亲关切地问她："你最近怎么这么虚弱？"她才承认自己前几天与同学一起为前线红军战士献了血。

1957年，在排练苏联话剧《革命风浪》时，作为导演，孙维世对全体演职人员讲起自己在苏联生活的往事。她动情地说："当站在莫斯科红场上与苏联人民一起庆祝战胜法西斯的那天，我看见微风中斯大林灰白的头发，眼泪夺眶而出。"

## 新中国提供的广阔舞台

1946年，孙维世以优异的成绩先后毕业于莫斯科东方大学和莫斯科戏剧学院，成为中国第一位系统研习过斯坦尼斯拉夫斯基体系的戏剧界人士。1949年底，孙维世从华北联大调到中国青年艺术剧院任总导演，那一年她28岁。

**余林**（文学戏剧评论家）：解放战争期间，大量随军的文工团到了城市，因此在话剧艺术上来讲，面临着一个建立剧场艺术的重大任务。于是，1949年4月16日，中国青年艺术剧院成立了，院长是廖承志。当时他提出"要用两个拳头来建设剧院"，指的是要有从解放区来的艺术家和国统区进步艺术家。这样金山、张瑞芳、石羽来了，孙维世也来了。

　　新中国为强化文化教育在各地建立起许多话剧院团，艺术形态也由街头、稻田模式转换到剧场艺术，因此亟需有代表性的作品出现。这为孙维世提供了实现她戏剧理想的广阔舞台。她在建院初始的中国青年艺术剧院留下了数部经典的奠基之作，造就了新中国成立之初令观众们回味不尽的舞台盛况与传奇。这期间，她先后导演了《保尔·柯察金》《钦差大臣》《万尼亚舅舅》《西望长安》等戏。

　　**余林**：当时排演的剧目都是奠基性的。剧场艺术最初要以什么面貌来迎接自己的观众？考虑到这点，1950年，孙维世开排《保尔·柯察金》。这是一部革命青春戏剧，洋溢着巨大的革命激情，孙维世把自己的全部精力都投了进去。她选用金山来演保尔，要求他在形体上必须有年轻人的朝气，于是金山就不断地锻炼，为了贴近保尔年轻人的心态，他每一次进剧场，不是从门走进来的，而是从窗户爬进来。后来这个戏引起了社会的巨大反响，青年人极其喜欢。

　　"随着俄罗斯音乐灯光渐亮，舞台上是一个青年人坐在那儿钓鱼的剪影。由金山饰演的保尔，一头金发，穿着俄罗斯的套头绣花、灯笼袖的白衬衫，还没说一句台词，这异国情调就把大伙震晕了，全场热烈鼓掌。"这是当年一位观众的描述。

　　1952年，孙维世导演了果戈理的名剧《钦差大臣》，该戏集中了青艺、人艺、儿艺众多的优秀演员。

　　**余林**：这部剧可是一个不得了的舞台，演员有蓝天野、叶子、石羽、朱琳、雷平、田冲、于村、刁光覃、王班……都特别棒。它虽然是一个讽刺喜剧，但孙维世把它定位成"果戈理风格"，即喜剧思维的舞台表现，而不是滑稽。这台戏所表演的文化现象是惊人的，因此影响相当大。

　　1954年，孙维世与苏联专家列斯里合作导演的契诃夫名剧《万尼亚舅舅》是体现和传播斯坦尼斯拉夫斯基演剧神髓的现实主义杰作，它严谨精微，丝丝入扣，几乎每一个细节都有很大的魅力，整个剧场形成了一体的舞台氛围，一时成为全国演出院团前来观摩取经的示范剧目。

**杜高**（戏剧影视评论家）：50 年代的剧目，我认为从演出成就上讲，《万尼亚舅舅》是新中国成立后中国话剧的经典之作，是青艺最好的作品。这跟孙维世的艺术功力和努力都是分不开的。那时孙维世请了一位苏联老师来做导演，因为她会俄语，她则担任助手。在孙维世的帮助下，金山成功地塑造了万尼亚舅舅这个角色，还有苏联演员露西扮演的万尼亚的侄女索尼娅，穿着一件紫色的布拉吉，非常美。最后那场戏，我当时非常为之沉醉，因此到现在还记得特别清楚：舞台上是静悄悄的，万尼亚舅舅在那里打着算盘算账，而索尼娅靠着他，看着远方，然后幕落。

**余林**：孙维世是中国话剧剧场艺术，特别是国家话剧院剧场艺术的奠基者。比如《万尼亚舅舅》就有它的示范性：它是一台严谨的现实主义戏剧，几乎每一个细节都有很大的魅力，那时的音响效果还是人工做的，很有意思。当时，全国好多的剧团都来看这个戏，而且还专门举办了一个舞台美术制作展览。这个戏周恩来总理看了三次，而且还调去中南海演出。

孙维世还是中国儿童剧的开拓者和奠基人。在青艺期间，她亲自为中国儿童艺术剧院翻译并导演了苏联童话剧《小白兔》。这是新中国舞台上第一部儿童话剧，可以说她是引进先进、成熟的儿童剧理念第一人。

**杜高**：孙维世对于中国儿童剧的贡献非常大。过去演儿童剧，都是儿童演儿童，但她把苏联全新的儿童剧理念带到了中国。她说，儿童剧不能让孩子演，而是要由个儿比较小的成人来演儿童。因为儿童剧也是戏剧，孩子对人物、对角色不是很理解，只有成人才能够真正理解，也只有成人才能把人物塑造好。这是孙维世的首创。那时有个儿童剧团，就是现在的儿艺，附属在青艺下面。青艺成立的时候名演员非常多，像方掬芬、覃琨、连德枝这样的年轻演员没有机会演戏，孙维世就让他们去演《小白兔》，她来做导演，结果反响特别好。后来儿艺的这个传统一直延续到现在。

1956 年初春的一个夜晚，在中央戏剧学院小礼堂，由全国各院团骨干组成的导演、表演干部培训班演出了欧阳予倩的代表作《桃花扇》。孙维世担任了这两个班的班主任，在她的直接参与下，一批有一定舞台经验的戏剧干部，系统地接受了斯氏体系的学习。

1956 年，中央批准了她和欧阳予倩、欧阳山尊等人成立中央实验话剧院的要求，院长是欧阳予倩，孙维世是副院长和总导演。与戏剧同人们共建一个体现实验、探索精神，代表当代中国话剧美学品质的艺术剧院，是孙维世对戏剧艺术痴心不改的执着追求，中央实验话剧院的成立就源于她的这个梦想。

**田成仁**（原中央实验话剧院演员）：1956 年导演干部训练班、表演干部训练班学习结束以后，孙维世建议要成立一个剧院，参加学习的这些人一部分留下来，一边教学一边实验，搞话剧。这个建议得到欧阳予倩老院长的支持，于是孙维世和几位老同志联合打了报告给国务院，并得到了当时主抓文化的副总理陈毅的批准。

**薛殿杰**（原中央实验话剧院舞美术设计）：孙维世对中央实验话剧院将来的发展充满了热情跟憧憬，她想把中央实验话剧院办成理想中的剧院。

**游本昌**（原中央实验话剧院演员）：中央实验话剧院就是集合一批有共同理想的、在创作上有共同语言的艺术家，大家到一起来搞一些令人难忘的戏。

孙维世（左）被王进喜（右）逗乐了

**石维坚**（原中央实验话剧院演员）：话剧在新中国成立之前以宣传为主，新中国成立之后则归为审美。用孙维世的话说："活人演给活人看的活戏。"孙维世在苏联学的是如此，实验话剧院调人的构思也是如此。当时实验话剧院成员的组成，主要部分来自中央戏剧学院导演干部训练班和干部训练班的毕业生，他们在学习前都已经是著名演员或剧团骨干。比如于蓝、田华、张平、姚向黎、李丁、熊塞声、田成仁、王一之等。另一部分来自上海的优秀青年演员，这些人既懂斯坦尼，也熟悉中国戏剧，她要在这个基础上进行自己的话剧实验。实验话剧院成立的最终目的，是要形成中国民族的戏剧表演体系。因此剧院的成立绝不是一个偶然现象，而是一种学术追求的落实。

## 人们心中的良师益友

孙维世在中央实验话剧院期间进行了丰富多彩的舞台创造：1956—1964 年，孙维世几乎每一年都导演一出经典剧目，如《一仆二主》《百丑图》《友与敌》《大雷雨》《黑奴恨》《契诃夫独幕喜剧晚会》《叶尔绍夫兄弟》《汾水长流》等。这里倾注了她在中国剧场艺术建设领域深入的思考与实践，也体现了她在推动话剧民族化方面的远见卓识与独特贡献。同时她还造就了不少出类拔萃的演员，现在人们只能在回忆中怀念与她的合作。

**田成仁**：过去我在导演干部训练班学习过，在东北排过戏，也演过戏，但孙维世令我觉得焕然一新。无论是在导演手法、思想意识上，还是在启发演员创作上，她都有独特的见解。作为演员遇上这样的导演，那是非常幸福的事。作为导演，她对自己要求很高，对演员要求也很严格。这严格不是发脾气，而是讲道理。孙维世在排《黑奴恨》的时候，有位演员排不下去了，怎么演都达不到孙维世的要求。为了对艺术负责，孙维世毅然决定重新组建戏组，换人重排。

**肖驰**（原中央实验话剧院演员）：你跟她排戏，她创作的欲望就像喷泉一样，让你跟着她"跑"，释放、消耗着你的全部精力，演员从中获益匪浅。

**宋戈**（原中央实验话剧院演员）：她是从你根上、从你的自身条件中挖掘你的潜力，加以培养，我们有一点儿进步她都高兴得不得了。

**郑振瑶**（原中央实验话剧院演员）：每一天下来她都会给我提要求："亲爱的小瑶，你这一段独白还缺一点什么""那一段独白还缺一点什么"，所以我从来都不敢怠慢。

**张奇虹**：我记得孙维世给一位演员排戏，那位演员演得很卖力，不过本来眼睛就大，再使劲就有点儿滑稽了。她就说你的眼睛已经很大、很好了，如果不使劲就更恰到好处了。她说得很自然，把演员说得非常舒服，逗得我们大家都笑。后来国家派演员出国学习，要经过严格的考试，孙维世就给我们辅导。她很帮忙，这种帮助是无声的。她知道我紧张，就用她的笑声，再加上狡黠地挤个眼，我的状态自然就松弛了，最后考得非常顺利。

**石维坚**：当时孙维世排戏极为投入，经常是一边排戏一边揪着自己的头发，一边哭一边笑地跟着戏里的人物走。她排戏时鼓励大家提意见，听到谁提了个好意见，她会高兴地说："大家静一静啊，现在听某某给大家说说，说完了按他的意见我们再排一遍。"说完了，她会说："哟，说得多好啊，大家鼓掌，我们按照他的意见再排一遍。"等排完后一看，那已经不是意见提出者的东西了，而是成为她导演中的一部分，她把对方的意见吸收消化并且升华了。

孙维世当时对青年演员的关爱，不是停留在某一出戏上，也不是只对哪一个人。作为总导演，她在关怀着全体青年演员，在为剧院培养后备人才。我年轻时，觉得自己只适合演小生，孙维世却告诉我："你要尝试正剧、喜剧、悲剧、闹剧，要正面、反面、年轻的、年老的、不同阶层、不同行当的角色都演。这样你的路会越走越宽。如果你只演小生，以后的戏路就会越来越窄。"后来我在影片《八仙的传说》中，一人同时出演五个角色，如果没有她，我做不到这一点。

1939年朱德在给友人的信中说："维世聪明绝顶。后生可畏，革命必期成功就在此。"新中国成立后，罗瑞卿将军说："这是我党培养的第一位戏剧专家，红色专家。"金山说："我佩服三位导演——上海的黄佐临、北京的焦菊隐和孙维世，但在这三位导演中，最佩服孙维世。"美国学者李敦白晚年回忆说："我对她一见倾心。她有张非常甜美的脸，漂亮的头发，大眼睛充满了智慧和幽默的光芒。"

在很多人的印象中，孙维世在剧场、排练场是个严格的完美主义者，平日里却活泼开朗，襟怀坦荡，温良和善，平易包容，是所有同人的良师益友。

**张奇虹**：我认识维世同志还是 1948 年在解放区的时候，她在排《一场虚惊》的秧歌剧。她的性格特开朗、特热情，人走到哪儿笑声就到哪儿。有一次，一位负责灯光的同志要搭台，爬杆上去，吊得好高好高，我们都已经很习惯了，可是她看见了，叉个腰喊："哇，你好棒啊，你是英雄！"那位同志不好意思了，说："这算什么英雄啊！"维世接着问："那你害不害怕？""这怕什么，我天天做这活。""你就是英雄！我挎包里还有个白馒头呢，一会儿我慰问你啊！"她就是这样的人。

**石维坚**：我第一次见到孙维世，是在 1952 年的上海。那一年苏联艺术家代表团到上海演出，孙维世是主持人。她在台上穿一件黑丝绒旗袍，戴着一朵红色玫瑰花，满场就她一个人既讲普通话又讲俄语。当时我就远远坐在台下看她报幕。那时她真是漂亮，她的魅力绝不是小女人的魅力，而是一种大家气质的风度魅力。

**郑振瑶**：有一年我生病了，她特地带我去看中医。那时还是困难时期，每个月每人只有半斤糖，她把自己每个月的糖和鸡蛋都给我送来了。我觉得她是一个非常真挚、非常直率的人，心里头从不藏着掖着，她要是不高兴就明明白白地跟我说："我今天很不高兴，你这样做，我很不满意。"但她从来都不摆导演的谱。有几次我到她家谈事、看资料，她就让阿姨下点面条、卧个鸡蛋，让我一起吃。"文革"中我最后一次见她，是在院子里头。她在洗幕布，我从旁边走过，冲她看了一眼，但不敢笑也不敢打招呼。可她还冲我乐呢，就跟平时一样，大眼睛、深深的酒窝，非常可爱。

直至多年以后，每当回忆起孙维世，人们也无不满怀深情，倍加痛惜。

**杜高**：我从劳改农场出来回到北京的第一天晚上，只提了一个小包，什么都没有，于是就被青艺导演肖奇带去了金山家。那天晚上，金山跟我说："我结婚了。有很多人愿意嫁给我，但是我都拒绝了。你看，我的屋子的布置，跟50年代我在青艺和维世的家布置得一模一样，就是为了纪念维世。任何一个女同志都不会容忍我这样做，只有维世的妹妹新世同意，所以我跟新世结婚了。"

**石维坚**：1976年"四人帮"粉碎以后，1978年中央戏曲学院的戏剧学系编辑部开了一次座谈会，于蓝、张平、姚向黎、刘燕瑾等老同志都参加了，尽管我是个年轻人，也去参加了。在谈到孙维世的时候，所有与会的老同志没有不哭的。不是一般地眼圈红一下，而是哭出声音来，眼泪哗哗地流。我从没有见过一个人去世了十年，大家谈到她的时候还会痛哭失声。

这就是孙维世，一位纯粹而优秀的艺术家，一位敢爱敢恨的奇女子，更是一位坚强的战士、勇士、英雄。她的戏剧佳作和人格风范成为人们心中永久的温暖，始终不曾淡化褪色。

（本文素材由中国国家话剧院原影视公司总经理黄宁提供）

# 黄宗洛的小角色与大人生

梁秉堃

斯坦尼斯拉夫斯基说："只有小角色，没有小演员。"从一定意义上说，黄宗洛是一位具有独特本领的表演艺术家。独特在何处呢？他是专门扮演"龙套"角色的演员。人们往往把一出戏的主要角色比作红花，把次要角色比作绿叶，黄宗洛演了整整一辈子的戏，从来都不是扮演红花，偶尔有幸配上绿叶，也都是一些没名没姓很不起眼的群众角色，什么警察、宪兵、特务、土匪、二流子，还有那些卖报纸的、卖黄梨的、蹬车的、跟包的、扛枪的、站岗的、看门的、要饭的、吹喇叭的，以及乘客、顾客、侍者、仆人，等等。他自己也真实地表示过："我真是演了不少的戏，论个不下半百多，只不过有一半是没有台词的群众角色，另一半则是有少量台词或有一两段戏的'边缘角色'。我有一个长处——或许是短处，胸无大志嘛！——就是不挑不拣，服从剧院分配。长期以来，我硬是抓住这些极其有限、少得可怜的在舞台上露面的机会，充分发挥主观能动性，如醉如痴般地奋力创造，居然给观众们留下印象，获得了喝彩。经常为人们称道的有《茶馆》里的松二爷、《智取威虎山》里的黄排长、《三块钱国币》里的小警察，以及《遛早的人们》里半身不遂、言语失灵的方爷爷，等等。"这就是北京人艺里独具一格的、甘当绿叶又不可或缺的舞台艺术大家。

## "回炉重炼"开了窍

黄宗洛出身于一个高级技术人员家庭，其父是留日的电气工程师，一家人过着比较富足的生活。黄工程师很是爱好文学艺术，特别是传统京剧，于是每逢周末的晚上就在戏院里订上个包厢，带全家老小一起去看戏。这样一来，耳濡目染，日积月累，父亲的爱好慢慢地传下来，竟然使得黄家出现了好几位成名的艺术家。当时兵荒马乱，物价飞涨，八口之家的生活越来越不好过，孩子们的书也实在念不下去了。大哥黄宗江首先正式下了海，姐姐黄宗英也紧跟着从了艺，而且都在繁华的大上海站住了脚，成了"名角"。唯独老三黄宗洛木木痴痴，笨嘴拙腮，表演上的悟性较差，然而在新中国成立前夕，也"随大流"地参加了文工团，打杂、跑腿，什么都干，成为一个积极热情的小"万金油"干部。老实说，他在演戏上条件差一些，又毕竟是半路出家，没有经过科班训练，再加上要嗓子没嗓子、要扮相没扮相、要身段没身段，为此经常不能很好地完成演出任务。用黄宗洛的话来说："领导上拿我也没有办法：是莠，是苗？应弃，应留？为之思索再三，举棋不定。"就这样一直拖到了1956年，北京人艺为在职"有业务问题"的演员们举办了"表演艺术训练班"，进行"回炉重炼"，黄宗洛也兴奋地报名参加了。经过半年学习之后，他茅塞顿开，获益匪浅。结业以后，黄宗洛演起戏来大不一样，自由顺畅多了。从此以后，通过连续不断的艺术实践，他渐渐地形成了自己另类的风格。他说："我爱春光，我爱鲜艳的红花和衬托它的绿叶，我也爱伴随着红花、绿叶的生意盎然的小草。我愿意为他们献出自己的一生。"

## "笨干，苦干，傻干！"

有人问黄宗洛："你到底是怎么演好这些龙套角色的呢？"他想了想回答："没别的，笨干，苦干，傻干！这就是我全部的窍门儿。"的确如此，剧院的同事们都看得到——不论角色的大小，有没有戏，黄宗洛绝不亏待他们当中的每一个人物，在进入排练场以前，同样都是大量翻阅生活资料、用心体验相关生活、书写人物身世传记、摸索找到自我感觉，等等。上天不负苦心人，他一步一个脚印地硬是走出了一条路来。黄宗洛谦虚地表示："我天生是一个笨人，靠的也只能是这种笨办法！"

如果我们把表演艺术分为两大学派——体验派和表现派的话，那么黄宗洛大约就是表现派了。然而是谁教的他呢？答曰："自学成才。"他从小就跟着家里的大人到戏园去听戏、看戏、琢磨戏，开始看不懂，日久天长，慢慢地找到了门道。梅兰芳、尚小云、程砚秋、荀慧生、马连良、谭富英、裘盛戎等名角的戏，他都看过，甚至还能哼上几句各有特色的唱词。由此，黄宗洛触类旁通，从生搬硬套到歪打正着，再从百折不回到熟能生巧，他在舞台上始终是不甘寂寞，爱出花招，终成正果。

## "无中生有，土里刨食"

话剧《智取威虎山》里的黄排长实际上就是一个没名没姓的小匪徒，只是上场匆匆跑来向匪首座山雕三爷通报一声，弟兄们如何与解放军战士交锋时吃了败仗，一共只有五分钟的表演机会。可以说，这是一个没有什么戏可演的纯粹龙套角色，应付一下就可以通过。可对于这个别人都不愿意扮演的角色，黄宗洛却十分喜爱，说是这个人物身上大有"文章"。导演焦菊隐一听就笑了，让他大胆地发挥，有什么本领都拿出来显示一番。于是，黄宗洛先在人物外部形象上下了一番功夫，即从所谓"狼狈相"上入手——黄排长的头发几乎每一根都是立着的，好像还在冒着热气；脸部出现了直眉瞪眼惊弓之鸟的表情；上嘴唇突出，里边是盖不住的大包牙，口齿不清；左耳朵已经被解放军战士给完全削掉；一支小马枪还挂在脖子上，可是枪尖被打断了；右臂受了重伤血流不止，用绑腿布紧紧捆上，手腕上却还有抢来的几副金银镯子和手表；受伤的左脚，竟然用一顶棉帽子临时包裹起来……他上台以后，一直跪在地上十分困难地表演着。有人说，黄排长一出场就浑身上下都是戏。这还不算，本来剧本上只有一句通报的台词，硬是被黄宗洛编成了这样洋洋洒洒的一大篇："三爷，三爷，听我说，它是这么回事儿。昨晚孩儿奉了三爷的命令在二道河桥底下埋炸药，火车一过'轰隆'一下子就炸开了花啦。这车是往牡丹江开的，车上尽是皮子、桦子、药材，嘎七嘛八的没啥值钱的货，弟兄们一寻思大年三十的不能空手回来，总得落点儿啥呀，再加上押车的共军只两个人带着一个班，众人的胆量也就更壮了，都想弄个娘儿们回来。谁知道这些共军真玩老命了，老使手榴弹招呼，不一会儿刁老六和二十几个弟兄都为党国尽忠了。共军里有个小崽儿，可真邪乎，到后尾他连子弹、手榴弹都打光了，我们上去好几个人，这才把他摽倒了。正在这时节从后尾夹皮沟那疙瘩又出来一大伙子人，呼呼一阵排子枪，又揍死我们十来个，到后来我们就剩下仨人儿了，我一瞅情形不对撒丫子就跑，后边就追，一个劲儿地嚷：'逮活的呀！逮活的呀！'听声音足有三百人，我一口气跑到神河庙蹲了多半宿，要不是我这两条腿跑得快，小命也早就玩儿完了！"焦先生听了以后，不但同意采纳，而且还赞不绝口，夸奖黄宗洛的刻苦用功和丰富的艺术想象力。因此，演出以后，只要是黄排长一出场就能牢牢地吸引住观众，而且台下笑声不断，掌声不断，为整个戏增色不少。

再说说《三块钱国币》里的小警察。本来这同样是一个没有什么戏可以表演的角色，却让黄宗洛硬是"无中生有，土里刨食"地给演活了、演火了，给观众留下深刻的印象。按照剧本上的规定，小警察只不过是被人喊来应付一下公务，敷衍了事地解决阔太太与小保姆之间的纠纷而已。出人意料的是，黄宗洛创造性地设计了一个"第二动作"，即在漫不经心的劝架当中，居然顺手牵羊地偷走了主人阔太太的一双旧胶鞋。请看——小警察上场以后，只是逢场作戏地劝劝吵架双方而已，一边搭话，一边观察，东处看看，西处摸摸，实际上是对院子里晒晾的衣物非常上心，又对这里的东西都不大满意。最后，当他看到凳子下边那双八成新的元宝胶鞋时，脸上突然出现了喜出望外的神色。他好像是在想着，这双胶鞋对于成天风里来雨里去的"臭脚巡"来说，简直是如获至宝。于是，他不禁伸出脚来试胶鞋，刚刚穿上一只，没想到让阔太太说话给打断了。小警察只好在解决对方矛盾当中，命令小保姆赶快把铺盖拿去当掉，以赔偿主人阔太太的损失。小保姆下场以后，他的"第二动作线"并没有断，又趁机继续穿上另一只胶鞋，把自己的一双草鞋悄悄地留下来，兴奋地完成了任务。黄宗洛这一段即兴表演，不但丰富了人物形象，而且非但没有扰乱主戏，反而更衬托了全剧的主要动作。这一切，似乎都表现在黄宗洛一直为小警察哼唱的小曲里边："江都有个王知县，明察秋毫能断案，黎民百姓齐称赞，我们四川出了个王青天，那个王青天……"而且，演员的心里仿佛有着这样精彩的潜台词："我这么个小警察，整天辛辛苦苦、跑来跑去，为你们有钱人费心费力解决纠纷，现在换上你一双旧胶鞋还不是应当应分的吗？"

## "于细微处见精神"

黄宗洛雕琢人物角色时下足了功夫，力求每一个都有自己鲜明的特色。他曾打算创造出"百人面",可惜,到他去世为止,只创造出"八十面"。他曾发誓道:"我非常羡慕孙悟空七十二变的本领,在演戏当中,我有造型的瘾,几乎达到走火入魔的程度。自己常想——身体发肤受之父母,为了艺术,却随时都可以损伤。只要能使我变了样,化妆师怎么摆布我、糟蹋我,都心甘情愿。比如,头发推光、剃十字、染发、留撮歪毛,均无不可!咧着嘴、歪着脸、地包天、黄板牙,等等,也均不在话下!"

从一定意义上说,《茶馆》里的松二爷为黄宗洛的代表之作,比较全面地表现了他的表演风格和表演方法。剧院的同事们都知道,黄宗洛每次排戏之前一定会写出一张道具单交给道具组长,扮演松二爷也是如此。他认为,《茶馆》的第一幕与第二幕之间,尽管舞台上只用几分钟的时间来换景抢妆,但是戏里却要表现出相隔十多年的社会变迁,因此在松二爷的身上也不能不表现出来这些巨大的变化。第一幕,松二爷的服装十分考究,青绿缎面素花官服,穿起来透着俏皮边式,腰间挂上琳琅满目的小零碎,比如香袋、荷包、眼镜盒、扇坠、扳指、烟袋……戴齐了足有 13 件。到了第二幕,改朝换代以后,松二爷没有固定收入,已经潦倒不堪,可是仍旧不能脱下长衫,只不过是褪了颜色,满身不少油渍,完全分不清是什么颜色。那些身外之物,除了黄鸟笼子几乎一无所有,连鼻烟壶都给免了。而且,松二爷的头发变得花白稀疏,胡子也乱糟糟的一片,牙齿脱落,说话开始走风,脚底下穿的还是缎子面尖口平底布鞋,很秀气,可是脚后跟竟然露出白茬,再也提不起来了。黄宗洛坚持认为,这一切必须一丝不苟地全部做到,尽管观众不一定看得见,对于演员来说建立人物信念是绝对不可少的。焦先生完全同意这个意见,并且照办了,演出后效果很好。大约这也可以被誉为"于细微处见精神"吧。

# 深丛隐孤秀，犹得奉清觞

—— 怀念焦菊隐先生

———

宋宝珍

    焦菊隐走了。这位出生于天津大杂院的平民艺术家，靠了个人的天赋和勤奋，获得过巴黎大学的文学博士，担任过北京人民艺术剧院的总导演，他毕生致力于中国话剧民族化的伟大事业，要创造出一个像莫斯科艺术剧院一样世界闻名的剧院，导演了《龙须沟》（1951）、《明朗的天》（1954）、《虎符》（1956）、《茶馆》（1958）、《智取威虎山》（1958）、《蔡文姬》（1959）、《关汉卿》（1963）等一批北京人艺的保留剧目。

    在他生前，没有多少人真正理解他的艺术追求和艺术创造，他仅仅感动过围绕在他身边的一批北京人艺的知识分子型的演员，他的声名仅仅响彻在北京人艺的舞台时空当中。因此，直至80年代《茶馆》走出国门获得国际声誉之前，焦菊隐可以说从未被人当成过世纪文化名人，他的文化价值和历史意义并不为人所知。即使在今天，除了从事戏剧的人，若问"焦菊隐是谁"，可能仍然使好些人一头雾水。

焦菊隐

## 墙上一抹"臭虫血"

2005年10月，按照焦菊隐1958年导演的样式复原的话剧《茶馆》，在美国肯尼迪艺术中心演出三场后，又在旧金山等地巡回演出16场。所到之处，彰显了东方戏剧艺术的独特魅力，可谓声名鹊起，一片赞誉。

在中国近百年的话剧历史上，出现过很多著名导演，如洪深、黄佐临、应云卫、袁牧之、夏淳，等等，但是能够开一代风气之先、创立了北京人艺演剧学派的人，恐怕只有一个焦菊隐；在并不算长久的艺术生涯中，不仅留下了大量脍炙人口的艺术作品，而且形成了一整套民族化的戏剧理论的导演，恐怕也只有一个焦菊隐。

焦菊隐的导演生涯从20世纪40年代开始。1947年，他为抗敌演剧队二队排演《夜店》，这个剧本是师陀、柯灵根据高尔基的剧本《底层》改编的，剧本表现了聚集在下等客栈里的底层人物的众生相，这里有流氓、地痞、小偷、私娼等。在师陀、柯灵的改编中，戏剧情景已经中国化了，但是焦菊隐还认为"化"得不够，因此，在导演过程中，他对剧本作了一些改动。在焦菊隐看来，戏剧表现的是"出生在垃圾堆里，腐烂在垃圾堆里，消灭在垃圾堆里"的一群人，但是，导演的任务却不仅仅是展示这个样子的他们，而是要表现他们为什么变成了这个样子。

据当时演剧二队的队员蓝天野回忆："焦先生对舞美很在意，他把一个鸡毛小店设计得很真实，很自然，很有艺术魅力。剧中有个穷苦的赖嫂子，长年卧病不起。为了让演员有身临其境的贫病感觉，焦菊隐让人在赖嫂子的床边墙上，画上捻死的臭虫血。他还要求不能直着画，必须与病人的活动手迹相一致。其实台下的观众看不到这微小的痕迹，但是这有助于演员进入角色。胡宗温演收租婆赛观音，额头上打上了三块拔火罐留下的红斑，人物的狞厉、泼辣立刻凸现出来。以前我们在舞台上表演，台词和动作都带有程式，焦先生让我们'生活'在舞台上，他改变了我们的戏剧观念。"

## 整顿"艺术杂牌军"

新中国成立后，焦菊隐导演的第一个戏是老舍的剧本《龙须沟》。那时候，北京人艺刚刚成立，它的演员部分来自国统区，部分来自解放区，还有一部分是北京城里的青年学生，这在当时可以说是一支艺术杂牌军。他们各自所走过的艺术道路不同，各有自己的演剧习惯，因此，如何统一其创作方法，是焦菊隐遇到的第一大困难。

为此，焦菊隐决定运用斯坦尼斯拉夫斯基的演剧方法，用体验生活、培养"心象"、进入角色、化为形象的途径，建立起他们和谐、一致的新的演剧观念。焦菊隐一面花大力气修改老舍的剧本，一面动员演员们进入龙须沟去体验生活。在龙须沟，演员们一待就是两个多月，他们观察、体验、熟悉人物，并根据焦菊隐的要求，写出了很多观察日记和角色小传，每周向导演汇报一次。对于演员们交上来的文字材料，焦菊隐都作了认真、仔细的批示。这是一次别开生面的艺术实践，也是焦菊隐戏剧理念的初步展示。向生活学习，改变造作的演剧习惯，从此成为北京人艺共同的艺术识见。

在体验生活的过程中，焦菊隐发现，有的演员很快有了"心象"的种子，而有的演员却茫然无措。焦菊隐认为，人物的创造，在最初必然有一段缓慢而且看不出迹象的过程，重要的是导演要加以正确引导。他告诫演员，体验生活，不是去学习某些人的局部的动作，而是作为劳动人民中的一个，去体验一种真实、自然的生活。体验生活要避免两种错误：一是置身生活之外，作为旁观者、同情者、调查者去体验生活；二是直接向生活里去寻找艺术创作上的典型。

在排戏时，焦菊隐有意识地要消灭演员演戏的感觉，要求他们从人物出发，进入规定情境，实现舞台上的"一片生活"。朱旭说："焦先生在剧院有个外号，叫面人焦，因为他老爱捏咕演员，直到你的戏演到了位为止。"据欧阳山尊回忆："排《龙须沟》，焦先生让人在排练场摆了很多砖头，让演员踮起脚尖走路，体会遍地泥泞的感觉。"有人说，《龙须沟》的艺术呈现有自然主义倾向，其实，这样的评价并不公正和准确。焦菊隐虽然尊重演员的个性以及他们艺术创造性的发挥，但是，却没有忘记自己作为导演的职责，在艺术创造上，他是一丝不苟，甚至是严肃得近于苛刻的。

1951年，在《龙须沟》的排练中，焦菊隐给舞台监督写了一封措辞严厉的信：

我最近发现有个别的演员，错误地理解了"再创造"，认为意识地临时加些或者减少些台词和动作，是情感的发展；又有些演员，完全脱

1963 年 4 月 2 日，老舍先生（前排右二）看《茶馆》排练以后与导演、演员交谈

离了角色，在台上说些与戏无关的话，甚至开玩笑，讲笑话……这都是摧毁自己和别人创造角色的习惯，希望你向演员们提出，要求大家建立演剧道德——对于艺术事业的无限忠诚。

焦菊隐一向强调演员要谦虚地吸收观众的意见，但在 1953 年演出《龙须沟》时，当他意识到于是之、叶子为了迎合某些批评者的意见，提高说话声调，损害了角色的心理和性格逻辑的时候，他异常愤怒，说那是 16 世纪的表演，他甚至引用莎士比亚的话讽刺说，他们创造的角色"既不像英国人，也不像希腊人，而像上帝不在家时由他仆人创造的一个人"。在经历了曲曲折折、反反复复的艺术磨炼之后，《龙须沟》走向了艺术的成功。

《龙须沟》的成功可以说是空前的：它为北京人艺奠定了艺术的基石，它为老舍赢得了北京市政府授予的"人民艺术家"的称号，为焦菊隐赢得了演员的敬重并树立了优秀导演的美名，它还让于是之、郑榕等一批有才华的青年演员脱颖而出，以至在此后的半个多世纪，经由他们的艺术实践，北京人艺演剧学派逐渐地建立起来。

## 用"茅草"盖起一座艺术殿堂

北京人艺的人们评价他们的焦先生是"学贯中西"，此话并非一般性的溢美之词，而是包含了他们内心丰富的潜台词。比如，他们会自豪地说起，焦菊隐精通法语、英语，自学的俄语，达到了阅读斯坦尼斯拉夫斯基原著的水准；他不仅讲起西方剧作家和戏剧史来头头是道，而且重要的是，他真的懂戏曲，曾经在年轻的时候做过中华戏曲学校的校长，正式拜师学过京剧小生，肚子里有一百多出老戏，等等。也许正因为如此，焦菊隐才能做到"博古通今"，让经他导演的话剧，充盈着民族传统戏曲的艺术神韵。

然而，新、旧戏剧之争从 19 世纪末已经开始，直至 20 世纪初形成了话剧与戏曲分道扬镳之势，仿佛传统戏曲与现代话剧就此设立了自己的分界线。

但是，焦菊隐并不这么看，他以自己的舞台艺术实践，试图跨越戏曲与话剧相互阻隔的界限，大胆提出了"话剧和戏曲要互相借鉴"的艺术主张，并且毕生致力于创造民族的、现代的戏剧样式。他强调，戏剧艺术的全部手段都是为刻画人物服务的。为此，他提出了话剧创作中以少胜多、虚实结合、动静相宜等舞台表现方法。

朱琳曾回忆说："他吸取戏曲精华，运用得比较好的戏是《蔡文姬》，对这个戏的每一个细节，焦先生都做到了精益求精。光是他参与修改的布景图就画了两百多幅，参考了很多历史资料。甚至连舞台上的云雾效果，他都要求达到水断山环的境界。蔡文姬的服装造型从长袖到短袖再到无袖，花费了焦先生很多心血。他很讲究演员的出场亮相，这里面渗透着戏曲美学思想。《蔡文姬》第二幕，辞别匈奴一场，演员站成一个虚拟的半圆形，就表现了匈奴王宫的大穹庐了，文姬短短的一句告别语，却是在通过形体动作在舞台上转了一大圈之后才说完，这个戏里文姬的舞台表演，融汇了很多戏曲程式化的因素。焦先生导的戏，是现实主义与浪漫主义结合的典型，他考虑了演员，考虑了画面，考虑了风格，诗情画意，气势磅礴。"

《蔡文姬》在舞台上创造了诗的境界和意蕴，演出获得圆满成功。很多人看了舞台上的表演，认为比古代画家画的《文姬归汉图》还要美。编剧郭沫若甚至激动地对焦菊隐说："你在我这些盖茅草房的材料的基础上，盖起了一座艺术殿堂。"苏民说："《蔡文姬》里面的仪式性戏剧场面，显然吸收了民族戏曲的表演。连戏曲界的人看了这个戏后都说，看人家北京人艺，连龙套都跑得比我们漂亮。"蓝天野说："梅兰芳看了《蔡文姬》之后，提出让焦先生给他排一出戏《龙女牧羊》，可惜后来这个愿望没能实现。"一个话剧导演，能够让戏曲名家折服，这也不是一件容易的事吧？

## 挖掘老舍先生的"金山"

最能体现焦菊隐导演功力的，应当是话剧《茶馆》。

提起焦菊隐与老舍的再度合作，还有一段剧坛佳话。原来，在排演《龙须沟》时，焦菊隐就亲自动手删改老舍的剧本。原剧中75%的台词都被焦菊隐给改动过了，剧院里还印了一个白皮的演出本，署上了焦菊隐的名字。这让老舍不高兴了，他坚持要出文学本。老舍说，人家是专家，他把我的戏剧结构给拆了。后来老舍写的《方珍珠》就拿给了中国青年艺术剧院去演。但是，他们最终发现，只有他们两个人的合作才是最合适的。《茶馆》让两个人又走到了一起。如果我们今天来总结《茶馆》的成功要素，可以说老舍与焦菊隐缺一不可。

其实，焦菊隐对老舍是很尊重的，他逢人便说："老舍先生的剧本是一座金山，越往里挖金子越多。"那么对于《茶馆》这座金山，他是怎么挖掘的呢？

从二度创作出发，焦菊隐仍旧帮助老舍整理剧本，他根据舞台的动作节奏要求，对台词进行前后顺序的调整，认真挖掘台词背后的动作性和人物的心理特征，力求使每个人物都形象鲜明，气韵生动。在第一幕的开场，焦菊隐增加了 20 多个茶客，着意渲染大茶馆在繁盛期纷繁、缭乱、熙熙攘攘的场面。第一幕里出现了个吃洋教的小恶霸马五爷，本来不过短短的几句台词，一个明显的过场人物，但焦菊隐却让这个形象在舞台上变得丰富起来：马五爷傲慢地坐在雅座里，只一句话就让两个泼皮服了软。他目中无人地走过一排茶桌，听见教堂钟声，立即收住脚步，煞有介事地在胸前画起了十字。就是这么几个焦菊隐加进去的舞台动作，一下子把吃洋教的人的威风尽显无遗。第二幕刘麻子给大兵牵线做媒，本来上场后没什么行动，但焦菊隐却为他设计了慌慌张张连喝数碗剩茶根儿的举动，既表现了刘麻子的落魄潦倒，也表现了市面上的兵荒马乱。第一幕结尾时，太监娶老婆的丑剧已经演完，这时两位下棋的茶客，突然来了一句："将！你完了！"一切尽在不言中，大幕就此关闭，这同样表现了焦菊隐对艺术韵味的追求。

《茶馆》排练场空前活跃，老舍经常光顾，他与大家一起朗诵、讨论剧本，给演员做示范动作。在第三幕里，破败了的王利发对白喝茶的小唐铁嘴说："你爸爸白喝了我一辈子的茶耶，这可不能传代哎。"于是之觉得老舍朗诵剧本时的语气词加得好，就模仿着放进了正式演出中。

在剧组里，演员"晕进"角色生活之中，每个人都充分调动想象，展开联想，充分发挥艺术创作才能。"《茶馆》第一幕，焦先生让演员以茶客的身份去体验生活，在写出了观察笔记和人物小传之后，反复做小品，设计彼此间聊天的话题。苏民回忆说，有一天排开场的戏，焦先生让大家尽情发挥，后台的音响效果也配合着轰鸣起来，焦先生听着，看着，然后发出指令，让这一桌的声音再大一点，让那一桌的声音弱一点。他像个交响乐的指挥大师一样，让舞台上形成了多个声部，各个声部此起彼伏，在他的调理下，非常富有层次。撒纸钱一场，演员开始时找不到感觉，焦先生让我们练习，他把前三排观众席给划出来，让我们直接对着观众倾诉。慢慢地我们终于找准了那种不吐不快的感觉。"

如果《茶馆》是一部交响诗，那么每一个细节、每一个声部都和谐地建构着一个整体。

从1958年首演至今，《茶馆》已经演出近500场了，不仅在法、德、美、日、新加坡等国获得了国际声誉，被誉为"东方舞台艺术的奇葩"，而且创造了一台戏剧经久不衰的艺术魔力。

（原载于《北京人艺》2016年第1期）

# 菊隐剧场寻故

蓝荫海口述　王甦采访整理

　　北京东城区东四南大街 143 号坐落着一栋朴素低调的建筑，那里是刚刚揭牌投入使用的菊隐剧场。熟悉话剧和北京人艺的观众都知道，菊隐二字源于焦菊隐先生的名字，这约莫是北京乃至全国第一家以导演名字命名的剧场。我们的老院长曹禺先生曾经说过："没有焦菊隐，就没有北京人艺。"焦先生为中国话剧作出的贡献无须赘述，他是开创话剧民族化先河的领军人物，在话剧艺术的实践和理论上都是成绩斐然，他导演和指导的作品《龙须沟》《茶馆》《虎符》《蔡文姬》等剧已成为中国话剧史上浓墨重彩的篇章，所以，用他的名字来命名一个剧场，他受之无愧。

　　过去，我们这些人艺的老人儿习惯称呼现在的菊隐剧场这块地方为"大楼"，为什么剧院选择把这里改造为菊隐剧场呢？因为焦先生和这座"大楼"有着千丝万缕的联系和说不完的故事。

焦菊隐

## 梦开始的地方

首先说说"大楼"。很多人都纳闷，一座处在闹市商业区的建筑，怎么就和文艺搭上关系了？

90 年代初，我曾经写过一部电视剧，叫《同仁堂传说》。写作期间我在同仁堂深入生活，就是在那时得知了"大楼"竟然和百年老字号同仁堂有关系。根据东城区档案馆的档案记载，解放前"大楼"就空了，那里以前是同仁堂乐家的产业。据说，在日伪时期该建筑被外商强占开了一个车行，出售进口的名牌汽车，但后来资不抵债，就充公了，久而久之就变成了空置的无主房。我来人艺时，"大楼"已是"老人艺"的排练厅，房子宽敞极了，临街都是落地的大玻璃窗，里面是结实的水磨地面，很像现在的 4S 店。

我曾就"大楼"的来历问过当年一起在"老人艺"工作过的路奇同志。她是北京人，会拉大提琴，以前就住在史家胡同。她是一位老地下党，参加过晋冀鲁豫文工团（后改名为华北人民文工团）。1949 年解放后，华北人民文工团进京，她也随着回来了。当时的团长是李伯钊，文工团没有排练办公的地方，她就找到路奇说："你是北京人，又住在东城，你带着咱们行政科的人找所房子。"战争年代，这样的情况很常见，没人住的空房子很多，哪个单位进驻了就可以使用。路奇带着人四下寻找，先占下史家胡同56号院，后来又占了"大楼"。就这样，"大楼"归了"老人艺"，我们在楼外面贴上了醒目的艺术字"艺术厅"，"大楼"终于和艺术有关系了。楼里面的房间很宽敞，我们在那里排练、开会、做布景，在里面排过《王贵与李香香》《莫斯科性格》《生产大歌舞》等。二楼后有个小院，还有个小篮球场，我们安了个小篮筐，还可以活动身体，打打篮球。后院还有三间平房，那就是后来焦菊隐排戏时办公、会客的地方。

## 焦先生对《龙须沟》的"东锔西补"

1951年，焦菊隐在北京师范大学文学院当院长。"老人艺"的院长李伯钊邀请老舍先生创作了《龙须沟》，她希望邀请焦先生来当导演。第一次去拜访焦先生时，只有他的夫人秦瑾在家，并没见到他本人。焦先生回来后，听秦瑾转述，得知这个戏是"政治任务"后立刻有些不悦。此前几年，焦先生受到了很多排挤和冷遇，心里有很多的委屈。秦瑾劝他不要着急拒绝。焦先生看到剧本时就立刻决定去排戏，他是真喜欢戏剧。他敏锐地感觉到""《龙须沟》仿佛是一座嶙峋的粗线条的山，没有生活经验地去看，粗枝大叶地去看，表面上是一无所有的。然而，这里面可全是金矿"。

《龙须沟》的剧本在焦先生的授意下调整了70多处。老舍先生对笔下的文字是很自信的，但他也说过，"我差不多是一口气写完了三幕的。这可就难免这里那里有些漏洞。经焦先生费心东安一个锔子，西补一点油灰，它才成为完整的器皿……"可见，老舍先生对焦先生的修改很认可。

《龙须沟》一直在"大楼"排练，这也开启了焦先生和"大楼"的不解之缘。排练是艰苦的，焦先生要求演员深入生活，剧组演员到龙须沟实地体验生活长达两个月。开始排练后，焦先生希望演员在舞台上生活起来，要求大家在笔记本上写体验生活的心得和人物小传，不论角色大小，所有演员都要写，每个笔记本他都会认真看，还会写批语。

《龙须沟》的演出很轰动，焦先生的导演风格为北京人艺现实主义风格奠定了坚实的基础。演出后，老舍成了新中国成立后第一个获得"人民艺术家"称号的作家，二十几岁的于是之一战成名，叶子大姐、郑榕也成了受人瞩目、观众喜爱的演员。

## "反客为主"焦先生

《龙须沟》大获成功后，"老人艺"要排一部三幕九场的歌剧《长征》，剧本是李伯钊亲自写的，动员了剧院上上下下 200 多人，管弦乐队、话剧团都要参加。她很重视这部戏，还是请焦先生来执导。那时，焦先生已经调到"老人艺"担任副院长。焦先生从"大楼"里的客人变成了主人，在排练过程中，他的博学多才、认真严谨给大家留下了深刻的印象。

于是之在《长征》里饰演了毛泽东，那是新中国第一个话剧舞台上的毛泽东。我也参与了《长征》的排练演出。当年，焦先生也许并不喜欢那个剧本，但他的政治热情很高。排练时，他每天都很严肃，给大家说戏。排第六场的时候，大渡河就在前面，战士们要过河，在一个山洞前，毛泽东上场，用湖南话说："同志们，祝你们成功！"排练时，大家都对于是之扮演的毛主席很好奇，专门等着他上场，看看他到底像不像。于是之当时很年轻，就不好意思了，下意识做了个多余的动作。焦先生立刻批评他，不应该这样，这不是人物。于是之很赧然，开始认真琢磨人物，后来还研究了毛主席的书法。

《长征》的演出震撼人心，所有看过戏的观众都非常激动。焦先生的才华得到了淋漓尽致的展现。

## 焦先生"捏面人"

1954 年，剧院要排练曹禺的新作《明朗的天》，这是一部关于解放初期知识分子思想改造的戏，也是在"大楼"里排练的。焦先生本身就是个大知识分子，他是驾轻就熟的，但他不满足简单地排一部戏。他希望在排戏时，实践斯坦尼斯拉夫斯基体系的形体动作方法论。那时，斯式体系对大多数演员来说还很陌生。当焦先生提出"由外在行动去唤起内心情感"，并对演员的调度、形体甚至穿衣打扮都提出非常具体的要求时，有些演员产生了抵触情绪，非常不满，认为焦先生扼杀了演员的创造性，说焦先生在"捏面人"。焦先生真的生气了，他赌气不去排练了。经过当时的党委书记赵起扬亲自去家里劝解，焦先生才打开了心结。

后来，《明朗的天》获得了全国第一届话剧会演的一级导演奖，演员也获得了很多表演奖项。"大楼"见证了焦先生的又一次艺术探索。

## 话剧里的锣鼓点儿

1955 年，苏联戏剧专家库里涅夫来剧院指导排戏。那时，楼后面的小球场已经拆了，盖起了临时的排练厅，焦先生带着剧组就在那里面排《耶戈尔·布雷乔夫和其他的人们》。焦菊隐是总导演，而且当时在国内已经是非常著名的导演，但他依旧非常虚心地向苏联专家学习，天天拿着笔记本和笔，认真地记录。

那时，很多人是崇拜甚至迷信苏联专家的。但是焦先生并不盲从，他非常尊重苏联专家，但又时刻有自己的思考和判断。他清醒地认识到，中国观众对话剧的喜好和审美有独特性，所以肯定不能生拉硬套西方的戏剧理论。不久，焦先生就提出话剧的民族化，曾经在北平戏曲专科学校任教多年的他，提出话剧要向戏曲学习。后来，焦先生和梅阡导演排演《虎符》时，大胆地在戏剧中运用锣鼓点。这次尝试开创了中国话剧民族化的先河。

如今，斯人已不在，此地空留一座"大楼"。"大楼"见证了焦先生在话剧道路上的苦与乐，喜与悲，成就和争议，无奈和遗憾。"大楼"不仅仅见证了焦先生的戏剧人生，在这里还成长起中国一大批话剧艺术家，导演、演员、舞美……现在，"大楼"成了北京人艺的新阵地菊隐剧场，成为发展群众戏剧、发掘人才的平台，继续为中国的话剧事业做贡献。我想，焦先生在天有灵，也会欣慰吧。

（原载于《北京人艺》2016 年第 1 期）

# 方掬芬：不沉湖上菱花香

黄祖培

　　父母为他们头生的女儿起了个不俗的名字——掬芬。掬，双手捧着的意思。果然，这个后来成为艺术家的孩子，真的没有辜负妈妈爸爸对她一片期望之情。她把自己的心血，化作花朵，在小苗苗壮的苗圃里散发着芬芳……

　　她不高大，许是过早地承担了家事与国难，她的身材始终像孩子一样矮小，她没有倾国倾城的艳丽，没有从事过救民于水火的大事业，也没有什么动地惊天的壮举，她只是辛辛苦苦、勤勤恳恳地耕耘在那一方并不为人瞩目的园地里，为一代又一代的孩子们播撒着真、善、美的种子，却也有了骄人的收获。孩子们爱她，家长们感激她，人民给了她表演艺术家、儿童教育家的称号，她还当选为全国政协委员。

　　孩子们爱看她演的"蛐蛐"，那个在儿童剧"报童"里，流落街头性格倔强的苦孩子，拐带着连她的小女儿都在学校里被同学们戏称"小蛐蛐"。在近50年的演剧生涯里，她结识了无数的小观众，她有一拨又一拨喜欢她、崇拜她的少年朋友，所以，她又被人誉为老娃娃。

她出生在 1929 年秋冬之交的冷风里，在汉口铁路孔刘家庙，那个穷人集居的地方。父母在当地的平民小学校里当老师。她在家是五个弟妹的大姐姐。是慈祥善良的外婆把她们带大。当时，虽然日子竭蹶，可父母都是年轻的小知识分子，妈妈又教语文又教唱游，所以她和弟妹们有一个那个年代里特别稀罕的生长环境。方掬芬从小就又调皮又胆大，敢在铁路线上赛跑，上树爬坡，搞得身上腿上新伤接老伤。正是这样宽松自由的生长环境使她在游戏中发展了天分，学会和小朋友相处，开阔了视野，学到了学校里学不到的许多知识。这一切无疑为她日后的人生做了厚实的铺垫，而善良的外婆讲给她的那些美丽而又凄凉的故事更是滋养了她那颗敏感、善于感悟美的心……

快乐的日子很快就被日本军队的铁蹄踏碎了，刚刚八岁的小姑娘就得帮助大人看护弟妹，和大人一样在战火里奔波。在逃难的小木船上，她亲眼看见低飞的敌机向小船投炸弹，亲眼看到被炸翻的船、被炸死炸伤的伤兵和老百姓。

逃啊，顺着长江逃到四川万县。到底是年少不知愁，生性好热闹的她一等生活刚刚安定下来，就又带着妹妹在荒芜的花园里唱刚学会的抗日歌曲，越唱越高兴，便又唱又跳起来。居然招来一群看客。围的人越多，她唱得越来劲，于是有人就把她们带到附近的茶馆里演唱给喝茶的人。哪想到啊，刚表演完，人们就往她和妹妹的手里塞瓜子、糖果……也许，这该算作方掬芬一生中的第一次商业性演出吧！

真正扮演一个角色是在难童教养院。在那次茶馆演出以后，她和妹妹被多嘴的小弟告了密，已经被生活压得喘不过气的妈妈，只有心酸地摇摇头。后来万县的家被日本飞机炸毁，妈妈也离开了家。一家人实在活不下去了，她和三个大点的妹妹就被送到了难童教养院。从此饥饿、体罚、疾病接踵而来，她亲眼看着生病的小姐妹还没咽气就被丢在楼梯下的角落里，听任她们死去。她和难童们流着泪想念亲人，怀念家庭的温暖。教养院里有几位家在东北流亡到这里的老师，思乡的心情与难童的心境相似，这些老师给失去家的孩子们举办过难忘的游艺会，方掬芬成功地扮演了一位流亡的孤女，她那真挚的歌声、止不住的长泪使台上台下哭成一片。这次演出又一次显示出她的表演天分。

生活在那样一个国破家亡的境况中，年纪小小，个子小小的她想找一份工作，帮助患肺疾的父亲撑起残破的家。可有谁愿意雇用一个娃娃啊。上学，其实她实在想上学。她拼命努力，上了不要学费的农业中学，又孤身一人从四川跑到苏州，考上了师范专科。当了半年乡村女教师。1948 年，国立教育学院艺术系在苏州招生，这消息使方掬芬激动不已，她决心和上千的考生一决雌雄，她要学到她从小就深爱的表演艺术。

皇天不负苦心人，当她通过严格的考试，梦想成真的时候，她才想起来，自己连书本费也交不起，只有半工半读吧，只要能学到心爱的艺术，什么苦都带着甜……她完成了仅仅一年的大学生活，进了艺术的门槛，也和后来与她相伴一生的王正做了一年同学。

解放了，解放了！方掬芬激动的心情难以言传。她只是觉得从此就和国难、家难永远地告别了。为了支援新中国的建设，同学们纷纷参加了革命工作，她和王正、柯岩、陈刚被苏州市团委推荐到团中央主办的北平中国青年艺术剧院。就在解放那一年的 7 月 21 日，她成了中国青艺一名革命文艺战士，开始了此后坎坎坷坷，却又令人终生不悔的演剧生涯……

到青艺那年，她整 20 岁了，可仍然一副娃娃模样，白皙的肤色，又高又尖的鼻子，再加上那双会哭会笑的大眼睛，活脱儿一个混血大洋娃。在一班刚从东北招来的儿童歌舞演员中一比呀，是秧歌扭得拙，唱歌冒洋调。很长一段时间，在演出中顶多跑个龙套，或者唱唱合唱。矮小和洋气成了她被公认的问题，以至于自尊与自卑在她的心里常打架。是啊，再怎么样，她是在艺术系学过的大学生啊，现在连角色都分不到，心里能平静吗？1951 年，青艺分出了儿童剧队。方掬芬别无选择地去演娃娃。

正儿八经地开始儿童剧的创作了。当时正值著名导演孙维世刚从苏联回来。选中的开锣戏叫《小白兔》，方掬芬幸运地得到了扮演小雌兔B 角的任务。再怎么说，也是创作角色的开始啊，她紧张又兴奋。她和演 A 组的徐小慧伙养一只小兔子，认真地观察小兔子的动作特点，认真地背台词，在心里默戏。可是一上排演场，看到当时只有十多岁的小慧天真的模样，排起戏来自信、自然的感觉，自己的心里就打起了小鼓。等到一穿上绷紧的兔子服，缀上毛茸茸的尾巴，她突然感到莫名的羞涩。20 多了，和真正的孩子配戏就够难了，加上一穿服装，还要不时动动尾巴，天哪，自信，扮演角色最要紧的一点，她以往表演课上常被老师表扬的自信与松弛此刻已经荡然无存。她走进了创作角色的死胡同。甚至竟痛苦地想到了改行。

就在这个节骨眼上，有一个方掬芬铭记终生的下午，导演孙维世和她进行了一场重要的谈话。地点是在东单北大街的一个长长的胡同里。孙维世客观地分析了方掬芬做一名儿童剧演员的优势，娓娓地给她介绍苏联那些可敬可爱的女儿童剧表演艺术家们，讲她们能惟妙惟肖地扮演男孩和女孩。讲她们终生都献给了为孩子们演剧的事业。讲人们看到在台上生龙活虎、光彩照人的男孩、女孩，一走下舞台竟然是白了头发的老奶奶后的惊诧……

这是一场让死灰复燃的谈话，用一颗钟情艺术的心温暖着、点亮着另一颗希望献身艺术的心。在这样一条长长的胡同里，她俩走了一个来回又一个来回。方掬芬终于走出了心中的那团阴影。

重建信心是关键的一步，真正的实践却是此后十步、百步的长路。湖北广济的家乡山水、从小颠沛流离的生活早就铸成了她坚韧的性格。人们调侃湖北人，叫他们九头鸟，我想除了说湖北人聪敏，好像有九个大脑，也是对他们顽强生命意识的一种变相的褒扬吧。方掬芬曾多次对人说起过她在从艺之初走麦城的故事。深情地怀念把她带上儿童剧表演艺术之路的第一位好老师，那个周身充满活力、才华横溢的中国第一女导演孙维世。她称孙维世是智者，是她命中的吉星。

方掬芬就是这样从失败起步，执着地追求，一步步地迈向成功的阶梯，走向了辉煌。20 世纪 50 年代初，为了更有力地发展戏剧事业，党在向苏联派出戏剧留学生的同时，又从苏联聘请戏剧专家来中央戏剧学院办表演、导演进修班。经过努力，方掬芬考取了由鲍里斯·格里高里耶维奇·库里涅夫（莫斯科瓦赫坦科夫剧院附属戏剧学校校长）主持的表演进修班。方掬芬称库里涅夫为她生命中的第二位智者，这一段珍贵的学习在儿童剧《玛申卡》成功的演出中画了一个圆满的句号。由方掬芬扮演的主角玛申卡给小观众留下了深刻的印象。可以说，方掬芬已经成为一名称职的儿童剧演员了。

1956 年 6 月 1 日，中国儿童艺术剧院诞生了，在建院的第一个剧目《马兰花》里，她演那只勇敢的小鸟，还差一点儿在舞台上牺牲。那时候，小鸟在檐幕里的一条钢丝上由人从台一头拉到对面。服装背部有两个挂钩，每次演出都由演员站在台侧的梯子上把自己挂在钢丝上。 次演出中，一侧的挂钩突然断了，小鸟立时在天上打起了转转，小观众看得直拍巴掌，台上的、后台的人却全吓呆了。方掬芬硬是扇着一只翅膀从天幕"飞过"。下来以后，腿都软了。她就是这样认真地对待每一场演出的。她说，献身艺术来不得一点糊弄。

1962 年，她出演了《以革命的名义》，扮演布尔什维克的后代，那个和"列宁"掰过腕子的小别佳，当时正值我国三年困难时期，方掬芬和她的同志们以极大的热情再现了苏联卫国战争中，领袖与人民共度饥馑并坚持与国内反动势力进行顽强斗争的那段历史。戏中小别佳狼吞虎咽的"面包片"竟是演员自己交粮票由食堂大师傅用方馒头做成的。方掬芬精彩到位的表演使由她创造的戏剧人物小别佳成了儿童戏剧画廊里一道美丽的风景。

当那一场浩劫成为历史，方掬芬已经不再年轻。但她却把憋足的劲儿都使了出来。从 1979 年到 1986 年，她共演出了七个大戏。在《奇怪的"101"》里，她扮演了父母被迫害的少年远航；在《卖火柴的小女孩》里，她扮演了那位著名的小女孩；在《岳云》里，她扮演金兵小将金弹子；在《报童》一剧中，她扮演了令人难忘的蛐蛐儿，在《十二个月》里，她在 53 岁那年成功地扮演了 13 岁的小姑娘大妞；在王正根据方掬芬的经历创作的《喜哥》里，她扮演了从童年到老年的喜哥。她担任剧院院长后，还在《爸爸妈妈应该选举产生》一剧中，一个人扮演了三个不同家庭的小孩……她实现了在和孙维世导演谈话后暗下的决心，活到老，演到老，把一生都献给为了孩子的事业。

有人问她怎么会有这么旺盛的创作欲望，她沉思了片刻，说："在我最困难的日子里，小观众给了我无限的温暖，就在王正劳改以后，我的观众朋友照样来看我，给我鼓舞；在我最困难的日子里，我的伙伴们温暖着我，王正的右派帽子摘了，是覃琨打电报告诉我，害得她被人讥笑……我生活在同志们和小观众们之中，所以才没倒下，他们是使我不沉的湖水啊！"

是啊，人民是托起艺术的湖海，一个人民的艺术家就应该终生为他的观众，奉献出全部的力量。

　　方掬芬没有辜负她的父母、没有辜负她的小观众、没有辜负她的恩师和她的伙伴们。她就像湖面上散放着清香的菱角花，小小的，白白的，在她生长的那方水域里默默地开放。

# 马三立自述

马三立①

## 四代艺人

我马三立，1914年农历八月初六出生在北京。祖辈世居甘肃省永昌县，是回族。我的祖父马诚方漂泊江湖，靠着一部《水浒》，托庇三十六位梁山好汉的福气，说评书居然糊住了口，而且娶妻生子，进了北京城，安了家，落了户。我们马家的子孙作艺，就是从祖父马诚方说评书而开始的。可惜我生也晚，对祖父说书的情况，没有得到任何印象，只知道他善说《水浒》，把宋江、晁盖等梁山好汉都说"活"了，可能就是由于这个缘故，他在拾样杂耍艺门中享有一定声望，并且广交游，结识了一些艺友。

我的祖父马诚方与阿彦涛、春长隆、恩培都是同时代的艺人，而且

① 马三立，著名相声表演艺术家，时任天津表演艺术咨询委员会委员，第八届天津市政协委员。

又是好朋友，所以当我父亲九岁的时候，祖父就让他拜了春长隆为老师，学相声，满师之后随恩培作艺。

据说，我的父亲 12 岁的时候，随师父卖艺于北京天桥、鼓楼一带的市场上，艺名"小恩子"。他已经满师了，难度大的单口、一般的双口以及三人群活都能拿得起来。他能逗，能捧，"贯口活""子母活""倒口活""柳活"① 都能使。可是跟着师父撂地、下场子，他只能"挑笼子"。说相声"挑笼子"的，与唱戏的角儿的"跟包"有些相像，但又不完全一样。"跟包"背着角儿的行头靴包，拿着包头用具的提盒子、饮场的壶碗等，是专门侍候角儿的，后台扮戏，台上饮场，都是"跟包"的活。"挑笼子"的虽然也提一个提盒，里面放上说相声的道具折扇、手绢，唱太平歌词的竹板，还有拍案的醒木，也有喝水的壶碗等，但是无须侍候扮装及饮场。"挑笼子"的既要干演出的一切杂活，如打扫场地、摆凳子、打水、敛钱等，还要为师父"使活"，或捧或逗，或在师父说累了的时候"垫场"，说个笑话，来个单口，或者唱段太平歌词。小恩子把这一切都做得很好，同时又以活儿瓷实，为人老实厚道，博得了师父的信赖与喜爱，于是就由徒弟而变成了快婿，恩培将亲生闺女萃卿许配了他。恩培成了我父亲的岳父，也就成了我的外祖父。这就是我的父亲马德禄说相声并以相声技艺传家的渊源。

我和我的哥哥马桂元都跟父亲学相声，可以说是家传。不过，哥哥马桂元是自愿从业的，而我却是被迫"下海"，不得已而为之。且不管是自愿还是不自愿，反正我们兄弟俩都成了马家第二代的相声艺人。

我与哥哥马桂元说相声，都不是父母的初衷。这里需要插叙一下我的母亲的情况：我的母亲恩萃卿，习唱京韵大鼓，为生活所迫随父撂地

---

① 贯口活为长篇独白的段子；子母活为甲乙双方台词一环扣一环的段子；倒口活为穿插方言的段子；柳活为学唱的段子。

卖唱。旗人家的闺女,落魄到卖唱,自己觉得实在寒碜,所以非常忌讳说自己是旗人。而我们也像她忌讳说自己是旗人那样,忌讳说母亲是唱大鼓的。正由于这种忌讳,"马三立的妈是干什么的?"从我的嘴里没有说过,母亲的职业是"保密"的。在旧社会里,说相声、唱大鼓比唱戏更被轻贱,所以我的祖父、外祖父和父母虽然都是颇有点名气的艺人,而且各自怀有一身技艺,可是吃"开口饭"的屈辱,"下九流"的帽子,压了几辈子,就恨不得脱离这个行当,把更换门楣的希望寄托在我们哥儿俩的身上。所以哥哥马桂元和我都是自幼念书,上学堂。马桂元还是天津东马路甲种商业学校的毕业生,父母指望这个长子"学而优则仕",可是生在相声马家,来来往往的既无"蓝衫",更无"紫蟒",大都是说相声的。耳濡目染,说、学、逗、唱,信手拈来。"贯口活"的"趟子"不管多长、多拗口,他说起来不费劲,嘴皮子利索,气口好,他又有记性,单口、对口、群活,有机会说上一段,味道真"正"。我的师伯、外祖父的得意弟子万人迷李德钖看中马桂元,劝我父亲说:桂元是个说相声的料,瞧他说嘛是嘛,学嘛像嘛,唱什么有什么味儿,看来命里注定吃这碗饭!父亲也看出来这个长子很难当官作贾,"强扭的瓜不甜",只得依从儿子的志趣,让他说相声。马桂元一方面拜李德钖为师,一方面接受父亲的家传。经过这样两位名师的亲传、调教和他自己的刻苦钻研,年轻的马桂元在京、津两地崭露头角。相声技艺对马桂元来说,可算得上"无不通晓"。他说相声最大特点是含蓄,不论说什么"火爆"的段子,他总是那么温文尔雅,听众被逗得笑破肚皮,他却纹丝笑意都没有,用今天的舞台术语,可能就叫作"进入了角色"吧。这种风格,本来是外祖父、父亲说相声的传统特色,马桂元继承而又有所发展。加之,他有一定的文化水平,不仅能改编,还能自编自演,得心应手,特别是对一些文学性较强的段子,如《反八扇屏》《文章会》

等，咬文嚼字，耐人寻味。马桂元说的单口《三近视》《贾行家》，对口《吃元宵》《醋点灯》《学四省话》，都很精彩，脍炙人口，同行折服。可叹的是他生不逢辰，落在旧社会这个黑染缸里，刚刚露了一点头角，荷包里也刚刚有了一点点钱，就染上了吃喝玩乐的劣习，今天戒了大烟，明天又抽上了白面，终于弄得贫病交迫，1942 年病死在天津，还不到 30 岁。

兄长去世后，我没有挣扎到高中毕业，就辍学而说相声，鬻艺以维持生活。我的启蒙老师就是我的父兄。所以我和兄长马桂元，是马家相声的第二代传人，也是马门作艺的第三代。

第四代就传到了我的子侄——我的侄儿、马桂元之子马敬伯，和我的儿子马志明。

马敬伯现在是长春市曲艺团的相声演员。他父亲谢世，家业萧条，一无所有，就由我抚养。我送他上小学，而后又上中学。我看他的声容相貌很像乃父，且伶俐聪明，善于模仿，是个说相声的材料。从 1946 年开始，我就在自己的家门中收了这个徒弟。我是主张"因材施教"的，所以在教敬伯说相声的时候，我非常注意按乃父、乃祖的路子给他"开坯"。后来，他比较擅长"文哏"，由于有中学的文化基础，所以也能编改一些段子，整理一些传统节目。在东北的一些文艺刊物上，每当看到署名马敬伯的习作或有关相声的文字，我就感到很高兴。

我的名下有八个孩子：五女三男。说相声的是老大马志明，其他七个，有当教师的，当医生的，当技术员的，当服务员的，当干部的，从事于曲艺的仅有一人。姑娘家说相声，我是不以为然的，再说就是解放后也不发展女相声演员，所以我的五个女孩不在考虑继承父业之列。至于三个儿子是不是都来说相声呢？尽管这哥儿仨都喜欢相声，小时候，都嗲声嗲气地说："我姓马，长大了跟我爷、我爹一样说相声！"可是，我总觉得他们虽然是马德禄的孙子，马三立的儿子，却并不一定都能说相声。我认为：说相声要有一定的条件，有一定的"天分"，如果说话口齿不清，脑子反应不灵，学什么都是"陕西胳膊直隶腿"，只会胡逗乱哄，那就不能说相声。我不愿意让自己的子孙糟蹋相声这门艺术。我对三个儿子能不能说相声，从他们幼年就开始观察。后来，老大马志明学戏，进了天津市戏曲学校，毕业后应工是武花，演武花脸和小花脸的文戏。至于老二、老三就没有入文艺这个门。老二搞无线电技术工作，老三在戏院搞服务工作。老大马志明在武打翻跟头中，腰部受了伤，1961 年改行相声，调到天津曲艺团跟我学。我看他从上小学就爱好文艺，喜欢阅读文学作品，尤其喜欢戏曲、电影，还有一个特殊的兴趣，就是读字典、词典，字词、成语、典故记下很多，上学的时候，同学们开玩笑，叫他"活字典"。我就"因材施教"，教他练以说为主的段子，如《地理图》《报菜名》《八扇屏》《夸住宅》以及《开粥厂》《卖五器》等，和一些难度大的"贯口活"。

关于马家四代人作艺的情况，我知道的就是这些，能记录下来的也就是这些。从旧社会过来的老艺人，许多人说不清自己的身世，甚至也不知道自己的生身父母是谁，真正的籍贯、姓名也都全然不知不晓。他们有的是自幼跟养父母长大学艺的，有的是被拐骗落入江湖的，也有的是艺人收养的孤儿孤女，你叫他们如何说得清自己的身世呢？我能够说出曾祖、祖父、父母是干什么的，能够知道自己原籍是甘肃永昌，从这一点说来，我比前辈、平辈的许多老艺人幸运。但是，在漫长的卖艺生涯中，我们依然都是苦海中的同命人啊！

## 父亲与万人迷搭伴来津作艺

我正式说相声卖艺，是从 1930 年即我 15 岁的时候开始的，酸甜苦辣，荣辱备尝。讲讲我的前半生，作个新旧对比，既是自我教育，或许也能对青年朋友有所启发。

从 1930 年到 1949 年天津解放，我在卖艺的苦海里浸沉了 20 年，经历了许多苦难坎坷，也遇合了许多的人和事。这篇回忆录主要说说这一阶段的事。

1917 年，民国 6 年，我三岁的时候，父亲马德禄和他的师兄万人迷李德锡从北京来到天津，我和哥哥也随着迁居到天津。那时候，我的母亲体弱多病，已经不唱大鼓了，父亲和万人迷搭伴在天津杂耍园子说相声。

万人迷实际是父子两代。第一代万人迷是李德锡的父亲李广义，他善于说书、演唱，太平歌词、二黄梆子无所不能。我没有见过他，听说他以说鬼而达到迷人的地步。他说鬼不是完全依据《聊斋志异》或魏晋南北朝的志怪小说，而是他自己看了大量的神鬼故事，搜罗了许多神神鬼鬼的民间传说，再糅进一些迷信的东西，加以编撰，达到了"自神其术"的地步。听我的父亲及前辈艺人们传说：李广义说鬼，可以从晌午开场，一直说到午夜。他编造的内容，绘声绘色地描述，往往使听众心惊胆战，散场后非跟他一道走不可。李广义以这种口头民间艺术的魅力，赢得了"万人迷"的绰号。据说，光绪二十年，慈禧六十寿辰，把北京城各行各业的生意人及作艺的召集到颐和园宫门外，摆摊设案，亮地划锅。叫卖的、唱戏唱歌词的、说相声的、耍大刀的、盘杠子的，应有尽有，为的是供慈禧观赏取乐。李广义也被召去，并且以学唱二黄梆子得到封赏，万人迷一时名噪京都。

李广义死后，他的儿子小锁子继承了乃父的衣钵，继续说书、说笑话。后来小锁子拜恩培为师，才取名德锡，艺名"小万人迷"。小万人迷初露头角就轰动一时。当他和我父亲搭伴到天津的时候，已经是 32

岁的中年人了，因此，将小万人迷的"小"字抹去，承袭了万人迷的艺名。

万人迷给我的印象是高高的个头，黑苍苍的肤色，两只眼珠子滴溜溜炯炯有神，一上场，逗人发笑，独不见他一丝笑意。他的"玩艺儿"可称得上雅俗共赏。南市、鸟市、三不管的市民百姓、劳苦大众十分欢迎他，文人墨客也多有为他捧场的。当年天津四大文人名士：严范孙、华世奎、孟广慧、赵元礼，都是万人迷的热情听众。他们不仅爱听万人迷说相声，而且与万人迷交友，帮助万人迷编创相声段子，调理他的演出本子。这些名士对万人迷的相声有一定影响，万人迷拿手的段子，属文字游戏的，许多都是经过名士润色、雕琢的。他的脍炙人口的单口相声《柳罐上任》（解放后改编为《糊涂县官》），针砭清末卖官鬻爵的腐败时政，讽刺一个暴发户花钱买了个知县，上任以后，不懂官场规矩，闹了许许多多的笑话。

万人迷李德锡为人落拓不羁，颇有几分穷不怕的遗风。他嗜赌，经常输得身无分文，无钱吃饭，便把衣物送进当铺；没米下锅，也不见他犯愁；数九寒冬，常常单衣薄衫，蹲在墙角里晒太阳。不过，在万人迷短暂的一生中，也曾"抖"过一次。那是在民国初年军阀混战的年代，"长腿将军"张宗昌在天津听万人迷的相声，每有赏钱，总在百元之谱。有一回，万人迷在山东济南府说相声，应了一个堂会，赶巧张宗昌是这个堂会上的上宾，一方面有点"他乡遇故知"的意味，另一方面也是听相声笑得十分开心，当时正在赌博场上，张宗昌一时乐不可支，就把赌桌上的赌注、赌资，悉扫一光，据说约有千金，全部赏赠给了万人迷。万人迷得了这笔"重赏"，回到天津，赎了旧当，置了新装，还典了房子，娶了妻子，结束了光棍汉的生活。当然，这样一笔钱并不能改变万人迷这样一个旧艺人的命运。1929 年，风靡京津的万人迷，贫困潦倒，溘然而逝，终年不过 40 岁，身后十分萧索。

万人迷作占了，我的父亲马德禄失去了搭伴，自己也就被戏园辞退了。万人迷的凄凉下场，已经够他寒心的了，加上暂时的失业，日子真不好过。

## 辍学从艺，刻苦练功

母亲自我出生以后，体弱多病，1916 年我两岁那年，母亲病死了。父亲把母亲的衣物和生前卖艺时的服装都变卖了，又卖掉了仅有的几件家具，办理母亲的丧事。完了，母亲没了，家也没了。父亲带着哥哥住到书场后台去了，我怎么办呢？父亲商得婶母的同意，把我寄养到叔父家。

我在婶母跟前寄养了三年多，跟父亲一直也没有见面。我六岁多了，开始能记事了，记得有一天父亲来了，猛然一下，我差点不认识他了，因为他衣帽光鲜，不像说相声的马德禄，面团团地像个富翁模样。原来这时候，他已是很有些名气的相声演员，挣钱也多了。我被接回新家，才知道父亲给我们娶了续弦的后母。

我 7 岁那年上小学，由初小而高小，又考入了天津汇文中学。可是，新家并不是个温暖的家，后母丁氏游手好闲，嘴馋手懒，成天鸡腿鸭翅膀不停地啃，糖果零食不离嘴。父亲又赶场，又撂地，拼命挣钱，外加哥哥马桂元也已演出，收入虽不少，可是填不满丁氏后娘的"无底洞"，一年四季没有一季不闹饥荒。父母兄嫂经常吵嘴打架。父亲自己也添了喝大酒、打麻将、斗十胡的嗜好。丁氏抓着他的短儿，胡搅蛮缠，真是弄得"家神不安"，我的书也就念不下去了。

我是汇文中学第二十一期的学生。我父亲看出来我们这样的家境，想供我上学走"学而优则仕"的道路，不大可能，所以从我 12 岁开始，我一边上着学，一边跟父兄学艺。他们教给我几个段子如《拴娃娃》《家堂令》等，让我练着说。父兄对我学艺要求又高又严，无论说个什么段子，单口也好，小笑话也好，都必得词准、尺寸准、"包袱"抖搂准。这对我这个十二三岁的孩子来说，就够难的了，可他们还总要问我，这句词为什么要用这样的语气？这里为什么要有这个动作？让我去反复琢磨、理解。一段"贯口活"的"趟子"，我起早贪黑地记住了，能说下来了，自己以为满可以了，谁知父亲、哥哥一听，说："不行！"什么"气口不行"，"动作配合不好"，再练，再琢磨。相声同行们都说马三立的相声"瓷实"，可是个中艰苦，实非局外人所能设想，学活练功，实在叫人受不了。而最使我受不了的是挨打，尤其是哥哥教活，学不好，动辄就打，藤条打，戒尺打，抄不着家什，左右开弓打嘴巴。那种狠打，多年以后想起来，心里还犯哆嗦。话说回来，旧社会学艺，有几个不是皮鞭子底下讨生活的呢？

父亲失去万人迷这个搭伴被"燕乐"辞退的那年，我尚在汇文中学念书，没有熬到高中毕业就退学了，帮父亲去挣钱。

那年头，卖艺的规矩很多，要想说相声挣碗饭吃，必须磕头拜师，同时必须加入班社，才算正式的相声艺人。不然的话，哪怕你一家子、几辈子都说相声，也不许你干。因此，我父亲让我拜周德山（艺名"周蛤蟆"）为师，加入他们的一伙，正式入了说相声的门户。那时候，南市联兴茶社是相声艺人比较集中的地方，我父亲和我哥哥马桂元，加上我，还有周德山，结为一伙。在联兴说相声的还有高桂清、郭荣起、赵佩茹、刘宝瑞、李德林等人。

周德山是"相声八德"中的一员，他的活儿好，路子宽。我拜他为师以后，因为他和我父亲是师兄弟，对我很照顾，不像我父兄那么严厉。跟周德山学艺的还有刘桂田、李桐文等，他们算是我的师弟。

　　九河下梢的天津，是北方的大商埠，消费娱乐行业很发达，各地作艺的人们都到天津赶码头，特别是干曲艺的。唱戏、唱大鼓、说书、说相声，能在天津站住脚，就算是"挂上号""镀上金"。在这种情况下，北京的、东北的、唐山的、通州的相声艺人汇集天津，展开了业务上的竞争。我在当时，技艺上进展不大，拿不出高超的东西去争强斗胜，观众不能老看我的"一道汤"似的演出，我看到了这种潜在的危险。自己想来想去，想到"学如逆水行舟不进则退""少壮不努力，老大徒伤悲"这些古训，便下定决心，要奋发图强。我既然把说相声当做了自己的终身职业，就要：非学不可，非会不可，非好不可，非精不可。凡是技巧高难的段子，我都下苦功夫去学、去练，要求自己必须练得掌握自如，得心应口；对于相声的"包袱"尺寸反复找准，钻研相声这个行当的特色和规律。就这样，我苦学苦练了好几年。

　　1933 年我 19 岁时，娶妻成家了。穷作艺的人家，遇到婚丧嫁娶，经济上的困难是很大的。为我娶妻，家里借了一笔高利贷。父亲为了早日还清这笔高利贷，和周蛤蟆搭伴到外地去跑码头，简食省用，每月都能寄回一些钱。钱都落到丁氏后母手里，她就大吃大喝，胡乱挥霍。父亲在外地辛苦了一年多，回到天津一看，不但债没有还，而且家也不像个家，连气带累，一病不起。1935 年我 22 岁，父亲弃养，全家生活的担子落到我的身上。不久，丁氏"演出"了一场"夜奔"，我们在天津遍找而不知其下落。无奈，我和妻子只好带着四岁的侄儿和一岁的女儿，搬迁到南市三不管，租赁了一间房子住下，我就在南市、鸟市、谦德庄、地道外一切可以说相声的地方，早、中、晚连轴转地说相声，挣钱糊口、还债。

### 跑码头，闯关东，饱尝辛酸

年老的观众说："撂地卖艺最早盖上屋子说相声的，是在天津。"我估摸着所说的"盖上屋子说相声"，可能指的是在茶园、书场里说相声。根据我的经历，说相声的场地有三种：第一种，用行话说叫作"划锅"，就是说相声的人占据一块空地或道边、街沿，用石子、沙土砌出一个大半圆，划得像大锅的样子，听众围着这个圈观看。听一段，甚至不到一段（单口、笑话居多），说到节骨眼上，就向观众敛钱。"划锅"不交地皮钱，只要不遇上巡警、地痞流氓敲竹杠，挣的钱可以全都装进自己的荷包里。第二种叫"撂地"，就是在市场或广场，占一块地方献艺"打钱"（敛钱），而这块地要交地皮钱，张三花了地皮钱，李四就不能来占用。但是，一般说来，"划锅""撂地"都是名气不大的艺人卖艺的场地，有了书场、茶社、戏园之后，有点名气的人就进屋里说去了，也就有了分账或包银的固定收入了。所以，从"划锅""撂地"到"入室升堂"，对说相声的艺人来说，也是一种"晋升"。

我带着妻儿搬进南市三不管，以撂地为主，有时也到东兴市场小书场去说一段，因为那时候我还没有什么名气。别看没有名气，那些地痞流氓、把头恶霸"飞帖打网"却总忘不了我。帖子飞来，我就得掏一块钱，少了不行，不出更不行，你不买他的账，等于自讨苦吃，轻则挨顿打，弄不好"帽子"一扣，押进大牢也不新鲜。我胆小怕事，帖子飞来，一家人勒紧肚皮，也要凑上一块钱送上去。"杂霸地"的喜庆事还格外多，老太爷的"寿辰"，少爷小姐"满月"，外带老太太做"阴寿"，帖子满天飞，平均一月得花个十块八块的。为了多挣几个，只有豁出命去说。上午说，下午说，晚上说，再赶着妓院落灯之前，到侯家后、同庆后妓院里去说，说一段混个两角钱。生活的重压，真是叫人喘不过气来，妻儿等着我拿钱回家买棒子面，债主等着我的利息，"飞帖打网"的还得应付，我是肉体凡胎的人，没有钢筋铁骨，如何肩得起这样的重压。在三不管撂地，混了不多日子就一病不起。撂地卖艺人的收入，刮风减半，下雨全无，卧病不起，那就分文无有。我一病三个月，多亏我的师兄弟、伙伴刘桂田、高桂清、赵佩茹、刘宝瑞、焦少海等人的接济。三个月，差不多 100 天，无论刮风下雨，他们几位天天往我家送煤、送粮，从他们微薄的收入中，抽出一部分，送到我家，以保我的妻儿不致饿死。这种艺人中的江湖义气，实在是难能可贵。

大病不死，还得挣钱养家还债。为了想多挣点钱，我决定和刘桂田搭伴，出去跑跑码头。我们是飞不远的家雀，离天津太远的码头去不了，没有那么多盘缠钱。所以我们头趟外出，也就是搭小船去到咸水沽、葛沽、塘沽一带。这些地方虽然码头不大，但来来往往的过客不少。我们在行人比较熙攘的街上"划锅"，或在小酒馆里借地，说一场相声，还很受欢迎，新鲜嘛！敛钱的时候，不掏钱白听的人也比天津卫里少。我们觉得有点甜头。接着，我又带着我的徒弟阎笑儒，走得远一点，从唐山、古冶、开平、昌黎，一直去到了秦皇岛。白天撂地，晚上串妓院，因为从上海到天津的海船都要经过秦皇岛，又有铁路线经过，是个比较大而繁华的水陆码头，妓院很多。有一晚，在一家二等妓院里，碰到天津名票友王庚生，这个人有点文墨，听了我的几段相声，认为词义文雅，耐人寻味。王庚生也是回民，"他乡遇故旧"，为表示对我的赏识和照顾，每次听完我的相声，给的钱总多于两角钱。著名的耀华玻璃公司就在秦皇岛市的车站附近，这是家中外合资经营的阔工厂，有员司俱乐部，俱乐部里还有个国剧社，王庚生就是在国剧社里教京戏。王庚生叫我星期六到耀华玻璃公司员司俱乐部去说几段相声。我带着阎笑儒按时赶到。这个员司俱乐部能容二三百人，有台有座，比小书场茶社强多了。员司们有的西装革履，有的绸衫绉褂，讲究得很。我说了几个拿手的段子，如《西江月》《文章会》《反八扇》等，听众反应热烈。从此，每周六去一趟，说几段，俱乐部就给开支三块钱。这一趟秦皇岛，我们生意不坏，挣了点钱，把未能偿清的高利贷偿清了，积欠的债也还上了，真是尝到了"无债一身轻"的滋味。

我又收了两个徒弟，"笑"字排名：一个是张笑勤，一个是金笑天。

1937 年春节前，我回到天津，仍然在东兴市场撂地。这一年"七七"事变发生了，天津市面萧条，每天宵禁戒严，生意一落千丈，艺人们各奔前程。说相声的伙伴们，刘桂田搭戏班，改唱京戏，离开了天津；赵佩茹和常宝堃搭伴去了北京；刘宝瑞是个单身汉，住到他师傅张寿臣家去了。剩下我，怎么办呢？临时在时调班加场，每天固定工资四角钱，暂度燃眉。过了些日子，奉天（沈阳）翔云阁茶社来人到天津约请相声，有人介绍我去应约。言明来去路费由茶社出，到了奉天，管住不管吃，茶社按收入和我三七分账，一块钱，我能分七角，这些条件是可称"优惠"的了。不过下奉天，闯关东，对于在京津两大城市待过的艺人来说，却不是那么富有吸引力的，除非万不得已，一般不走这条道。所以我虽然答应了奉天的约请，但是心里很不是滋味，也不知此一去吉凶如何。家里把整票零钱凑拢在一起，一共还有八块来钱，妻子泪眼巴巴地对我说，穷家富路，你都带上吧！我想：我一走，妻儿无依无靠，我能把八块来钱都拿走吗？我只拿了两块钱，妻子给我烙了四张杂合面饼子，我就上了路，拿着翔云阁代买的车票就直奔奉天。

由天津直达奉天的火车，行程是一天一夜。头天上车，天亮以后车过山海关，到了绥中县车站，两个日本宪兵，四五个伪军上车，逐个地斥问旅客："干什么的？""带了什么东西？"旅客必须站起身，戴帽子的必须脱帽，一一回答。那时候，火车一过山海关就算是入了"满洲国"境。我先是看着同车厢的旅客接受盘查，后来一名伪军问到我头上；"你是什么人？"我起立回答："我是说相声的。"伪军一扬手，啪！打了我一巴掌，问我："什么说相声的，你是哪国人？"我连忙说："我是中国人。"啪！又一巴掌，"什么的中国人？"我忙改口："我是日本人。"啪！这一巴掌打得更重，"这小子冒充日本人。"那只手又扬起来了，我说："我是法国人。""我不是人，行不行？"那家伙乐了，坐在我身旁的一位旅客捅捅我，轻轻给我提词："你说是满洲国人，满洲国人。"一场灾祸总算过去了，那家伙呵斥我说："坐下！"我咽着眼泪说："谢谢老总。"当时我嘴里不敢骂街，可在心里把这班家伙狠狠地骂了一顿。本来，在火车上颠簸了一夜，肚子很饿，摸摸腰里还有半张妻子揣给我的饼子，可是，一口也吃不下，抹抹眼泪，心里想：闯关东，历来是穷苦人伤心的事，我算是一出关就尝到了这个滋味了！

火车中午抵达奉天站，翔云阁茶社派人来接我，还给我雇了一辆马车，把我一直拉到小西门翔云阁茶社，并把我安顿在附近的一家小客栈里，我感到对我安排得还算周到。当晚我就演出，效果很好，头炮打响了。奉天人喜好听相声，奉天东南西北四门的市场都有书场、茶社，都上演相声。翔云阁在小西门，也算是数一数二的场子，跟翔云阁差不多的，还有鼓楼南的万泉茶社，也颇具规模。北市场还有个专门的相声场子，据说还是靠北京天桥老相声艺人"人人乐"当年走奉天开辟的。雁过留声，人过留名，京津相声艺人在奉天留下了好的名声。不过，就在我到奉天之前，发生了乔立元惨遭汉奸特务残杀事件，京津艺人对于下关东不免谈虎色变。乔立元与乔清秀，夫妻鬻艺于天津，我们是世交的好友。乔氏夫妇同台唱河南坠子，真正的河南腔，乡土气息非常浓厚，极受听众欢迎。乔清秀相貌十分标致，同行常戏称她为"大美人"，称得上是"色艺双全"。乔立元与乔清秀是一对贫贱夫妻，非常恩爱，为人也很正派，梨园、艺苑相识的人们，都敬重他们。"七七"事变之后，也是为生活所逼，乔氏夫妇走奉天。伪满军警、特务、地痞、流氓，企图侮辱乔清秀，乔立元为保护妻子，被拖入伪警察所，活活地给整死了。所以，我实在是提心吊胆地下奉天。

自从"打炮"开始，每天翔云阁座无虚席，茶社的经理和票头（代资本家管理茶社的雇员）到后台来看望我，就茶社生意兴旺而大捧了我一番，并且像算命先生一样，预言我在奉天一定能"火"起来。说来说去，绕了半天的弯儿，最后才言归正传，要我从每天的进项中扣出五角钱交柜，因为我由天津到奉天是他们垫付的火车票钱，到达奉天，我又坐了马车，这笔马车费也应由我自付。我说：在天津不是谈妥了茶社管我的路费么？怎么又要我付钱呢？票头说："管么，就是管给你买票，管给你雇车，钱还得自己掏。"嘿！真没想到相声里面常用的扣住一个字作诡辩的手法，被票头们利用得这么妙！真让人哭笑不得。我实在气不过，和他们争论了一番，也无济于事，说什么路费也得要我归还。我感到他们言而无信，实在欺人太甚，有心不干了，可是不行，首先拿不出钱打火车票，再说，这里是"满洲国"，我惹不起。忍气吞声，干了三个月，还清路费，攒了回天津的盘缠，不管翔云阁的经理票头如何挽留，我也坚决离开奉天，取道营口，乘船返回天津。我闯关东的这一段经历，虽然受了一肚子气，但比起乔立元的被迫害致死，还算得"万幸"了。

## 南下漂泊

我从奉天返回天津，还得走我的老路：三不管撂地。1938 年，日寇的侵略铁蹄已经踏过了华北平原，正集中兵力向东南侵犯，沦为敌人后方的天津，兵荒马乱的情况已经不太明显了，歌场舞榭也吹起了笙箫骨笛，有些人真是"商女不知亡国恨，隔江犹唱后庭花"。我们这些一日不开口，一口不得食的吃"开口饭"的人，拖家带口，有什么办法呢？我和刘宝瑞、高桂清、杨文华，李少卿几个弟兄搭伴，每天能混上几斤杂合面也就凑合了。可是，在旧社会恶人当道，作艺的人苦不堪言。在南市三不管，大恶霸、青帮头子袁文会的徒子徒孙，到处横行，凡是在南市一带站脚谋生的，都得"孝敬"他们，南市的什么"花会"赌场、窑子妓院、大烟馆，无不与袁文会有关。我们撂地卖艺的，自然也惹不起袁文会，要什么钱就得给什么钱。就是这样也还不行，青帮老大传下话来，不在青帮的人，一律不许在三不管混饭吃。狗腿子们气势汹汹地盘查卖艺的以至做小买卖的，凡是没有在帮的吓得跑的跑，躲的躲，我和刘宝瑞在家躲了五六天。可是，躲过了初一，躲不过十五，不到市场上去挣钱，吃什么呢？有些在青帮的朋友，动员我去拜个师父，烧个"香堂"，我不干。我卖艺吃饭，凭本事，当"混混儿"，我不是那条道上的人。再说，拜个师父，光磕头还不行，总得十块八块的送礼，往后一年三节，师父家的生日喜庆，都得送礼，我花不起这份冤枉钱。我拿定主意不入青帮。刘宝瑞也一样，不想去进青帮的山门。他跑到在帮的同行家，借来一本讲帮规的书《通漕》，照着这个本本念什么：大、通、悟、学、万、象、依、皈，八辈，二十辈，二十八辈；什么止宗有"航三""嘉白"，又是什么"清水的""浑水的"，等等。干什么呢？刘宝瑞胆子大，从这个本本里学到了青帮的一些行话，就冒充青帮家里人，打算这样混下去。我胆子小，不敢。刘宝瑞光棍汉，出了事，撒丫子一跑，完了；我妻室儿女一大群，"跑了和尚，跑不了庙"。所以，我还得另找出路，离开天津去跑码头。

正好，这时有个开汽车的高少亭，爱好相声，也能说几口。在天津开汽车，常被宪兵、警察敲竹杠，他愿意改行说相声，我就搭了高少亭这个新伙伴离开了天津，沿着向南去的铁路线，一站一站朝南走，所经的城镇不论大小，只要能撂地就停下来，赶集市，赶庙会，交通路口、大车店、茶棚、妓院，只要能有听众，我们就撂地卖艺。如果生意不错，我们就找个小客店，住上几天；生意若不好，我们就在火车站的候车室里凑合一夜，天亮再往前赶。真是风餐露宿，和乞丐、游方和尚差不多，所差的就是我们不乞讨，不化缘。就这样，一路上也能挣点钱，我自己省得不可再省，积攒到两块钱，赶快往家里寄，怕妻儿挨饿。冬天离开天津，过了沧州，又到德州，经平原过禹城，入夏以后到达了泉城——济南。

泉城风物好，不过究竟是沦陷期间，市面上虽然过往行人也熙熙攘攘，但是大明湖上携酒载歌的却不多。听说南岗子市场还热闹，我和高少亭赶到那里。果然，这里风光不下于北京的天桥，天津的南市。路边商店摊棚林立，说书的、唱戏的、变戏法的都有，游人很多。可是找不到空闲场地，没法演唱。我们踅到一个变戏法的场地上，跟那个变戏法的搭话。这个江湖朋友叫李凤祥，听我们说是从天津来的，想在这里说场相声挣点盘缠，通了姓名、行当之后，他很仗义，愿意穷帮穷，慷慨地说："没问题，四海之内，都是朋友，你们就在我这里干。"这位萍水相逢的朋友，为了让我们作几个买卖，下午太阳刚偏西就早早地"推"了（散场了）。趁观众还围着的时候，他站到场子中间向观众们推荐我们说："众位，这是我的师弟，从天津来，侍候众位听几段相声。"观众被吸引住了，我和高少亭赶忙拿着扇子、竹板，在场子中间向观众们拱手、鞠躬，说了几句江湖上惯说的客气话，就一连说了四段，挣了一块多钱。我们向李凤祥交两角钱板凳钱，他说什么也不肯收。一连十几天，我们就这样借地沾光，每天挣一块多钱，两人住店要花四角，还要吃饭，多少得存下几角寄给妻儿。怎么办呢？只有从牙缝里省，在吃上尽量节省。

我们借地说相声很落好，有的听众每天必到，我们不"推"，他们不散。有一天，有个每场必到的常客找我，约我到他的茶社去演出。原来济南二马路上有家青莲阁茶社曲艺厅，有评书、大鼓、魔术、相声、坠子，拾样杂耍差不多都有，男女演员齐全，是个共和班。每天分钱，一个份儿四到五角。此人姓杨，可能是个票头，看上了我们的相声，答应给我们每天每人三个份儿，后台可以住，电灯、水、桌椅板凳都不收钱。这可比撂地强多了。

青莲阁茶社曲艺厅为我们去演出作了宣传，茶社门前挂起大红纸横幅，上写"特约天津相声艺员马三立每日上演"。我站在楼上朝下边座池一看，地方不算大，能坐300多人，已经都满座了，我沾沾自喜。我演出后很受欢迎，来了个开门红，以后也总是场场客满。可是，过了不久，我发现有些观众不是来听演唱的，"醉翁之意不在酒"，是为了找女演员解闷，而且还可以随便把女演员带走。这时我才明白，原来这里是一家"花茶馆"，女演员都是"活门儿"。这些女角当中，有的人唱得也还不错，可叹有艺不能养身！青莲阁茶社既是个花茶馆，我在这地方算干什么的呢？真比串妓院说相声还别扭。同时我也发现干花茶馆的人，比一般开茶馆、书场的人更善于坑骗，不讲义气。原来经理、票头对我讲得天花乱坠，什么能介绍我上电台去广播，还有堂会可赶，可是一个月过去了，满不是那么一回事。我和高少亭每天每人确实分得三个份儿，可是一打听，一般艺员、乐师却不少于六个份儿，只有后台的伙计勤杂才拿三个份儿，这不是欺负人吗？找经理说，我们要回天津，那经理满脸奸相，笑眯眯地说："你们回去不了啦！天津闹大水，火车不通。"我慌忙地跑到火车站一看，售票处挂着牌子："北行各次列车只通德州"。听人说，天津果然被大水淹了。家中妻儿怎么样了呢！我焦急万分，饮食不下，夜不能眠，病倒了十几天，积攒了几块钱也都花光了。不得已又忍气吞声在青莲阁茶社干了一个月，火车通了，我们赶忙买票，挤上火车，回到了天津。这时，天津的大水退了，到处是淤泥、垃圾，臭气熏天，被大水泡塌了的房子不少。三不管我家那间小屋还没倒塌，只是原来就破破烂烂的桌子板凳经水一泡就更扶不起来了。妻儿正在室内清除污泥积水，原来他们避到赵家楼本家姐姐家中，也刚刚回来。我夫妻儿女大难之后，又得团聚，不由得悲喜交加，真是感天谢地！

## 老板让我演反串戏

"人往高处走，水往低处流。"撂地的总想登舞台，经一位曲艺界朋友介绍，要我到旧城厢北门外的宝和轩茶社去演"倒二"。"攒底"的是林红玉的京韵大鼓。这是一个比较大的曲艺班社，艺员有包银（工资），茶社赔赚，我们不管，一搭一挡每月共90元，还允许出去赶场，条件满可以了。从济南回来以后，我的搭伴高少亭感到跑码头吃"开口饭"比开汽车更苦，更担风险，于是又重操旧业，开汽车去了。我改与耿宝林搭伴。1940年农历正月初一我和耿宝林上演于宝和轩。

我到宝和轩正式登场演出，从初一到初三，说的都是拿手的段子：《开粥厂》《西江月》《文章会》《卖五器》《吃元宵》《反八扇》等，听众反应非常热烈。

在敌伪政权统治下的天津市，物价飞涨，民不聊生，听"玩艺儿"的自然也少。过了春节，宝和轩的生意就淡下来了。这时，宝和轩经理桑振奎提出演反串戏。

曲艺搞反串戏，倒不是什么破天荒的新鲜事。但是，始于何年何月，何人首创，我没有考证过。有人说，曲艺反串戏始于天津，是否如此，我也说不清楚。在我来说，桑振奎提出要求之前，我没有演过反串戏，我的父亲和外祖父，他们也没有搞过这门"艺术"。我这个人有点保守，所以我总认为曲艺搞反串戏是一种畸形产物，从心里不大赞成。可是生意不好，为了招徕观众，老板非让我们排反串戏不可，我能说不参加吗？没有办法，只好跟女艺人一起，反串《打面缸》《一匹布》《兄妹顶嘴》等闹剧。我扮的总是丑婆子、傻愣子一类的角色，这与我说相声的长短无关，只不过是我天生的相貌不那么俊，所以适宜扮那类丑角。这种逗乐儿的戏，有些观众爱看，愿意花上一两角钱，买个捧腹大笑。宝和轩的生意又回升了。

我和耿宝林在宝和轩也说相声，也演反串戏，一切服从票房价值。我们的包银一直是 90 元，两人平分，但是老板还要提成，每月得交八块钱作为后台工友的"辛苦钱"。挣的包银实在难以维持生活，好在桑振奎有言在先，允许我们赶场。那时候，唱戏已经有了"梆子二黄两下锅"的做法，一晚上的戏，可以前面演京戏，后面演梆子；甚至也可以在一出戏里，前半出唱京戏，后半出唱梆子。这种做法无非是图新鲜，找噱头，招徕观众。除此而外，也多有在大轴前面加段相声的。经人介绍，我到东北角大观楼戏院和南市口中华戏院赶场。在中华戏院演出的是评戏班，挑大轴的是新凤霞，每天我在她的大轴前面加上一段相声。按当时的规矩，我的钱不由戏院负担，而由挑大轴的演员发付。新凤霞母女很讲义气，她们瞧着我的儿女多，家累重，日子过得苦，所以总多给我一点钱。江湖义气，讲究"穷帮穷"。我每天总格外卖力气，拿自己认为最好的段子，压住场，让新凤霞好上大轴。有一天，我说完相声，坐在后台歇气，大轴《孔雀东南飞》就要上了，新凤霞的刘兰芝已经扮好了装，刘兰芝的丈夫焦仲卿也上场了，可是演刘兰芝妈焦氏的演员误场，没有来，前台、后台管事的都急了，打帘子的已经喊过"码后"了，怎么办呢？新凤霞一看我愣在一旁，登时有了主意，她招呼我说："三立过来，扮个彩旦吧！"我说："什么彩旦？""恶婆婆焦氏呗！""我可是'棒槌'呀！"新凤霞说："没关系，我给你'攒锅'。现说现教，救场如救火！"我一边听新凤霞给我说戏，一边开脸儿、擦粉、画眉，丑扮起来，箱官给我穿上彩旦的袄裤，恶婆娘焦氏就登场了。有的观众一眼就看出这个丑婆子是马三立，我还没张口，台下观众就哈哈地笑开了。虽然我台词还没有记准，可也不紧张，反串戏呗，就是撒汤露馅，大家也能原谅。这一场戏我总算给应付下来了。

曲艺搞反串戏的这种畸形发展，在兄弟曲艺团成立前后，达到了登峰造极的地步。这个曲艺剧团从 1940 年开张，到天津解放时结束，十几年的光阴，在天津留下了许多辛酸的回忆。我在这个班社里，进进出出，混了很多年，进也无奈，出也无奈。

兄弟曲艺剧团，名义上负责人是相声演员常宝堃、赵佩茹和魔术演员陈亚南，后台则是大恶霸袁文会。

袁文会为什么插手曲艺班社？简单扼要地可以用"捞钱取乐"四个字加以概括，细说起来还有一段光棍汉奸格斗的过程：

1938 年，天津为日本占领，青帮、汉奸、特务、流氓、戏霸、窑主等魑魅魍魉都纷纷活动。青帮张景山的门徒裴毓松和戏班主王洪宾等人合开了燕乐升平茶园，后来由于生意不佳，窑主刘宝珍想把燕乐升平盘去开枪场（大赌博场）。正在集资筹办的时候，小汉奸特务陈炎和恶棍于嘉麟倚仗日本宪兵队的势力，组织班社，占据了燕乐升平。狗咬狗地咬了一阵，窑主刘宝珍败下阵去。于嘉麟当了班社经理，收容裴毓松等重新在燕乐升平演曲艺，并从北京约来了白云鹏、戴少甫等一些当时比较有名气的演员。

戴少甫在北京与于俊波搭档，一逗一捧，可谓珠联璧合。他们一到燕乐升平，马上就红得发紫，每场都能上个满座。袁文会每天占一个包厢，"兴之所至"时还要点个曲目。一次，袁文会点了戴少甫的拿手段子《打白狼》，偏巧前后台管事的马虎了，戴少甫应了别人的烦请，无意中刮了袁文会的面子。这一来可惹祸了，袁文会甩袖离座，吩咐手下人："把这个说相声的现打不赊！"在燕乐升平后门"插上旗"（安置打手），就等戴少甫回园子。戴少甫听说后吓得不敢露面，经过陈炎、于嘉麟等人出面向袁文会说合，事情才算没闹大。

袁文会对这件"不痛快"的事情，心里很不自在，决定自己干个曲艺园子，跟燕乐升平打对台。当即有那个开窑子的刘宝珍，干"白面"（毒品）生意的杜金铭等人趋奉起来，各掏 500 元作股金，一共凑了3000 多元，把南市慎益大街庆云戏院前后台的经理人找来，决定用庆云戏院作场地。开张的角儿都约的是一、二流的曲艺名角，如小彩舞的京韵大鼓，陈士和的评书，赵小福的时调，金万昌的梅花大鼓，郭荣山、韩永先的拆唱八角鼓，于德海、冯书田的中国戏法，佲树旺的罈子，谭俊川的翔翎技艺（踢毽），吉评三、荷花女父女俩的太平歌词，常树田的单弦，张寿臣、侯一尘的相声，另外又找来几个漂亮的女演员清唱二黄。阵容强大，一时无两。大轴主角小彩舞原已在小梨园挑大轴，凭借袁文会的势力，小梨园允借两个月。

庆云开张，班社定名"联义社"。在袁文会的淫威之下，全台艺员，唱的也好，说的也好，耍的也好，谁敢不卖力气！但是几个曲艺艺人再卖力气也改变不了上座的不景气，袁文会把庆云当成他自家的银行，随时用钱随时来拿，直弄得包银发不下来。大家敢怒不敢言，演单弦的王剑云壮着胆子挺身出来问了一句："什么日子能关钱？"就遭到一顿毒打。王剑云忍气吞声，日子不多，含屈病死。

班社为了赚钱，决定搞反串戏以招徕观众。袁文会找来曲霸王新槐诨名"王十二"的到庆云管事。王十二是手眼通天、没有人敢惹的混混

儿。他从小梨园把常宝堃、赵佩茹的相声，陈亚南、陈亚华的魔术拿了
过来，曲艺与反串戏同场演出。他们反串的戏是《挑帘裁衣》，连上三
天六场，场场客满。这样一来，袁文会当然不肯放走常宝堃、赵佩茹和
陈亚南昆仲，于是他们也就成为联义社的成员，但当时还没有打出兄弟
曲艺剧团的旗号。

1940 年过新年的时候，王十二到东兴市场找我，"约"我到庆云参加
反串戏，常宝堃的父亲常连安也劝我去，情不可却，我答应帮一个月的
忙。没料想"一入侯门深似海"，进了联义社再想出来就"身不由己"了。

曲艺演员反串京戏，等于变相的改行。拿说相声的来说，说、学、
逗、唱，对京戏、梆子、评戏，一般的能唱几句，甚至学名角儿，可以
达到乱真的地步，但是要成本大套地唱，可不行。班社下本钱，请来几
位京戏教师教戏。日子不多就排演了大小几十出戏，不过都是些闹戏、
粉戏，像《双摇会》《双怕婆》《打杠子》《打钢刀》《打樱桃》《探亲
家》《顶花砖》《花田错》《胭脂虎》《紫荆树》《定计化缘》等。这样
一些剧目，轮流上演，有些原京剧中没有的笑料，相声演员演来，现场
抓彩，插科打诨，观众捧腹。当时，京戏舞台上流行《大劈棺》《纺棉
花》，联义社不仅依样搬演，而且运用魔术的手法，变本加厉地找噱头，
因而场场满座。

我的第一个反串戏是《莲英被害记》，就是曾经流行一时的时事京
剧《枪毙阎瑞生》。这原来是 20 世纪 20 年代发生在上海的一件谋财害
命的实事，编成一出京剧便装戏，首演于上海天蟾舞台，轰动一时。从
上海滩传到天津，由著名京戏女角碧云霞主演，在张园游艺场很红了一
阵，后来，天津的赵美英、孟小冬、小爱茹、刘汉臣都排演过这个戏。
时过 20 年，这个戏早已失去了号召力，现在联义社又重新设计一番，
增加一些魔术套子，渲染闹鬼的恐怖场面。我在剧中扮演大烟鬼王长

发。这场迎合低级趣味的戏，竟连续演 40 多天、80 多场而不衰。内外行人都认为这实在是怪现象！

《莲英被害记》是出便装戏，比反串京剧的挑费要小得多。庆云前后台老板受到了启发，让我们反串话剧，一来可以省去租戏箱子，二来可以不用文武场。这时候，上海滩有个张治儿滑稽剧团来津演出，他们的《一碗饭》《活僵尸》演得很像相声格调，受到观众的欢迎。常宝堃与张治儿交上了朋友，张治儿临走时把《一碗饭》剧本留赠给他。常宝堃请忆云馆主（张鹤琴）担任剧本改编和导演，将《一碗饭》改为彩扮相声剧。剧中对白采取相声"群活"的套子，在对白中增加笑料，人物相互捧逗，取得喜剧效果。头场演出，戏票被抢购一空。接着又把军阀褚玉璞杀害京剧艺人刘汉臣的冤情公案编成剧本，定名《前台与后台》，以情节、人物与天津有关，更受到天津观众的欢迎，连演 100 场。为迎合观众心理，又杜撰刘汉臣妻子为夫报仇的情节，作为《前台与后台》的续集，定名《前因后果》，又连续演七八十场。此后，编导及演员们又将一些话剧流行剧目，改头换面，如把唐若青主演的《金丝雀》改为《如此歌娘》，顾兰君主演的《爱与罚》改为《爱情与薄情》，上海绿宝话剧团的《啼笑皆非》改为《八点半》，《古塔奇案》改为《笨侦探》，傅威廉主演的《梁上君子》改为《偷》，周曼华主演的电影《桃花潭水》改为《法律与人情》，《秋海棠》改为《断肠歌声》，徐莘园的陈查礼侦探戏改为《谋产奇案》《黑衣盗》；还有根据北平发生的郭华氏刀杀二子事件编改的《狠》；俄国古典名剧《钦差大臣》也改为中国式的闹剧《巡按大员》。共得四五十个本子，差不多都具有笑剧或闹剧的格调。这是不是化装相声的起始？我没有考证，只能提供这一点历史情况。

## 唐山、北京之行

我们这个班社曾经到北京、济南、唐山等地作过旅行演出。到外地去演出，动机还是为了挣钱。我们来到唐山，在天盛舞台公演，唐山观众很踊跃，剧场座无虚席。没有想到戏演到正热闹的时候，全场电灯骤然熄灭，观众哗然。究其原因，原来是剧场与剧团对唐山电灯房的招待票送得太少。由于"招待不周"，不仅惹恼了电灯房，就连军警宪特机关及车站警务段，也都得罪了。这样一来，剧团不敢继续停留，只得"走为上计"。听说车站警务段还正等候着我们，白天恐怕上不了火车，走不脱，只好化整为零，将服装道具分给大家装成行李，男女艺人都化装旅客的样子，在凌晨3点多钟到了火车站。虽然大家都穿的便服，尽量装得像普通百姓，可是，说相声的、唱大鼓的、变戏法的，都像脑门上刻了字一样，走到哪儿都会有人认出来，尤其是常宝堃、赵佩茹、陈亚南更容易被认出来。所以我们一进站，就如同鱼儿落网。警特们挥拳踢脚，从常宝堃到杂务，人人挨了一顿打。经过再三央求，许以下次到唐山专门作招待演出，这才被推推搡搡地放行，上了火车。一路上，大家有苦无处诉，只有掩面饮泣。

虽然"夜走唐山"吃了一堑，但找"外穴"（即到外地演出），跑码头，打开财源的念头并没有打消，尤其是想到北京去试一试。事有巧合，北京京剧界有名的经励科万子和来天津，看了常宝堃和我们的演出，认为反串戏、彩扮相声剧很新鲜，能抓住一部分观众，他和常连安又是旧交，于是就有意约到北京去演出。前门外的几家影剧场都由万子和派班社、派演员，所以很顺利地就定妥了去北京演出。

赴北京的前夕，把提了多年而没有"正名"的"天津兄弟曲艺剧团"的牌子正式亮了出来，以常宝堃为这个曲艺剧团的正团长，陈亚南为副团长。恶霸袁文会以及曲霸王十二等人，为什么在这时候推出常宝堃、陈亚南来担任正、副团长呢？估计有三方面的原因：第一，便于驾驭常宝堃、陈亚南等人，促使他们更加卖力气；第二，表示对赴京演出的郑重，使剧团带有共和班的性质；第三，时至 1945 年春，侵华日军已临绝境，袁文会等已经感觉到他们依附的"冰山"行将崩溃，想收敛一下手脚。这就是天津兄弟曲艺剧团成立于 1940 年，而"正名"于五年后的 1945 年的内幕。

1945 年 7 月 1 日，"天津兄弟曲艺剧团"的牌子挂在北京大栅栏大观楼戏院门口，第一场打炮戏的是反串时装戏《前台与后台》。这出戏以艺人受官势欺压、毙死冤狱为主要情节，比一般玩笑戏格调高一些，而在戏中串戏《萧何月下追韩信》，陈亚南的萧何，学"南麒"（麒麟童周信芳）堪称惟妙惟肖；常宝堃的韩信，武生扮相，英俊潇洒，唱做念白都很认真。演出后果然收到"名满九城"的效果。连演 20 多场，场场客满。

梨园界的朋友、京戏界大名鼎鼎的老板们，如：李万春、李少春、侯喜瑞、袁世海、裘盛戎、马富禄、张君秋、艾世菊等，都对我们这种曲艺剧感兴趣。他们每次来看戏，准要我在剧前上一段相声。侯喜瑞先生带头到后台，向大家道辛苦，跟大家一一握手。大京班的大老板们很和气，并不对我们拿架子，他们多次把我约到前门外一位老板家里吃夜宵，自家厨师精制的面点，热情的款待，使我很感动。我请不起他们，只能说段笑话助兴。他们对曲艺反串戏不轻易予以评价，但很关心曲艺，嘱咐我们不要丢了本工的节目。

"八一五"抗日战争胜利，日本无条件投降，古城北京沸腾了。我们这个受汉奸、恶霸压迫至深的曲艺剧团，也开了锅似地欢腾起来。我挺挺胸脯，清清嗓子，走到王十二跟前，我说："经励科！我退出兄弟曲艺剧团了。"失去了靠山的王十二毫无办法，我心里说不出的痛快。因为，自入了这个曲艺剧团，虽说没有立下卖身契，但是跟立了卖身契差不多，没有去留的自由，只许人家不要我，不许我不干。如 1942 年林红玉组班到济南演出，把我"借出"三个月，"使用"完了，送回剧团；又如 1943 年白云鹏到南京演出，大流氓高登第又向袁文会"借"我，订了三个月的合同，期满我又被送回天津。我就像一张桌子、一把椅子似的，可以听凭他们随意借来借去。这时我可以理直气壮地退出汉奸恶霸把持的剧团了。当时我满以为打败了日本，打掉了袁文会一伙坏蛋的威风，我们艺人该直直腰、舒舒心了吧！可是，没想到我们的处境还是："外甥打灯笼——照舅（旧）。"

兄弟曲艺剧团的反串戏及彩扮相声剧，一直演到解放后的 1950 年，最后的一出戏是《枪毙袁文会》。这出戏是对压迫艺人的恶魔的控诉，也是对旧社会的控诉，对袁文会其人其事，其罪孽，大家都非常熟悉，而且又都身受其害，所以演得很成功。赵佩茹饰演的袁文会，如实塑造了一个万人唾弃的恶霸形象。演完《枪毙袁文会》，全团演职员工告别了旧的舞台生活，在党和政府的关怀下，组成新的文艺团体——天津红风曲艺社。

### 金鸡报晓，大地回春

我离开兄弟曲艺剧团，回到我最熟悉的南市、鸟市这些贫苦同行撂地卖艺的场地上，重操旧业，撂地说相声。我虽然从台上又落到了地下，可是我高兴，我爱自己的本工行当，我还是要一心一意说我的相声。同行撂地的弟兄们也很欢迎我，我参加了刘奎珍、杨少奎一伙，首先在鸟市演出，生意很好，收入比在剧团的包银还多。抗战胜利了，光复之初的天津市，出现了短暂的繁荣景象，人心畅快，游乐事业得到发展，对于我们艺人，提供了鬻艺的好机会。我在技艺上也相应地有了一点提高。这时，戏园、剧场来邀请，广播电台也来约我。可是，我撂地的搭伴刘奎珍不肯离开鸟市，不得已只好从北京（当时称北平）约来侯一尘搭伴，演出于南市燕乐、劝业场、小梨园，同时又接受一家商业电台的约请，说相声兼播广告，每天赶场，忙个不停。天津的听众对我更熟悉了，眼看着马三立的名字越说越大，入了"流"。"成名"对于艺人来说是一个考验，我自己随时唤醒自己，千万不可头脑发昏，不要躺倒在"名角儿"三个字上不求上进。我给自己立下规矩：说相声是我鬻艺谋生的手段，我一定要兢兢业业，把相声说好，上园子也好，撂地也好，都必须认认真真，一丝不苟，要使听众觉得有"特殊风味"。

现在回想当年，可能是对于自己的作艺生涯，产生了一点新的抱负。但是，那时候没有这方面的引路人，社会生活对于我这样的艺人来说，更是茫茫歧路，不知如何迈步才好。更何况：随着光复而来的仍然是物价飞涨，恶棍横行，百姓们叫苦连天，我们这些被压在社会最底层的艺人，苦楚就更多了。说相声的同行，改行的，搞投机倒把的都有，因为弄几块现大洋到市上去卖，比说相声出息得多。我的搭伴侯一尘想回北京，他的家小都在北京，在天津挣不了多少钱，何不回乡呢？正巧，北京的凤凰厅茶社和华声电台约我去演出，我便和侯一尘一道去到北京。

凤凰厅茶社不是什么大茶社，华声电台也只不过是一般的商业电台，给我的钱很少。不过，"树不大，少招风"，地方上的军警宪特不大把我们放在眼里，可以少找些麻烦。

我是 1948 年到北京的，不久解放军围城，日落以后全城戒严，凤凰厅茶社停业，商业电台也停止广播了。我在北京没有家，可是戏曲界的朋友都照顾我，一点没有让我为难，赵燕侠同志的爱人张钊非常热情恳切地让我到他们家里去，管我住，供我吃，给我很好的待承。

1949年1月31日这天，北平解放了，古城鞭炮齐鸣，锣鼓喧天。我是个好静不好动的人，被空前的喜悦鼓动了，情不自禁地走上大街，走进了欢庆解放的游行队伍之中，而且破天荒地第一次扭了秧歌。我特意留神在路边站岗的解放军，军装远不如"国军"挺括讲究，人却显得和善亲切得多。我曾朝着一位戴棉帽子、黑黝黝、胖乎乎的战士使劲点点头，他睁着大眼看我，咧开厚嘴唇笑了，笑得那样厚道，那样和善。解放军入城的当晚就取消了宵禁，平津铁路正常通车了，朋友们从天津来到北京，带来了妻儿的口信，他们平安无恙。我没有急于返回天津。虽然戏院剧场还没有开锣，而电台广播恢复了，我仍到东城华声电台，广播单口、笑话。上场前后听安民告示和有关共产党政策的讲话，我听得很仔细，这是我最初的政治学习。

我的搭伴侯一尘到启明茶社加入常连安他们一伙演出去了，正好东北的相声演员张庆森来到北京，他是相声界经验很丰富的老艺人，便由他给我"捧活"。我们拿出来一些老段子，因为新鲜，听众反应不错。我们情绪也格外饱满，解放了嘛，有多大力气，就得使多大力气。这一时期，我们的演出效果很好，听众给电台写信，点我们的节目。京戏界的名演员谭富英和他的父亲谭小培很欣赏我的相声，马连良、张君秋、叶盛章、周和桐等人也成为了我的知音。他们谈京戏的表演、表现手法，谈京戏的流派，对我启发很大。心情舒畅，相声也说得顺当，良师益友也增多。日子过得特别快，冬去春来，夏天又来临了，东单游艺社开幕，我和张庆森应邀参加演出，孙书筠的京韵大鼓大轴，我和张庆森的相声"倒二"。许多听众长时间收听我广播相声，没有看过我的明场演出，传说我的相貌比我说的笑话更可乐，因此离东单很远的西城、北城、天桥、鼓楼一带的相声爱好者，也赶到东单游艺社看我的演出。观众和我交朋友，邀请我到他们家里去作客。我以自己是回民为由，谢绝了这些邀请。有一位朋友，为此购置了一套崭新的锅碗瓢勺，连案板、菜刀都是新的，让我非去不可，弄得我不能不感到盛情难却。还有的观众听说我住在游艺社的后台，以为我还没有成家，要想为我介绍对象，我诚实地向他们说明我的家庭情况，在这个问题上是不能"盛情难却"的。为什么我要说这些事情呢？是想自我宣扬么？是我中年交了好运么？都不是。这是因为共产党来了，人与人的关系变了，我这个说相声的再不受轻贱了，我不再是卖艺人，而是新中国的文艺工作者，这是翻天覆地的变化！

1950年春节，我回天津过年，家里桌椅板凳都有了，年饭、年菜准备得很丰富。这且不说，我的妻子从来没有穿过皮鞋，如今穿上新皮鞋，咯噔咯噔又添了一份热闹。我家从来不贴春联，我自父亲死后，差不多每年都是"无柴无米过新年，何有兴味贴春联"？而这一年可大不一样了，我买来红纸，写上"共产党万岁""毛主席万岁"，贴在屋里。我说不清心头的激动，半辈子的穷愁困苦、艰难、屈辱，真是不堪回首！别的且不说，单说加入兄弟曲艺剧团以后在庆云戏院过的那一个腊月三十除夕之夜吧！我们说相声、唱鼓词的撂地起家，本来没有什么腊月三十"大破台"之类的规矩，可是，我们用了庆云的园子，搞的又是反串戏，不"破台"，不"祭台"，那可了不得，凡是在这个台子上出现过的妖魔鬼怪，凶神恶煞，会一年到头"缠"着我们，什么倒霉的、败兴的事都会"撞"着，所以非得"大破台"不可。不然，戏园子老板也绝不答应。我们这些艺人只好不回家，把园子里该收的收好，该封的贴上封条，园子前后门都锁上。到了夜深，灯火熄灭，我们把堂鼓咚、咚、咚地击得山响，接着锣鼓齐鸣，张鹤琴、卞励吾等人扮的四个灵官，右手执钢鞭，左手举香火，打出台来。我天生的长相，决定不能充扮别的什么角色，所以派定我扮"吊吊"（吊死鬼，一切冤死屈死鬼的总代表），脸上抹上灰白粉，眼角嘴角血红，头戴白帽，身穿白箭衣，腰扎黑绦子，四个灵官赶着我这"吊吊"楼上楼下、前台后台奔跑窜跳。跑够了，跳够了，"吊吊"被赶出园子，我就从后台一个小门窜出去，落到小胡同里，这才能脱去白衣白帽，还要烧几张纸黄钱，才能回后台。这时，灵官的"任务"也快完成了，张鹤琴、卞励吾抓一只活公鸡，砍了头，鲜血洒满了舞台。陈亚南扮的加官，戴着加官脸子，手拿"天官赐福"的折叠布，向四面八方照过，迈着方步下场。最后登场的是常宝堃扮的"金面武财神"，手托道具大元宝，在台上东张西望，寻找那有"福"之人，剧场经理在台下伸开双臂正等着。"武财神"将大元宝朝他一扔，他便连忙抱住，跑入柜房，将这大元宝供在祖师爷神桌上，兴高采烈地去做他的"黄金梦"。我们折腾一夜，又冷又累，又困又饿，回到家里，茶凉饭冷，哪有一点过年的意味？第二天，大年初一，"开张宏发"的戏还在等着我，可是我高烧不退，昏迷不醒。园子老板还一个劲儿打听，"大破台"的时候，马三立到底见着嘛啦？我见着嘛呢！嘛也没见着。我是被灵官追得遍身热汗淋漓，在小胡同里脱衣摘帽感冒了。后来，戏剧界的朋友告诉我说："大破台"里的"吊吊"可千万不能干，压运！其实，旧社会，我哪年走过什么好运？年年过的都是丧气年！

1950年，红风曲艺社成立，我参加了。在天津曲艺界有一定名声的演员骆玉笙、常宝堃、赵佩茹、陈亚南、陈亚华、石慧儒、史文秀等都参加了这个曲艺社，我们是这个曲艺社的主要演员，也是主人。翻身的喜悦不是语言文字所能表达的。我把老相声段子《百家姓》改为《新百家姓》，歌颂新社会，新生活。相声从来都是以讽刺为主题，嬉笑怒骂，插科打诨，而现实生活却为我提供了进行歌颂的主题，促使我不能不创新。《新百家姓》受到听众的欢迎与赞扬。

我是新社会的文艺工作者，我要为新社会演出，为新社会创作。在戏曲电影界里，我有一些朋友，富有喜剧表演、导演才华的谢添就是我的老朋友之一，他又是相声的内行，我把自己的想法告诉谢添。谢添很以为然，他给我许多素材，都是具有笑料的，我把它加工，写成相声小段，如《送人上火车》、《所问非所答》、《请客得罪人》等。演出以后，都收到较好的效果。

1951 年春，常宝堃参加第一届中国人民赴朝慰问团，在归国前夕不幸遭敌机轰炸而牺牲，天津市为他举行了极为隆重的送葬仪式，银车黑幛，佩戴黑纱的人群绵延几个区街，其中有不少是共产党的干部。在肃穆而催人泪下的哀乐声中，我深深感到新旧社会两重天，旧社会穷艺人饥饿而死谁来管？新社会对艺人如此尊重，实在叫人心服。我要跟党走！我想到常宝堃走了，张寿臣老了，我应该接班干下去，自打解放后我们艺人生活有保障，过年家里也有了鸡鸭鱼肉，不像国民党那阵子年根底下全家还围着炉子啃凉窝窝头。我们的地位也变了，由穷卖艺的变成受人尊重的人，这在政治上确是翻了身！

我找到市文艺工会主席，表示要接续宝堃赴朝慰问。主席是一位进城干部，当即热情欢迎，握着我的手说："好，天津有你去太好了！……"

1952 年 8 月，第二届赴朝慰问团华北分团文工队在国民饭店集中，队长刘鹏，副队长竟然由我和北京的曹宝禄担任，成员由京津两地的曲艺、杂技、歌舞、话剧演员组成。9 月出发到沈阳集训，学习文件、排练节目和进行防空训练，待命出发。我这是平生第一次当了"官"，除了自己无法答复这在旧社会连想也不敢想的梦为什么竟然能够实现以外，心中百般新鲜滋味难以形容，大有"天将降大任于斯人"之慨。既然当了"官"，就不能像过去那样随意开玩笑，要维持一些"官"体，还要找点"官"务来干。但一切早已安排得井井有条，而许多具体工作都有人分工承担。后来潜心揣摸，才算有点明白，原来领导上出于我在同行中的名气和影响，凡事已经都有人干，而且都比我会干。想到这里，心里总算明白了几分，事实上我哪里是块当官的材料。

列车在夜色笼罩下隆隆驶过鸭绿江大桥。那时战场形势已大有改观，过江300公里的制空权掌握在中国人民志愿军和朝鲜人民军手中，但为确保团员安全，防范措施仍很严密，而且多是昼宿夜行，车上有伪装，还派来战士随车保护。文工团分成两个小队下去演出，所到之处都受到了热烈欢迎，首长亲自接待，炊事员连夜为演员们磨豆浆、炸果子，准备可口的早点。我们小队主要是曲艺和杂技演员，夜间赶到团部或师部，演出场地有时是能容纳二三百人的大山洞，有时是密林覆盖的山坡，简易舞台点着雪亮的汽灯，周围坐满黑压压的战士，笑声和掌声像是大海里的涨潮声。我说了一段又一段，有时一口气说了五段，台下还不依不饶地"再来一个"，喊声此起彼伏。虽然疲劳，我感到无上光荣，给我莫大欣慰。回想起来，尽管我在旧社会说相声也有人喊"好"，但新社会给我和艺人们的关心和殊荣，这在旧社会哪儿能实现。我彻底明白了，只有在中国共产党领导之下，艺人们才受到尊重和信任。当然，在朝鲜的日日夜夜里，更多的是自己的思想受到教育和改造，志愿军官兵们出生入死，临危不惧，与朝鲜人民军并肩战斗，保家卫国，把美帝国主义打得节节败退，靠的是我们是为正义而战，而正义的事业是无往而不胜的。我们在朝鲜随时都可以听到、看到许许多多抗击敌人的志愿军战士英勇壮烈的事迹，这使我深受教育。有一件事使我至今难忘，有一次我们去某军部参加大会，需经过一条几百米长的小路，临行时要求每人必须做好防空伪装，军令如山，沿途哨兵林立，这主要是着眼于保护演员们的安全，志愿军把祖国亲人前来慰问看作比他们自己的生命还重要。于是有的用树叶做帽子戴在头上，有的折了一枝树枝用以遮身，而我在忙乱中却忘了"武装"自己，待到检查时一位志愿军同志对我怒目以视，意在批评我怎么这样粗心大意。可他一细看是我，就转怒为笑，因为他看出我是说相声的马三立，曾经不止一次地在演出中逗他笑过，见此情景，我既羞愧又尴尬，竟伸手从衣袋里摸出一个银圆大小的树叶来，活像一个受长辈责备的孩子为了补过做出的下意识的举动，事实上当时我内心里已溢满自责，无言以对。事后这件小事却传到军长那里，这位军长身高只及我的耳际，而干瘦却比我有过之而无不及，手下却有几位虎背熊腰、气概不凡的师长，恭敬地拥随身后。军长两手叉腰对我哈哈大笑，用高亢、嘹亮的南方口音说："你用一片小小的叶子藐视敌人的飞机，倒有点气派哟！……"人生难得的是理解，一位军级首长对我的差错竟然如此宽谅，使我至今仍感亲切。而反过来说，旧社会对艺人的无情践踏，对比之下，使我终身难以忘怀啊！

从朝鲜前线演出归来后，我在天津人民广播电台的广播曲艺团演出。不久这个广播曲艺团改组为天津市曲艺团，我荣任副团长。

20 世纪 50 年代值得回忆的往事非常多，而且许多事回忆起来令人神往！1955 年，我应邀进北京，在政协礼堂为人民代表、政协委员演出。周恩来总理听了我说的相声《买猴儿》、《扒马褂》后盛赞古老的笑之艺术，给予我很多鼓励。1956 年毛泽东主席来天津，我为毛主席演出，并且在天津干部俱乐部二楼与天津戏曲界著名的演员鲜灵霞、韩俊卿等一起拜见毛主席。毛主席那么平易近人地说："在广播中听过马三立的相声《买猴儿》，可是没有见过面。"毛主席问我说了多少年相声？什么文化程度？经常爱看什么书？我回答了毛主席的问话，又当场为毛主席说了一个小段，毛主席笑了又笑。时光流逝，几十年风雨消磨，自己没有能够从政治上、思想上、艺术上取得应有的进步与成就，诚属憾事。

## 师承有宗

相声爱好者、曲艺行家以及我的同行们，对于我的父亲马德禄、哥哥马桂元和我马三立的相声，有过许多评价，如有人说，马家相声磁实；也有人说，马家相声别具一格。我理解："磁实"二字，主要是指说、学、逗、唱的基本功，而所谓"别具一格"则多半是指表演的手法。如何对待基本功？采用什么手法表演？我对父兄的情况知道得不多，自己也没有很好地总结过，只能谈点肤浅的体会。

相声作为一种民间艺术，也是渊源有自的。俗话说："一位师父一道符"，不同的师承，自然有不同的表演手法和风格，加之演员自身不同的条件、素养和不同的作艺经历，都会影响到表演中去，形成各种不同的传统和风格。从这个意义上说，相声倒也确有不同流派。比如说，解放前在天津说相声的，有一些名气的有几对搭档，用相声界的行话说，叫作几"档"，如张寿臣一档，常宝堃一档，戴少甫一档，侯宝林一档，马三立也算是一档。当然是不是只此五档，我也没有考证过。仅以这五档为例，就可说明各有师承，各有一套。简单地说吧，张寿臣是焦德海的徒弟，焦德海是前清京津"相声八德"之一，师承我的外祖父恩绪，所以张寿臣的相声和我们马家相声可以说是一个路子。侯宝林自幼家境贫苦，自己在北京天桥、鼓楼一带闯江湖，会唱戏，有天赋的嗓音，口齿条件又很好，学什么像什么，唱什么是什么味儿，后来正式拜我的师兄朱阔泉（绰号"大面包"）为师。他以说、唱见长，自成一路。戴少甫文人下海说相声，因为有文化，说相声不仅活路宽广，而且比较温文尔雅，又自成一派，且多有创新。小蘑菇常宝堃自幼跟随他的父亲常连安闯江湖，以"父子哏"的段子"火"起来的，他上场就能逗，特点是火爆，说话速度也快，具有演闹剧的风格。

相声界的门户观念及师承规矩都比较严格，艺人必须拜师；有师传，才能正式撂地上场演出。京津地区的相声演员从辈分来说，从恩绪传到德字辈的玉德隆，这是最早的一辈，按相声界的规矩，每一辈的大师兄叫"门长"。玉德隆是我上一辈的门长，属于这一辈的有我的父亲马德禄、李德锡、我的师父周德山和张德全、李德祥、焦德海、刘德治等。下一辈门长是张寿臣，我也属于这一辈。与我同辈的还有郭启儒、朱阔泉、李寿增、陶湘如等，常连安也属于这一辈。再往下数的一辈门长是赵佩茹，同辈的有常宝堃（宝堃虽然自幼随父作艺，但按相声的规矩，父子不能认师徒，所以他拜师张寿臣），还有白全福、刘奎珍、刘宝瑞、罗荣寿、武奎海、于世德、班德贵、王长有、赵世忠、阎笑儒，以及常氏弟兄宝华、宝霆等。从人数上来说这一辈的艺人最多。从这一辈再往下就是目前正活跃于相声舞台的刘文亨、苏文茂、魏文亮等。这一辈的门长是赵心敏。苏文茂是常宝堃的高足，魏文亮的师父是武奎海。这些不同的辈分、门户与师承，对于相声流派的形成、发展有很大的影响。当然，各人有各人的条件，艺路上的变化也很大。在党的"百花齐放"、"推陈出新"的文艺方针指引下，相声界必然会涌现许多"青出于蓝而胜于蓝"的新一代，形成新的流派。如当前蜚声于相声舞台的马季、唐杰忠、姜昆，以及侯氏相声的传人侯耀文、石富宽等，都大有希望。天津市曲艺界也有不少相声新秀。

从我自己来说，作艺60余年，非常惭愧，对于相声这门民间艺术，既没有真正的继承，也没有可喜的发展，自己也没有认真地总结过作艺的实践，更谈不到给后辈留下点"道行"。党非常重视我，同行与广大观众也十分抬爱我，把我划入名演员的行列，尊我为"相声家"、"艺术家"，我实在是愧不敢当。

有人认为说相声就是"要贫嘴"，这当然不对。不过说相声，插科打诨，要贫嘴的成分有之，而且也有的演员喜欢要贫嘴，降低了相声的格调。相声是幽默的语言，形态、文字、杂学综合在一起的一种以"笑"为核心的民间艺术。相声演员不是语言学家，但要掌握使用语言的艺术；不是表演家，但形体动作很重要，过火则俗，则"贫气"，乃至下流。相声演员对于文学，特别是古典文学，得有一点知识，有一点修养。我们马氏父兄都长于说《夸住宅》这个段了，这是个颇有点文学色彩的相声节目。这段相声先后引用了《醉翁亭记》、《滕王阁序》、《铜雀台赋》等八篇有景物描写的古典文，形成文雅诙谐的捧逗。表演这样一段相声，演员不仅要熟读这些文章，大致领会其内容，而且要使用相声的"贯口"，把文句的内容表达出来。要说好这样一段相声，非得下多方面的功夫不可。如果说好了，既可使听众从讽刺中获得"笑"的享受，又可以使听众欣赏不同风格的几段古典文学名著，增加对古典文学的兴趣。

说相声一上场，开口就点题，我们称之为"硬入话"。我的父兄师辈一般不采用这种手法，讲究上场之后，先说或长或短的几句话，为正题"搭桥"，铺平垫稳，而后才引入正题。我觉得这样处理效果比较好。首先，有了"垫话"，你要说的主题就不是突如其来的；其次，有了"垫话"，可以先把听众吸引到演员身边，使听众在不知不觉中进入相声境界之中。我们马家说相声很讲求"入话"的部分，重视民间说唱艺术中的这个传统。

相声从内容来说，多讽刺性，讽刺什么？也是有倾向性的。吹牛皮、说大话的人，不学无术而又要装腔作势的人，胡说八道、不负责任的人，都是相声幽默讽刺的对象。这类人在旧社会里多得很，今天也还没有绝迹，幽默一下，讽刺一下，还是有意义的。我是比较喜欢表演这类具有讽刺性的段子的。传统相声《开粥厂》就是这类题材中比较有代表性的一个段子。我的父兄和我个人在这段相声上下过许多功夫，经过不断的加工整理，才形成后来的样子。

我记得我的父兄都是很爱看宋元话本小说，爱看《三国演义》、《水浒》、《西游记》、《聊斋志异》以及宋元以前的志怪小说、志人小说和《笑林》之类的书。我也有这样的爱好，因为看这些东西，可以学习创作方法、表现手法，从中吸取营养，灌溉相声之花。目前，年青一代的相声演员差不多都有中等文化水平，比我们老一辈更有条件博览群书，丰富自己。当然，光靠看书也是不行的。相声要夸张，要想象，还得注意观察生活中的形形色色的人和事。虽是生活里的事物，夸张得超出了生活的现实，说好了，必然收到笑的效果。

不过在讽刺的问题上，也要讲求一个分寸，不是抓住什么就讽刺什么。好比，我们的传统段子，有一些说穷人、穷生活、穷日子的题材，可是我认为"穷"并不值得讽刺，也不可笑，旧中国，穷是逼出来的。吕蒙正穷得到和尚庙里去赶斋，吃和尚的施舍，这并不可笑，可笑的是他褴衫不足御寒，明明冻得浑身打颤，流清鼻涕，可是他还要酸溜溜地说："君子虽寒而不栗！"这就可笑了，所以值得讽刺的是这个酸劲。我喜欢《窝头论》这个段子，并且总常拿它压轴。在我们北方，窝窝头是劳动人民大众化的主食，吃窝窝头，没有什么可笑，可笑的是"我"，偏在窝窝头的佳妙上做文章，怕人说自己吃不起精米白面，偏说自己就是"偏爱"这窝窝头，为窝窝头作"论"，这就可笑了，讽刺这种人，才具有一定意义。我说《窝头论》，听众不觉得"瘟"，其原因就是我抓住了"酸"字做文章，可笑的地方就多了。

说到表演手法，在一般情况下，我不喜欢拿好架势出场，我也不喜欢用大喊大叫，用"超刺激"的怪声、怪气、怪相找噱头。父兄调教我，要我做到出场的时候就是说相声的马三立，用平稳的语气，自自然然地"入话"，把观众、听众的精神集中到我这里，安静下来听我说话。我要用语言和形体动作，把观众听众引入我为观众提供的特定环境，使观众如见其人，如闻其声，如临其境。在我用"包袱"把观众听众逗乐时，又要使观众在感觉上不以为我是有意识地在逗乐。观众、听众乐了，我还好像不知道这是为什么？不知大家乐嘛？这样，大家往往就更乐了。

记得我在学艺的时候，父兄师父都跟我说过这样的话：别以为说相声，耍嘴皮子，容易；你看说相声的没有化妆来帮忙，全靠形象、语言，把各种人物说得活灵活现，这就要一套功夫，要注意生活中各种各样的人，什么形象，什么语言，什么动作，不能单纯模仿，不能只求达到"形似"，还得"神似"。

我说相声，也非常喜欢听别人的相声，同行老、中、青的相声，我都愿听。俗话说："外行看热闹，内行看门道。"恕我不谦，我是看"门道"的，听同行的相声，抓优点、特点，也找缺点、不足。对自己来说，是取人之长，补己之短。对相声艺术来说，我也希望能以博览各家的技艺，学习各家的经验，找出一点规律性的东西，为提高相声这一民间艺术，作点贡献。可是前者比较容易办到，后者困难较多，往往力不从心。

我认为每个相声演员，都有长处，但也有缺陷和不足。一是个人的条件；二是下功夫的大小。嘴笨尽量别使"贯口"活；嗓音声带条件差，少使"柳活"。我在20多岁的时候，也经常上演《杂学唱》《闹公堂》《戏剧杂谈》《八大改行》等段子，后来听了侯宝林的这类段子，说唱的嗓子真好，真是唱什么都有味儿，而且学谁像谁。我自愧不如，后来，自己在学唱方面的技艺提高不大，加上年龄关系，干脆，不使"柳活"了。我藏拙是次要的，更主要的是为了不糟蹋"柳活"节目。

我从业说相声 60 余年，我爱自己的专业，总想保护它，不忍糟蹋它。当然，我是就扬长避短来说的，不是主张放弃某一难度大的基本功。回忆到这里，想起万人迷说《柳罐上任》的轶事。柳罐是个人，买了个县官，不会当，在公堂上、县衙内闹了许多笑话，出场人物有柳罐自己，有公差，有打官司的原告被告；当县太爷必有个夫人，柳罐临时借了一位南国烟花女子。众多的人物，各有各的身份、职务、语言、形象，万人迷把各个人物说得活灵活现且不说，而且各人有各人的方言，说山西话的、说山东话的、说河北口音的、说扬淮话的，他说什么地方的话，就完全像那地方的土著。而最难得的是，他说方言，不是大路货，山东话，不是一般的济南话，而是青州府、兖州府一带的口音；河北口音的话，一般相声中多半取唐山话或保定话，而他偏说堂二里一带的土话。那个段子，经万人迷一说，真是火爆、精彩，光听那点东西南北方言，就够叫人着迷。可能也就是由于这个缘故，万人迷之后，很少有人说这一段，后来改为《糊涂县官》，就去了方言，当然不能不减色。

有人听了我说的《买挂票》以后，说：买挂票夸张，把人挂到墙上发出"吃吃吃吃"的声响，很传神，听了这"吃吃吃吃"，好像看到了剧场里的那个挤劲，那个用莫须有的"挂票"看戏的受罪劲！我觉得这位听众的评论很高明，是个知音。一段相声里如果有象声词，我一定儿求用好它，利用它来调动听众的想象。近几年我说了一个新段子《讲卫生》，说了一个不讲卫生的人，他从水缸里打水，不使水勺，把铁壶伸到缸里去灌，形容这种灌水，用了象声词"咚咚咚咚"；说他漱口不吐漱口水，"咕噜咕噜"就咽了下去。我很重视这些象声词的使用，可以调动听众观众的想象，使人产生对这一切有身临其境的艺术感染。对象声词并不是重视了它就能掌握它、用好它，还要下功夫去模仿，要有点口技效果。如戏曲演员练功，练手、眼、身、法、步一样，相声演员练说、学、逗、唱，练各种技法。我的父兄就在这些方面对我要求既高且严。

演活自己所讽刺的对象，不用直接的、公开的评论，而让观众去想，去思考，去评论，这样更含蓄，更能使观众在笑过之后，还要回味，还有活动，不是一笑了之。我喜欢这样的相声，喜欢这样的表演手法。至于是把自己当作讽刺对象直接演下去好呢？还是在形象中跳进跳出好呢？我想：这还得形式服从内容，不能一概而论。我觉得：从相声的发展来看，所谓"跳进跳出"，可能受说书、评话的影响较重，相声中的单口更具有这种特色。而以人物的形象出现，把自己当作讽刺中人，笑话中人来演，这就很可能是受戏剧的影响。我的相声，有一些表演手法，就是从话剧学来的。

作为我的自述，最后，我想说的一句话：党的三中全会的精神的贯彻，使我重新焕发了艺术的青春。记得是党的三中全会以后，我激动不已地登上舞台，表演20年没有说过的相声《买猴儿》，当时，词儿都生疏了，说得很不好，可是全场观众掌声不断，我再三鞠躬谢幕，观众则一再鼓掌，领导同志上台与我握手，我感动得无言可答谢，70岁的马三立在大庭广众之中，泪流满面。作家石丁老人当场赋诗四句赠我：

> 一曲买猴传盛名，廿年坎坷路不平！
> 何迟多病三立老，抖擞精神又长征。

为党的文艺事业，我正在抖擞精神，以有生之年为祖国四化作最后的贡献。

## 附录：

## 无限夕阳

### 刘连群

在每一种幽默里，都包含笑和悲哀……

——车尔尼雪夫斯基

当今全国相声演员中辈分最高的长者，被观众誉为"幽默大师"的马三立，在他年届古稀那一年，生活中相继发生了两件大事，一件是人生的，同时也构成了艺术上的冲击与磨炼，另一件则赋予了他新的生命。

1984年3月9日晚9时许，天津市第一工人文化宫大剧场灯火通明，座无虚席。这里正在举行为兴建市青少年活动中心而筹募资金的义演，曲艺界负有盛名的老演员们先后登台献艺，大厅里不时爆起掌声和欢快的笑声。

当晚会主持人报出最后一个节目和演员的名字时，近三千名观众的情绪愈加兴奋。潮水般的掌声再次向一方舞台涌来。

马三立出场了，一袭灰色长衫极有余地地包裹着他细长干瘦的身躯，走起路来如风摆杨柳摇荡婆娑；很瘦很小的一张脸，一只引人注目的大鼻子和两片几乎向左右平展开来的招风耳，还有那亲切、温和带有老年人的慈祥，却又隐隐透出几分狡黠的微笑，都是观众所熟悉的，所以当他一路走一路向台下招手致意时，剧场的气氛便如火上添油。紧随其后，身材稍矮胖乎乎大腹便便与他形成鲜明反差，笑容也大不相同显得绝对憨实、天真烂漫的老演员叫王凤山，三立的捧哏搭档。

一瘦，一胖；一个笑得蹊跷，一个一览无余；一个容貌异乎常人谁看上一眼都会一辈子忘不了，一个普普通通一旦混进街上人群里头就再也找不着——这是相声这门幽默艺术的一对理想的合作伙伴。他们一露面，天然的反差本身所带有的喜剧色彩，就让如潮的掌声中又漾起了笑浪。

节目是《夸住宅》。这是一段三立非常拿手的传统相声，甲一本正经实则不着边际地胡吹乱捧乙的住宅如何不同凡响，一会儿说成这样，一会儿又夸成那样，弄得乙晕头转向啼笑皆非，分明是一次又一次的戏谑，语气却极为煞有介事，描绘住宅的语句也通畅华丽很有文学意味：

甲：好，说你家。你家好记，门口有一棵槐树。

乙：这一说，就对啦。

甲：那真叫古槐冲天，浓荫洒地，门庭壮丽，金匾高悬，大有官宦之风。前有高楼大厦，后有小院泥轩；金碧辉煌，千门万户；左龙右凤，横搭二桥，以备来往操练水军，有意征南。

乙：这是我们家？

甲：这是"三国"曹操大宴铜雀台。

乙：你提铜雀台干吗？

……接下来又要把乙的住宅说成是"阿房宫"了。逗哏（甲）的马三立充分发挥了吟章诵句的古文功底和干脆利索的嘴皮子功夫，说来如炒豆般火爆，且朗朗上口，字字清楚，顿挫得当，而从"正经"转入戏谑又行云流水不留痕迹，显示出他在内容转折处善于过渡驾驭自如的圆熟技艺。

对于他的老观众和后台的同事们来说，这些是他们早已深知的了。

此刻，他们所不知道的是，三立正在调动浑身解数控制着自己随时会脱缰而去的情绪，凭借半个多世纪的舞台经验应付眼下这非常关头的演出。

对后者，只有伫立在侧幕旁边的一位年轻人最清楚，就是三立的儿子马志明。他把父亲搀到上场的台口以后，始终一动不动地站在这里注视着父亲的一举一动，一颦一笑，苍白的面色和几乎屏住的呼吸披露出他内心的紧张、焦虑。

他的母亲，三天前心脏病猝然发作，今天下午病情加剧，他和父亲离家时已陷于昏迷……

刚才，在家里，他和家人都苦劝父亲不要来剧场，一来母亲的病情前景莫测，二来父亲两天来日夜守护，吃不下睡不着，也近乎心力交瘁了。三立大口吸着烟，默默地听着家人的恳求，犹豫着。他平时并不是一个在大事临头时总能果断决策的人，而眼下又是何等不寻常的时刻啊！……他几番向老伴的床头张望，又埋下头吸烟，后来把目光移向已经染上漆黑夜色的窗外，终于缓缓站起身来，声音有些沙哑地说："还是去吧，要是平常的业务演出，就告假了，可这是义演哪！给全市青少年……就说一段，完事就回来，有车……"

家人们不再言语了。他们知道，遇事常常思虑、犹豫的三立一旦拿定了主意，又是很难更改的。他们只能坚持让志明陪着一起去，兼负照顾父亲和与家里随时保持联系的双重使命。

这使命实在不轻松，它甚至不是常人的神经所能经受住的。志明觉得自己被活生生劈成两半，一半附着在舞台上的父亲身上，一半则断裂在病危的母亲床头。两位老人同样都有不测之虞，令人忧心如焚！

被炫目的水银灯映照着的三立，看上去越发清瘦单薄，弱不禁风，好像随时会从身体的什么部位折断或像一片枯叶轻飘飘地垂落似的。志明早已拿定了主意，只要父亲气力不支，他就顶上去，他也是相声演员，父亲的段子他都会说。然而，瘦弱而年迈的父亲却始终在那里手舞足蹈，谈笑风生，不用说台下的观众，就是忧心忡忡的他也察觉不出一丝懈怠，半点失常，依然显得那么潇洒自如，趣味横生。他不禁深深地叹服父亲的功力和意志了。他忽然想起学艺的时候，父亲曾经专门嘱咐他留意一些不同层次的相声演员，在后台刚刚吵过架或遇上什么伤心事，上台去如何应付演出，并且告诉他这是非常重要的一功，生活里不顺心、不开心、难以预测的事情常有，而相声演员又是以轻松快活的神态上台去逗世人发笑的，这样一来，调整、控制自身的情绪就是非常非常要紧的了。他确实在后台仔细留意观察了，表现各不相同，他曾经亲眼看见一位小有名气的中年相声演员临上台收到了女儿病故的电报，强忍着悲伤坚持演出，结果几番对白过后就屡屡忘词儿或说错，捧哏的伙伴千方百计也堵不住，漏洞百出终于乱了套……下台以后，他哭喊着捶打迎上来劝慰的团长："你不该把电报给我，不该呀，你再晚一步不行么？呜呜……"接着又跪下给团长赔罪，满脸泪水地向空中哭叫女儿的名字……周围的人都落了泪，志明则突然痛切地意识到了相声这个行当的残酷性，干上这一行，有时竟然连像常人那样当笑则笑、该哭就哭的权利都没有！

咱们是干什么的呢？父亲常这样说。他记得。

父亲仍然在兴致勃勃轻松诙谐地表演。越过父亲的侧影向黑压压的大厅望去，时而静若池水，时而翻起波澜，全凭台上一位老人的拨弄。这时，他忽然又觉得父亲很了不起，很使他敬畏，那瘦削的形象不仅是令人担忧和同情，而且很有力度，很悲壮，他似乎一下子懂得了什么是真正的艺术家，何以被世人和同行称作"大师"……

"住宅"终于"夸"完了。掌声经久不息，三立和凤山返回去加演了一个小段，观众仍然不肯退席，只得再加一段。志明焦急地看腕上的手表，发现父亲已经为满足观众开怀大笑的愿望表演 50 分钟了。

"怎么样了，有信儿吗？你娘……"三立一下台就急切地询问志明。

此刻的他惊惶失措语音颤抖，同方才在台上的神采相比判若两人。

他们 11 点多钟赶回家里，病人情况危急，当即决定送医院抢救。

救护车在沉睡的市区疾驰。三立轻抚着妻子惠敏的手臂，默默地在心中叨念：快点儿，再快点儿！……惠敏两眼合着，气息微弱，已经不会说话了。

值班医生检查病情以后，又询问了恶化的经过，顿时厉声责问三立："你是病人的丈夫，为什么不早送来？……"他无言以对，两行清泪，顺着瘦削的面颊淌落下来。

次日凌晨两点半钟，惠敏去世了。把难以平复的悲痛和难以填补的损失留给了亲人。三立按照伊斯兰风俗隆重料理了后事，把妻子的遗像高挂在卧室床头。那是用一张 20 世纪 50 年代的黑白底片放大的，惠敏是一副中年模样，短发，脸庞圆润，带着和善、憨厚的笑容。

三立是想让她含笑注视自己的余生么？他常向客人叹息，自己大半生所给予妻子的东西太少太少。惠敏从嫁到马家这个穷艺人窝里就跟着受穷，他在外面奔波劳碌撂地、跑码头卖艺，挣不下几个钱，全仗妻子苦熬劳作抚养老小，好容易到 50 年代前后熬出头了，他红起来了，日子好过了，一个莫须有的罪名又让他在"反右"时翻了船，然后就接上十年"文革"，挨批被斗，下农村改造，妻子又跟着担惊害怕颠沛流离。又好容易熬到柳暗花明云开日出，他马三立的大名重新响当当起来，惠敏的身体却油尽灯残垮下来了……他给过妻子什么？在他的记忆里，最丰厚的馈赠就是请她看自己的演出，把她和观众一起逗乐。可是有一次，妻子没有乐。那是他于"文革"后复出，在长城戏院，也是妻子历经多年磨难以后第一次看他说相声，满场的掌声、笑声，妻子却用手绢捂着嘴呜呜地失声痛哭起来，女儿在身边焦急地劝解："妈，您别哭，您看这场面，应该高兴、喜欢才对呀！……"她抽泣着说："是，是……高兴，喜欢……"嘴上应着,肩头抽动不已,热泪还是一个劲儿往下流。三立在台上都看见了,只有他才理解妻子大悲至喜大喜若悲的心境……

这一张照片好,是笑的!三立挺认真地指着墙上,告诉别人。

就在那一年秋天,马三立实现了加入中国共产党的夙愿。

他后来说,自己这一生有两个生日,一个是从娘胎里呱呱落地的日子,一个是成为共产党员那一天,后者使他在七旬高龄又获得了新的生命。

他对"新的生命"是渴望已久而又不敢希冀的。一年前在市政协的一次会议上,市委统战部长同他聊天,关心地问他为什么不申请入党,他的回答竟是:"我这样的人,行吗?现在够好了……"部长虽然感觉意外,一位大名鼎鼎的艺术家怎么这样自卑,甘于现状?他注视着三立脸上纵横交织的皱纹,染霜的鬓发,夹杂着苍凉意味的微笑,想起了这位老人走过的太长也太曲折坎坷的路,命运对他的捉弄与不公平,于是理解了,在同情中也油然生出了几许感慨。他对三立进行了热情的鼓励,还举出许多共产党员遭受打击和挫折不灰心、不消沉的事例,语重心长地说:"在生活上知足,政治上可不能知足,党还需要你发挥更多的光和热呢!……"三立听着,默默地点头,觉得既温暖又惭愧。他早在50年代就写过入党申请书,是老资格的积极分子了,经常受表扬,还受过毛主席的接见,当然后来发生了很多的事,这很多的事让他的心热了又凉,凉了又热,反反复复起起伏伏直到心灰意冷,在农村劳动的后期,有一阵就想每日三餐一倒聊度余生了……那些事终究都过去了,前面的路又顺畅了,但他也老了。他万万没有想到还有人这样关心自己,看重自己,这就使他忽然感觉自己的路原来还很长,很有可为!

散会回去,他再次向党组织提出了申请,一年后终于如愿以偿。

新的生命必然赋予新的使命和任务。他除去继续参加各类演出,社会活动也接踵而来，有时是作为正式成员出席市、区和文艺界的会议，有时是以特邀代表的身份为某个系统或专业的会议助兴，还有就是频繁的不同内容的讲座，几乎成了不挂名的教授。他应邀赴青岛、沈阳、长春、北京、石家庄等地给年轻的同行讲相声艺术，给师范大学的师生讲语言技巧，给漫画学会讲幽默，给幼儿师范学校讲表演，等等。后来随着他的社会影响日益扩大，讲课的内容也大为拓宽，像给医院讲医德与艺德的相通之处，生理健康与精神健康的辩证关系；在老年人大学畅谈"动、静、学、乐"的养身之道，还多次被劳改局请去给犯人们讲课。在少年管教所，他一上台就说："我是作为你们大家的家属来说几句话的……"失足的孩子们听了无不落泪。他在那里留下了两句名言："这个地方，你们不可不来，不可再来！"劳改局的一位副局长在《新生报》上专门就这两句话撰写文章，启发犯人认清触犯了国法刑律，"不可不来"；教育他们痛改前非，积极进取，接受痛心的教训，以后"不可再来"，不再重蹈覆辙。

作为一名艺术家，马三立已经突破了职业活动的范围，开始全身心地走向社会。他很忙，一种空前的活跃状态。人们需要他活跃。漫长而丰富的人生阅历，使他能够讲出富于哲理性的语言，职业习惯又使他讲得很浅显，很生动，很有渗透力。同时多年的相声艺术生涯，让他在人们心目中和笑联成了一体，他只要一出现，人们的笑神经就像崩紧的琴弦，轻轻触碰一下都能叮叮咚咚地快活交响。而他，也许是来自多年的艺术陶冶，也许是有意识的刻苦追求融入了气质、语言，对笑的艺术近乎达到点石成金的境界，到哪里寥寥数语便能激起笑浪。如在养老院，那里虽然条件良好温暖舒适，终难免有一种暮年孤寂的气氛，他去现身说法大讲老年保健，却能把鳏寡孤独的老人们招惹得笑声朗朗。老人们舍不得放他走，一个小个子的胖老头凑过来劝他：别走了，这儿老太太多，找个老伴比外边容易，在这儿安家吧！他用眼角向周围一扫，郑重其事地问道："怎么，您要对我使'美人计'吗？……"胖老头愕然，老态龙钟的阿婆们则掩口羞笑不已。

用自己的幽默、机敏和风趣，给人们的生活增添笑声，是他毕生从事的职业，而他晚年的舞台已经不仅局限于剧场那小天地了。艺术家成为社会活动家，这或许正显示了艺术的张力与升华！

不过，引人笑者，自己未必笑口常开。在自家的单元房里，他经常一个人躲进里屋看书，写东西，有时干脆枯坐沉思，周围的世界一时很沉闷，悄无声息。

一天黄昏，住在楼下的一位老话剧导演来串门，屋里黑漆漆的，暮色深浓。老导演轻轻唤了一声，无人答应，只好摸索着走向里屋，影影绰绰地看见一人面几打坐，塑像般凝然不动，正是三立。

"马老，你这是在干什么？"老导演诧异地问。

三立悠然回首，神情仿佛刚从某种意境中脱出，魂犹未归。半晌，才不慌不忙地回答："我在开追悼会哪……"

"给谁？""马三立呀！……"

老导演的嘴张开半天没有合上。他探身仔细审视三立脸上的表情，全无玩笑痕迹；再向几上张望，果然有一个做工极为精细的小花圈，他尽管老眼昏花也能看清上面写有"马三立"的大名——这算什么名堂？他不解，又只顾苦思求索不再动问，于是两人便好久好久地沉浸于越来越浓重的暮色之中……

三立的这次古怪举动始终是个谜。

后来，据说老导演宣称完全理解那超小型追悼会的含义，却也一直神秘地保持沉默高深莫测不肯详谈。

他们真的是心有灵犀一点通吗？外人无从知晓。

他，还有他，终归都是老人。他们拥有自己的世界。

人们所能了解的是，就在超小型追悼会那天夜里，三立臂上佩戴标有"值勤"二字的红袖章，照常参加了对他所居住的楼群周围进行的治安巡逻。他是居委会的治保委员，每月两次夜巡，他一向认真负责从不缺勤，只表示有一点遗憾："我还没逮过流氓、小偷。准是他们一见我就吓跑了！……"转天晚报在第一版上刊出"马三立当'业余警察'"的报道，副标题标明的就是他的"遗憾"。

两天后，他抱病参加为市里修复长城募捐的义演，因为持续高烧在台上两腿得得打战仍然眉飞色舞妙语连珠。

大病未愈，他又被一家中学请去参加校庆活动，同日下午还应邀主持了一位人民警察的婚礼……

他依然忙碌不休。

也许，人的所有行为不必都用语言解析出来，也许行为本身往往就是最明确、生动的语言……

# 侯宝林在密云

王敬魁

　　相声艺术大师侯宝林生前把笑声带给千家万户；逝后，给人们留下了无尽的怀念。近年来，人们通过各种形式，回忆他在舞台上认认真真地塑造艺术形象、在舞台下认认真真做人的种种生动事例。

　　这里有一段故事，却是过去未曾披露的，那是侯宝林先生生前下乡，在北京郊区密云县河南寨乡与农民相处一年之久的故事——

## 一家人别说两家话

　　1964 年春节过后，侯宝林先生穿着退了色的军棉衣，半旧的军鞋，戴着军帽，自带行李，来到密云县河南寨村。从外表看，不相识的人，谁都不会想到这就是相声大师。他的住处是一排三间的东厢房，和刘宝瑞、曹桂林与房东刘保元住南间。刘保元很抱歉："这房子还没倒垅，冬天透风，夏天漏雨，委屈您了。"侯宝林说："我小时候，住北京羊角灯胡同，半年搬五次家，都是东房，一家六口人住八平方米的小屋，我搭饭桌睡觉，哪有您这房子宽敞呀。"说得房东心里踏实了。

侯宝林白天参加集体生产劳动，早晚有空帮刘家挑水、喂猪、扫院子、起粪、淘厕所，不怕脏、不怕累，啥活计都干，一点不格料（外道），跟家里人似的。初到刘家，去捡鸡蛋，让母鸡把手啄了，便风趣地说："还不认识我呢!"以后，侯宝林经常喂鸡，母鸡见他就咯咯叫，像迎接主人。刘家当时使的是柏木水管，一担水有百十斤，房东不让他挑水，他抢着挑，把扁担藏在他屋里。他当时 47 岁，开始只能挑半筲，还两手托着扁担，让人怪心疼的。两个月后，也能挑满满一挑水，走起路来，扁担颤颤悠悠的，侯宝林美滋滋的高兴。

当时，刘保元的大孙子安儿不满周岁，侯宝林经常抱着安儿哄逗，有时尿湿了身上的衣服，他也不嫌烦，还给孩子烘烤尿布和棉裤，弄得满屋的臊味，房东赶忙抢过去，怪不好意思的。侯宝林却说："谁家的孩子不是这个德行味!老儿子、大孙子，老人家的命根子，这是乐呵活。"说着，夺过尿布继续烘烤，让房东去忙别的家务活。侯宝林每次回京，都买来食品和玩具。这些玩具连大人都没见过。每逢房东说感谢话时，他总说："这会儿生活好了，孩子都有福享。不像我小时候，只能拿'格档'（秫秸秆）和筷子当玩具。"

侯宝林与人为善。刘保元脾气犟，儿媳妇年轻性子急，常因家庭琐事而吵架顶嘴。他就讲古比今，甚至用戏剧的唱词，恰到好处地劝解，劝得刘保元心平气和，儿媳妇破涕为笑。

侯宝林关心别人胜过关心自己。他看到房东屋里用土坯搭的炉子，既费煤又不暖和，就自己花钱买来铁炉子。房东的儿子乃兴患了病，需要到大医院做手术。当时农民一个日工只能挣几角钱，100 多元的住院费很难筹措，侯宝林就拿出 50 元钱相助，刘家不肯收，他焦急地说："算你借我的，治病要紧。"后来，乃兴痊愈出院了，刘家卖了肥猪立刻还钱。侯宝林说："咱不是常说，劳动人民是一家吗？一家人就别说两家话了。"说着，把钱又塞给刘保元。侯宝林身体不太好，加上活计累，有时感冒发烧，他却不肯花钱买药，经常是熬点姜水喝，坚持干活。

房东儿媳赵秀芝说："我公公脾气倔，可跟侯先生挺合得来。侯先生在我家住了八个多月，他的好处三天三夜也说不完。人说，一贵一贱，交情乃见，一富一穷，乃见交情，一点不假哟。"

## 唱几个段子，哪能架子哄哄的

侯宝林在村里体验生活时，到各户吃派饭。开始，和社员一样吃玉米饼子、高粱粥、白薯。因为刚刚渡过三年自然灾害的村民，开始时对吃张口饭的中央广播艺术团的演奏员不太欢迎。曾有人撇嘴："他们是天桥把式，光说不练，不会干活，只会添乱。""是骡子是马拉出来遛遛就知道了。"但当农民们看到这些演奏员干活使真劲卖力气时，便又很受感动，就千方百计改善伙食。遇到这种情况，侯宝林便劝说："别把我们当贵客，我们这些常客，是普通劳动者，再这样，就不到您家吃饭了。"有时吃派饭，群众把侯宝林当长辈，做些好饭菜，由家长陪着先吃，但他却坚持与全家人一起吃普通的饭菜，把好吃的让给孩子。

侯宝林从不以名演员自居，脏活累活抢着干。一次，侯宝林在菜地栽苗，先蹲在地上栽，时间久了，腰腿疼得难忍，就跪着一步一步向前爬着栽。妇女队长高久良见后劝他早点回去休息，他却坚持着和社员一起收工。农活忙时，连当村的好劳动力都累得怵天刮地的，他竟不落一天地出勤。每次打中歇，都有人请他唱几句、说几句的。侯宝林有求必应，有时唱几句各种腔调的戏剧，有时现编现演，在菜地干活，他把各种蔬菜名连接起来：西红柿红彤彤，嫩黄瓜水灵灵，还有菠菜羊角葱……干活挺累心高兴。吆喝出来抑扬顿挫，字正腔圆，比唱歌还好听。有时说个小谜语：你来我也来，我不来你也不来，打一动作。大家猜不出时，他就指着身旁一老农说，请看。谜底原来是揣手。他经常逗得大家前仰后合地乐出眼泪，忘了疲劳。大家都愿意和侯宝林一起干活，心里喜欢他、敬重他。

高久良是本村剧团演员，读过不少书籍。她说："高尔基曾讲'照天性来说，人都是艺术家。他无论在什么地方，总是希望把美带到生活中去。'这段话正是侯先生的写照。"侯宝林做到了心灵美、语言美、行为美，把美带到生活中去了。一次，队干部跟他开玩笑："您能说会唱，就不会摆架子！"侯宝林很认真地说："小时候学艺，忍饥挨饿是常事，挨打受骂家常便饭。那会儿摆地摊，刮风减半，下雨没饭，加上特务捣蛋。现在，赶上好世道，哪能唱几个段子，就架子哄哄的？脱离群众，咋当演员！"

## 高山不弃抔土

为了提高相声艺术质量，缩短艺术和群众的距离，侯宝林特别珍惜体验农村生活的宝贵时间，虚心向农民求教，从农村的风土人情、文化古迹中汲取艺术营养。

侯宝林房东的近邻是公社牲畜配种站，站长老金说话幽默风趣，满肚子的故事。每到傍晚，当地农民聚在那里谈古论今，不时发出阵阵笑声。侯宝林吃过晚饭，就去听他们侃大山。说者无心，听者有意，侯宝林终于以牲畜配种站为题材，编演出相声段子。

孙老头虽不识字，但说话俏皮，经常逗得别人捧腹大笑。侯宝林和他一起干活时，学了不少谚语、方言、笑话，如"儿喽""喔吼"等，还追根问底地探讨。后来，侯宝林在给当地农民演出中，用"儿喽""喔吼"等组成连环包袱，观众感到非常亲切。

人称"恒爷"的宗士恒，年轻时为了生计，出塞外，下关东，跑江湖，看相卖药，伶牙俐齿，机敏诙谐。当时没有市场经济，生产队产的瓜果梨桃得套上大车去城里叫卖，别人一天也卖不了一车，只要恒爷跟车去卖，不到一个时辰就卖完了，还能卖出好价钱。原来，恒爷把瓜果的名字、特性编成唱词，半说半唱，男女老少都爱听，听完就买。侯宝林主动与恒爷交朋友搜集民间唱词，他俩成了知己。

侯宝林在河南寨，有不少像恒爷、孙老头、老金这样的知己。

河南寨村附近有密云县古代外八景的两个景点。一处是"圣水鸣琴"。此处有圣水泉。据《长安客话》载："密云山不出泉，唯南十里山麓有二泉，相逾数尺汇成一流，故称圣水泉。"据县志记载："明万历初年，蓟镇总兵官戚继光驻军密云时到圣水泉观赏，捐款筹措修建圣水泉，并在泉边修建了一座龙女庙和一个过凉亭。使圣水泉的水发出清脆的古琴声音，故称"圣水鸣琴"。侯宝林在生产大队长的陪同下，详细参观了这一奇观。

另一处是"黍谷先春"。据黍谷山庙碑记载："春秋战国时期，燕国太子丹重修黍谷山庙。"这里有邹衍庙、邹子祭风台、邹子别谷院。黍谷山峰距河南寨村20华里，侯宝林在大队书记曹德山陪同下，起五更步行来到此山。他俩从险峻的石梯攀到山顶。当时山上柏树成片，杂木成林，山峰陡峻，山花遍野，鸟语花香，景色诱人。曹德山给侯宝林一一介绍了这里的西严寺、大雄宝殿、三皇庙、龙王庙、观音庙、娘娘庙等十几处寺庙和每年三月三、四月十五庙会的盛况。还介绍了"化雪石"、文殊井、虎溪桥、葛苏文洞中练飞刀的来历和传说。侯宝林看到这里不仅风景幽雅，而且古迹寺庙颇多，兴致很浓。他不顾盛夏中午的炎热和饥肠辘辘，站在望京石上观看北京远景。在下山的路上，侯宝林请曹德山又讲了路边"望儿山"、聚宝盆的传说。曹德山说："侯先生像小学生似的问这问那，我以为是城里人好奇。后来在村里演出相声《游黍山圣水》，才明白了他的真正用意。真是大海不择细流、高山不弃抔土，所以成其大、成其高。"

## 背粪筐的是大师

侯宝林和当地老农一样，经常起五更拾粪。一次，他拾粪时看见一辆车在沙坑旁爬坡。因为坡长、超载，拉长套的南牛不与辕骡子劲往一处使，总拉不到沙坑外。车把式一个劲地抽打辕骡。侯宝林上前劝止，车把式不听，就为了多得几角钱补助。当时农村有"车把式的嘴，吃断骡子腿"的谚语。侯宝林向队干部建议，教育车把式，保护集体的牲畜。他还一连几日，每日背着粪筐往返 40 余里，跟在沙石车队后面，到沙河火车站，观察体验车把式的生活。回来后，他把车把式中的好人好事整理出来，邀请刘宝瑞共同创作了相声《好车把式》。在编写过程中，他俩绞尽脑汁，经常为一个情节，甚至一句台词争得面红耳赤。初稿完成，又征求意见，几经排演、修改。演出以后，使一些损公肥私的人在观众的阵阵笑声中得到了教育。

逢年过节，艺术团在场院或街心土台上演出。村民接来亲友、邻村邻乡的农民也闻讯赶来观赏。每次演出，都有侯宝林出场。他演出了《卖布头》《改行》《纽扣》《醉酒》等精品，以及在本村创作的《游黍山圣水》等几段相声。他们幽默、诙谐、配合默契的表演给村民们带来阵阵欢快的笑声。

一次演出《好车把式》以后，一位邻村的车把式说："没想到背粪筐的人，演相声还真过瘾。"当村人告诉他，那是相声大师侯宝林时，车把式疑惑地连说两句："背粪筐的是大师！"

当年有个初中生，常去刘家听侯宝林谈戏说艺，耳濡目染受到熏陶，爱上了相声艺术。后来，他成了县艺术团的演员，还反复揣摩侯宝林的相声。终于编演了《蔫大胆》等相声，在本县演出 300 余场盛况不衰，还获得县里文艺创作奖。

30 年过去了，当年看过侯宝林说相声的人，还记忆犹新地说："看了他的相声，那叫一个乐！我做梦还乐醒好几回哪。梦话里都是：顺着光柱爬上去，一按电门掉下来！"

## 依依不忘兄弟情

1965 年春天，在密云县体验生活的中央广播艺术团一行 84 人，就要回北京了。村里人依依不舍，几位老农同时握住侯宝林先生的手，久久伫立。青年们忍不住掉下了眼泪。不少外村农民亦闻讯起早赶来送行。大家难舍难分，像送亲人远行一样，目送着汽车。

临走前几天，村民们争着抢着宴请艺术团的同志们。侯宝林的第二家房东老徐，是村业余剧团团长，在艺术上经常请教侯宝林。侯宝林的多才多艺和热情谦虚，使老徐十分崇拜。农户没有肉票和油票，老徐就买了一只羊饲养，准备感谢侯宝林。"谢师"那天晚上，老徐一家做了羊肉丸子，打了烧饼。这使侯宝林十分感动，他和老徐一家都热泪盈眶，畅谈到深夜。

艺术团的同志们走后，各家房东不断接到来自北京的信件，感谢，问候，邀请。有的演奏员，回京后结婚，还发来喜帖或邮来喜烟喜糖。侯宝林每个月都给房东来信，邀请他们到北京家里做客。盛情难却，刘保元派儿子乃兴和女儿慧兰去了。侯宝林热情招待，买来纯粮食酒，包了肉馅饺子，特意炒了几个他兄妹爱吃的菜。临走时，侯宝林送慧兰十几本书，并嘱咐："你的作文不如算术成绩好，回去好好读读这些书，把作文成绩赶上去。"侯宝林拿出路费，还给刘家祖孙带上许多食品和玩具，亲自送他兄妹到车站，叮嘱他们常到家里来玩。

刘家兄妹第二次去的时候，带了些黏面、自产的蜂蜜和侯宝林爱吃的锅贴白薯。他捧着蜂蜜说："再来时，别带这个。拿点白薯干来，我当糖含着，就想起你们了。"每次刘家兄妹去京，侯宝林不管多忙，总想法抽时间陪陪他们。

1993 年 2 月 4 日，数十年来给亿万观众带来欢乐的相声艺术大师侯宝林，终因癌病不治而撒手人寰。在最初的几天里，人们无不沉浸在哀痛之中，为痛失一位卓绝的人民艺术家而扼腕痛惜。大师生前到密云体验生活时曾与之朝夕相处的农民们，那几天，无论是在街头、田间，还是屋里屋外，人们满怀恋念地回忆往事，他们说：侯先生的相声艺术和高尚品德，我们永远忘不了。在改革开放的今天，我们更想他呀！

# "美猴王"修炼记

章金莱口述　于洋整理

## 猴戏世家

我的祖籍是浙江绍兴，但我家其实是元末蒙古族的后裔。朱元璋灭了元朝建立明朝之后，就把所有留在南方的蒙古人贬为"堕民"，做供人指戳笑骂的"戏子"，那便是我的祖先们谋生的出路之一。而从曾祖父开始，我们家演猴戏便有了些名气，那个时候曾祖父章廷椿还有个"活猴章"的名号，但真正把绍戏发扬光大的则是祖父章益生。在绍兴，他在农闲、逢年过节的时候都会参与演戏，演得最多的就是猴，以至于到后来他有了"赛活猴"的名号，也算是地方上一个名角了。他从社戏中看到了商机，把大城市的服装、道具等贩到当地小城镇，做起了戏业生意。渐渐积累了一定资金后，祖父便在上海开设了一家老闸大戏院，并且把带去的绍戏班社扩展成了同春舞台，也使演戏成了我们家的"职业"。

其实，我的父亲章宗义（六龄童）最初学的并不是猴戏。有一段时间，伯父经常带父亲去看京戏《西游记》，盖叫天之子张翼鹏的孙悟空造型让父亲最为倾倒。后来，父亲又遭遇倒嗓的问题，最终决定："我要开绍剧猴戏！我也要演孙悟空！"

当时猴戏作为京剧剧目的一部分，早已经为广大观众所熟悉，同时形成了风格迥然不同的北派和南派。北派代表人物是杨小楼，另外有郝振基、李万春、李少春等人，南派的代表人物是郑法祥和盖叫天、张翼鹏父子。父亲不仅观摩了京剧名家们的猴戏，还观摩了昆剧、婺剧、沪剧等多个剧种的猴戏。这样汇集百家，博采众长，他渐渐对孙悟空有了自己的看法。父亲先是学习了《夜奔》等传统武戏作为基本功，又养了一只小猴子，整天和它形影不离，共同生活。就这样边学边演，现学现卖，从《猴王出世》《飘海学艺》一直演到《大闹天宫》，越演越火，他演的孙悟空终于卓然成为一家，有了"南猴王"的称号。与我父亲齐名的京剧名家郭玉昆先生曾和我父亲在上海共事，并经常互相观摩、交流。过去有同行相轻的说法，但他俩之间多年来保持着友谊。郭老先生的《大闹天宫》是看家好戏，因首创宝剑出鞘入鞘的动作，被京剧界称为"出手大王"。当年在上海，郭玉昆和我父亲各有特色，画的脸谱不一样，使的金箍棒也不一样。

新中国成立后，同春舞台改成了浙江绍剧团，父亲则担任了团长。1957 年 12 月 17 日，周总理第一次在上海中苏友好大厦看了父亲主演的《孙悟空大闹天宫》。看完之后周总理接见父亲说："我是绍兴人，看绍剧却是第一次，你的武功很好，演得很成功，外宾很满意。"然后就看见演小罗猴的我二哥小六龄童，周总理问："这是谁？"父亲说："这是我儿子，小六龄童，今年八岁。"周总理满怀高兴地说："文艺事业也需要接班人，希望你多培养几个小六龄童。"周总理很高兴，抱着我二哥合了影，留下了一张珍贵的照片。

六龄童（右）、六小龄童出演《父子美猴王》

20 世纪 60 年代初，《孙悟空三打白骨精》被上海天马电影制片厂搬上了银幕，由父亲主演，并在 1961 年 6 月 1 日公映。当时看这部电影形成了一股热潮，顿时《孙悟空三打白骨精》红遍大江南北，电影在全国巡映，舞台剧也在全国巡演。电影《孙悟空三打白骨精》发行到世界 72 个国家，这部中国拍的比较早的神话彩色戏曲片，还获得了第二届大众电影百花奖最佳戏曲片奖。

毛主席观看了这部电影后，又于 1961 年 10 月 10 日在中南海怀仁堂专门观看了舞台演出。同年 11 月 17 日，毛主席写下了《七律——和郭沫若同志》的诗篇：

一从大地起风雷，便有精生白骨堆。

僧是愚氓犹可训，妖为鬼蜮必成灾。

金猴奋起千钧棒，玉宇澄清万里埃。

今日欢呼孙大圣，只缘妖雾又重来。

绍剧电影《孙悟空三打白骨精》剧照

回忆起当时的场景，父亲对我说：

"当时我们在中南海，很紧张到底谁来看戏。我上台时有一个习惯就是从来不看台下的观众。结果等到8点钟，在演到唐僧与白骨精交流的时候，我有机会看出去，这才发现毛主席坐在第五排，刘少奇坐在第三排，邓小平第二排。他们后来告诉我，毛主席当时五次鼓掌六次大笑。"

## 误打误撞成了"美猴王"

我叫章金莱，但大家更为熟悉的是我的艺名——六小龄童。很多朋友见了我都很热情，对我的称呼则五花八门：有人说六老师，还有说龄童老师，也有的说小龄童哥哥，还有的小朋友说六小爷爷。甚至有外国朋友说我可能是少数民族或日本人，还有很多媒体干脆说"六小"是一个复姓。最有意思的是，1988年的时候因为海峡两岸接触比较少，有人说孙悟空是六个小孩一起演的，直到2009年我到中国台湾地区参加第二届世界佛教论坛，大家问："怎么才来了你一个人？"

"六小龄童"的名字其实是源自我父亲。他是从 6 岁开始学艺的，所以起了个艺名叫"六龄童"。我们戏曲界有个约定俗成的习惯，后人在起艺名的时候都会在父辈的名字前或者名字中间加一个"小"字。我二哥叫小六龄童，我父亲总不能叫我小小六龄童，所以就把"小六"变成了"六小"。

观众们都认为，"六小龄童他们家是专门产猴子的"。事实上，父亲也有这样的愿望，他的 11 个孩子都在他的剧中演过小猴子。父亲从这 11 个孩子中挑选接班人，我二哥小六龄童就是他看中的最合适人选。

令人惋惜的是，1966 年我二哥不幸因白血病去世了。如果他还健在，电视剧《西游记》一定是由他来演美猴王，并且一定会演得比我更好。而我学猴戏则是一种缘分、一种情感，也是对家族的责任和义务。我二哥要是健在的话我可能就不学猴戏了，因为我从小的性格比较内向胆小，不适合学艺练武，我学业还不错，父母希望我在学习上更钻研些。他身上发生这样的变故时我才 6 岁。我二哥临终时的遗愿就是希望我能接过他的金箍棒，来继承我们章氏家族的猴戏艺术。好在最后父亲觉得我学艺还不错，我也算是对得起他们了。

## 拍《西游记》的"九九八十一难"

我始终认为，有悟性、聪明的戏曲演员应该是中国乃至世界最好的演员之一。中国猴戏艺术是自成体系、独一无二的世界瑰宝，这门艺术最早是由戏曲演员来出演，也是以戏曲为代表的。多年来，中国的猴戏戏曲影片结出了累累硕果：除了绍剧《孙悟空三打白骨精》以外，还有中国京剧院王鸣仲主演的《闹天宫》、吉林省京剧团刘喜亮主演的《火焰山》（他的夫人就是在电视连续剧《西游记》中扮演铁扇公主的王凤霞）、福建省京剧团王金柱主演的《真假美猴王》、安徽蚌埠市京剧团丁伯禄主演的《大闹无底洞》，等等。

受广大观众喜爱的央视版电视剧《西游记》也是来源于戏曲，融中国戏曲界的南北猴戏、影视、话剧、武术、歌舞、杂技于一炉。扮演孙悟空的演员要具备戏曲演员的唱、念、做、打、舞等基本功，由此塑造了银屏上新的美猴王形象。

央视版电视剧《西游记》的拍摄周期很长，从 1982 年一直拍到 1998 年，我们用了 17 年的时间才完成 41 集的电视剧。我们确实是用了《西游记》的精神在拍《西游记》，但经历的却远远不止九九八十一难。

那时候拍《西游记》，因为条件所限，连保险都没有上，但我们都是在用生命在诠释自己的角色。其中有一集《大战红孩儿》，红孩儿口吐三昧真火烧孙悟空，很多人不知道，拍的时候的确用的是真火。当时没有什么高科技，我也不想找替身——替身也是人，而且孙悟空被烧也不像正常的人着火，他还要有很多表演上的技巧。我拍《西游记》的这几年，我父亲说，首先不能受伤，但是没有办法，因为我也希望坚持自己去拍这些镜头。当时技术人员跟我讲，里面穿上石棉衣服，外面穿上戏服，烧的时候采取一些保护措施就没问题了。他们都拿着水、铲子、沙子在旁边等着，告诉我要是难受了就叫出来。可是等开拍了，火一着起来，我脑袋就懵了。当时我的第一反应是得表现出孙悟空调皮的样子，然后就觉得石棉衣服根本不隔热，身上非常疼，但根本说不出话来，也喊不出难受，好让人泼水、撒沙子之类的。没办法，只能在做动作的时候把火压灭。所以我就开始打滚，越打滚导演越叫好。最后我的眼睫毛都被烧掉了，孙悟空的面具也烧变形了。这次拍摄让我知道了人被烧死前的感觉。

还有，孙悟空杀六贼的时候，有一些贼拿刀往他头上砍，孙悟空头上要冒金星。如果是现在，用电视特技合成技术就可以了。可当时只有土办法，用的是小炸药，把炸药放在金箍上，后面连上线，藏在衣服里。导演说："他一砍，你一动就有火星。"我就琢磨，这个火星要是大了怎么办？有人说，要不然在别人头上试试？我觉得也不行，于是找了两块鹅卵石，放到大概二三十米远的地方，用了些小炸药，结果点了之后"砰"一下，我一回头发现那两块石头瞬间就炸没了。还是有点后怕的。可那时候恰恰是用很多土办法拍出了这样的镜头。

拍《西游记》的时候，广电部、中央电视台和中国电视剧制作中心都非常重视，要求导演在全国各地找最好的景色拍进去，我们基本上把中国的好山好水都拍了一遍，像江西的庐山、新疆的吐鲁番，等等，甚至最后还到了泰国去拍。在选水帘洞的拍摄地时，我们去了黄果树大瀑布。本来瀑布上面是不能走人的，考虑到剧情的需要，很多美工师走了一遍说没有问题，不要太往外走就行。但是剧情要求石猴要远远跑过来，要尽量往外走，否则就只能看到半身了。等到开拍的时候，我身上那演员的激情一来，就没有想那么多，一跑就滑了下去，导演只看到监视器里掉下去了一个东西。当时有很多报纸夸大地报道说六小龄童翻了几个跟头以后站住了，其实我是左脚缠在藤上了，不过那也再差一点就要脑袋开花了。

拍戏中，我印象最深的是经书掉到水里那一场戏，我们是在四川都江堰拍的，跟死亡是零距离的。我们真的是到水里去捞经书，那时候不知道都江堰水那么深、那么险，也不知道要拽什么钢丝。就算是吊着钢丝也不是百分之百安全。比如说我跟猪八戒打妖怪的时候都吊着钢丝，我在前面飞，猪八戒在后面跟，还没有念到"妖怪哪里跑"，钢丝就断了，他人就掉了下去。

那时候拍戏，我们拍每个镜头之前都要作笔记，还要在家里琢磨、感觉，再到现场去认真地表演。比如说我回头一看发现一个大桃子，或

青年时代的六小龄童

者要表现孙悟空的火眼金睛马上能看出来水有没有毒，有几千个这样近的镜头，怎么处理？有的时候头是往上抬起来看的，有的时候是要回头看的，都要合理地安排。而且当时不像现在可以合成，所以很多时候我们凌晨 4 点拍完回来还要看回放，发现有哪些不好的地方，第二天再去重拍。

《西游记》就是当时大家用自己最佳的状态拍出来的。那时候没有任何通信工具，连 BP 机也没有，这种状态和我拍续集的时候完全不一样。尽管我自认为还是比较敬业的，我可以把手机关掉，但是晚上还要处理一些事情。用王铁成老师的话说，那就是"就算让我再演一遍也演不出来那种感觉了"。

### "猴王精神"

拍完电视剧《西游记》以后，一位观众的话影响了我很长时间。当时正好是 1988 年我大红大紫的时候，所以有一点飘飘然。但他对我说，当你完成了《西游记》的时候，才是你真正人生八十一难的开始。我听后为之一震，开始认真思考自己的人生之路。

我觉得，通过孙悟空的经历可以悟到很多人生的哲理和智慧。孙悟空到了水帘洞，有个猴子说谁能进去我就拜谁为王，这时候留给大家的机会是一样的，就是孙悟空那勇敢的一跃，为他成为齐天大圣奠定了坚实的基础。

有时，一个演员一生能被大家记住的只有一个角色。朱军曾问我："别人怎么总觉得你是孙悟空？有没有可能再颠覆、再超越？"我不太喜欢颠覆和超越这些词，我觉得我们只能弘扬、创新和发展。六小龄童和孙悟空的名字在很多地方都是画等号的，如果放在别的演员身上，可能会觉得这是无奈和悲哀的事情，我却不这么认为。

我曾在电影《青春的忏悔》中扮演一位医生，就曾有"意外"发生。有段戏是一个女艾滋病人病得很厉害，我很严肃地对她讲："心情要开朗，不要想不开，只要你配合医生治疗，一定会很快地恢复健康。"她说："我一定听大夫的话。"不料这句台词还没说完，她就一下子笑了出来。这位青年演员和导演说："我忍得舌头都咬破了，我看着章老师总觉得这个医生是孙悟空变的。"我觉得从另一方面讲，这也是一种对我角色塑造的认可。

2014 年 10 月 15 日，我与王蒙、铁凝、尚长荣、阎肃、李雪健、莫言、顾长卫、冯小刚、陈道明、陈凯歌等来自全国各地共 72 位文艺工作者代表，在人民大会堂参加了习近平总书记主持召开的文艺工作座谈会。座谈会结束后，习总书记与我握手，并问我最近在拍什么戏，我向他汇报说马上要开拍《西游记》的电影。习总书记问我拍几部，我说要拍两部，他想了一下说："应该多拍几部，向全世界弘扬中华传统文化。"我们现在调整了计划，或许要拍到 20 部左右。

近期，我要拍摄中美合拍的 3D 版魔幻电影《敢问路在何方》，我和马德华继续扮演孙悟空、猪八戒，唐僧扮演者迟重瑞可能将扮演如来佛。《西游记》不仅属于中国，更属于世界。我要把《西游记》这一中国经典传统文化，通过寓教于乐的方式传播到世界各地。

（本文图片由六小龄童官方网站美猴王站长郭捷提供）

# 冯英：第二代"白天鹅"的无悔人生

赵 瑜

高傲的公主，展开双臂，踮起脚尖，向上飞跃，双臂伸展，仿佛轻盈的翅膀，挥动着旋转着，当偶遇王子时，翻动手掌挡住脸部，回避着陌生人的目光，显露出羞怯腼腆的姿态……这是著名古典芭蕾舞剧《天鹅湖》中的经典场景。

1994 年，她跳着这曲《天鹅湖》，在台下一次次热烈的掌声中，完成了自己舞蹈生涯的告别演出。而她 17 岁时第一次走上芭蕾舞台所跳的第一场芭蕾舞也是《天鹅湖》。《天鹅湖》中美丽的奥杰塔公主是她舞台生涯的第一个角色，同时也是她所扮演的最后一个角色。

她就是中国著名的芭蕾舞大师、国家一级演员、中央芭蕾舞团副团长、全国政协委员冯英。今天的冯英虽然早已离开了自己热爱的舞台，远离了鲜花和掌声，但她却从未远离芭蕾舞艺术。相反，有着丰富经验的她作为中国第二代芭蕾舞演员的代表，执着地投身于芭蕾舞艺术的传承工作中，为中国培养了一批又一批优秀的在国际上得到公认的新一代芭蕾舞演员。

在一个下着雨的午后，我们走进了中央芭蕾舞团，对这位芭蕾舞大师进行了专访。初次见面，我们便被她优雅的气质、坚强的个性、乐观的生活态度折服，在同她长达两个多小时的交谈中，我们认识了一个对舞蹈热爱得近乎痴迷的冯英，一个在别人眼里有点孤傲但独自寂寞并幸福着的冯英。

## 天生的舞者

每当有人问起冯英为什么当初会选择舞蹈作为一生的职业，她总是很自豪地说："我觉得老天爷让我来到这个世界上，就是让我来跳舞的。"冯英说自己的遗传因子里应该没有多少舞蹈细胞，父母都是普通的工人。由于父母工作繁忙，冯英不到两岁时便被寄养在吉林的姥姥家。对于童年的记忆，冯英印象最深刻的就是自己对舞蹈的喜爱。在还不太会说话的时候，她就喜欢站在镜子前手舞足蹈了。直到现在姥姥谈起小时候的冯英就会说："那时候，只要我们家哪里有镜子就能在哪里找到她。"

四岁时，冯英就参加了街道上组织的文艺宣传队，跟着大人们一起到处演样板戏。她扮演的小铁梅给大家留下了深刻的印象，她的表演天分也逐渐展现出来。在吉林读小学时，冯英是班上的文艺骨干，尽管当时学生们能跳的舞蹈也只是所谓的"忠字舞"，但她却总能根据大家熟悉的那些革命歌曲编出优美的舞蹈，她编的舞蹈往往都很受同学们的欢迎。现在回想起来，冯英觉得这些完全是出自自己对舞蹈天生的敏感。

对舞蹈的热爱和执着让童年的冯英表现出超乎年龄的坚强。冯英11岁时，一次参加学校组织的一次大型的文艺会演，当时她发高烧，眼睛不停地流眼泪，但是这次演出对她来说具有特殊的意义，因为这次演出完毕她就要转学回到哈尔滨父母的身边。为了不影响演出，也为了给同学和老师留下好的印象，为自己在吉林的生活画上圆满的句号，冯英在高烧39度的情况下坚持演出。演出结束后，她立刻被送到医院，病情也由感冒转成了肺炎。这种不肯轻易放弃的性格，同样也影响了她以后人生中的几次重要的选择。

## 执着的求学者

让冯英怎么也想不到的是，在她1973年回到哈尔滨还不到一个月的时间里，北京舞蹈学校（原北京五七艺术大学舞蹈学校）的老师便到她所就读的学校招生，学校的老师把她推荐上去参加考试，冯英开始还完全不知道怎么回事。她随后参加初试、复试以及全市范围内的最终选拔考试。冯英的舞蹈天分让她顺利地通过了一次次的考试，在最后一次考试中，她即兴编的一段舞蹈引起了招生老师们一阵阵的笑声，尽管她的舞蹈动作并不规范，但她在舞蹈感觉方面表现出来的灵气吸引了招生老师，她最终在众多考生中脱颖而出。

而冯英是一直瞒着父母参加这些考试的，直到冯英接到通知要去体检时，父母才知道了这件事。父母在责怪她自作主张的同时，坚决不同意她去北京学习舞蹈，因为在他们的眼里，舞蹈只不过是"蹦蹦跳跳的，将来没什么出息"，拒绝带她去体检。冯英背着父母，请求自己的老师带她去做了体检。最后录取通知书寄到了家里，父母才知道这件事已经无法挽回了。在送冯英去火车站时，母亲还紧紧抓住她的手，不让她上火车，11岁的冯英甩开母亲的手，义无反顾地登上了去北京的列车。

进了舞蹈学校，冯英被分到了舞剧系，这时候她才开始了解芭蕾舞，知道芭蕾舞是跟自己以前跳的舞蹈不一样，是要踮起脚尖跳的。新鲜劲儿一过去，每天单一的、重复的动作让冯英感觉到既枯燥又乏味，有时候因为太无聊了，好动的她就把扶杆当成钢琴弹，因为这个还曾被舞蹈老师狠狠地批评过。

还有一件让冯英感到头疼的事就是洗被子，还是孩子的她在家里几乎没干过什么家务，现在一切都要靠自己，其他孩子也都是这样。最后大家想到了一个办法，她们把被子分别放进盆子里，摆成一排，然后牵着手一起上去踩，这样不但不觉得辛苦，反而能从中获得不少乐趣。现在回想起当时的情景，冯英还忍俊不禁，那手牵手踩着同样的节奏蹦蹦跳跳的样子让她想到了《天鹅湖》里的那群小天鹅。

随着学习的深入，冯英发现自己越来越喜欢芭蕾舞了，她惊奇地发现原来人体可以表达的东西是如此的丰富。当时冯英的体型对于一个芭蕾舞演员来说并不十分理想，所以她很难受到老师的重视。性格倔强的她不肯轻易服输，为了练好一个动作，她付出了比其他人多几倍甚至几十倍的努力。每天除了常规训练以外，她还在早晨和晚上额外增加训练量，经常练到两脚发麻，脚尖失去知觉。甚至有一次在练习一个弹跳动作时，由于用力过度，造成了颈后两节脊椎骨严重挫伤，直到现在还留有后遗症。经过五年艰苦的训练，冯英最终在毕业时的实习剧目《天鹅湖》中的表演获得了成功，得到了老师的认可和观众的肯定。

## 坚定的留守者

1979 年，17 岁的冯英从舞蹈学校毕业，被分配到中央芭蕾舞团。包括冯英在内被分到中央芭蕾舞团的共十男十女。当时正值中国改革开放初期，社会上存在着各种诱惑，20 世纪 80 年代初的出国热也造成了芭蕾舞团人才的外流，当初跟冯英一起分配到团里的同学大部分都离开了，有的出国深造，有的从事了其他的职业，最后只剩下冯英和她的搭档王才军。

事实上，凭冯英的艺术才华和在国际上的知名度，在当时她有很多机会可以出国深造，但她没有走。在冯英心里有一个非常简单的信念：国家培养了我，所以我应该为国家多做点儿事。所以，当周围的人纷纷为自己寻找更好的出路时，冯英却全身心地投入到芭蕾舞艺术中。她不擅长与别人沟通，周末的时候别人都被邀请去舞厅跳舞，她却宁愿一个人待在家里欣赏芭蕾舞曲、看看书。有的人说她有些孤傲，其实她只是心中只有芭蕾而使生活空间有些封闭而已。

唯一一次跟芭蕾无关、但却让她有些心动的事是被邀请拍电影，那是在 20 世纪 80 年代初，《红楼梦》电影的导演曾邀请她出演林黛玉这一角色，原因是一些红学研究会的成员一致推举她，认为她的气质与林妹妹很像。但如果出去拍戏就必须拿出几个月的时间，这样一定会影响工作，经过再三权衡，她最终决定放弃这次机会。

在那个浮躁的年代里，冯英坚守着心中的一方净土，尽管偶尔有些寂寞，但冯英却说"那是心甘情愿的寂寞"，对艺术执着的热爱让她享受着这份寂寞。用她自己的话说"芭蕾带给我的精神快乐是任何事情都替代不了的"。

## 时代的幸运者

冯英也是幸运的。

当冯英毕业的时候，中央芭蕾舞团已经十年没有进毕业生了，所以他们一入团便挑起了大梁。20 世纪 80 年代初，芭蕾舞很受欢迎，观众空前广泛，演出火暴，主要原因是早在改革开放之前，一些现代芭蕾舞剧如《红色娘子军》等就已经深入人心，这在客观上为芭蕾舞的普及奠定了基础。改革开放以后，其他的娱乐活动还尚未普及，但芭蕾舞却有了快速的发展，一些古典芭蕾舞剧很快传入中国，这些都为冯英提供了广阔的舞台。她们演出的机会非常多，有时候甚至在 50 天内她要连续表演 45 场，这对现在的芭蕾舞演员来说是无法想象的。冯英认真对待每场演出，并及时总结经验，她的舞台表演技术日臻完善。

随着改革开放的深入，中国芭蕾舞也逐渐与国际接轨，1980 年中央芭蕾舞团与巴黎歌剧院进行了一次合作。法国巴黎歌剧院是所有的芭蕾舞演员梦寐以求的艺术殿堂。谁能登上这个舞台，就标志着被世界芭蕾艺术界所公认。当年的这次合作，不但开启了中法两国间芭蕾界合作的大门，而且也造就出了像冯英这样一批芭蕾艺术家。冯英正是在这次合作后获得了赴法深造的机会。1982 年，冯英被派往法国巴黎歌剧院进修一年。在留法期间，她受到了著名芭蕾大师、编导莫里斯·贝嘉、鲁道夫·纽瑞耶夫等名师的指点。1985 年，冯英受邀主演著名的芭蕾大师 Rudolf Nureyev 的《堂吉诃德》，这使她受益匪浅。

## 芭蕾舞艺术的传承者

作为中国第二代"白天鹅"的代表、中国芭蕾舞的中坚力量，冯英必然要承担艺术的传承任务。

当我们问到上一代芭蕾舞艺术家对冯英的影响时，冯英说："自从我进入舞蹈学校起，我的每一位老师都对我有影响。"芭蕾是一门综合的艺术，每个老师都各有所长。除了从老师们身上学习到专业知识之外，冯英也由衷敬佩老师们对待工作的热情、兢兢业业的工作态度、对学生的无私奉献的精神。

进入中央芭蕾舞团之后，冯英受到了被誉为"中国舞蹈之母"的戴爱莲先生的赏识。回忆起与戴先生相处的日子，冯英感慨万千："戴先生是个事业心极强的人，始终非常关注年轻人的成长，给予了我们最大的关怀和鼓励。"冯英记得有一次她排练《天鹅湖》，戴老师被请来做指导。仅仅是天鹅公主出场时看到王子的刹那间的场景，戴先生就让她排练了十几次，亲自教给她应如何运用气息来表达人物内心情感。冯英说："戴先生不仅是我的恩师，更像慈母，总是鼓励我在艺术道路上不断进取，她的教导我会一直记在心里。"

冯英还提到中国第一代"白天鹅"白淑湘先生对她的影响。白淑湘先生同样因成功扮演了《天鹅湖》中的白天鹅而受到舞蹈界的认可和观众的欢迎。1958 年初，新中国的芭蕾舞艺术还处于萌芽阶段，在苏联著名芭蕾舞专家古雪夫的精心指导下，北京舞蹈学校开始排演《天鹅湖》。白淑湘勤学苦练，以坚韧不拔的毅力掌握了高难度的芭蕾技巧和特有的韵律，仅仅四年的时间，18 岁的白淑湘便脱颖而出，被选做主角。在和舞伴们艰苦训练四个月后，白淑湘成功演出《天鹅湖》，成为中国的第一只"白天鹅"，她精湛的演技得到苏联专家的肯定。周恩来总理、陈毅副总理和文化部的领导同志前去观看了首场演出。自此，白淑湘先生迎来了她的芭蕾舞事业的辉煌期。她的表演动情传神，塑造人物惟妙惟肖，先后在近十部古典芭蕾剧目中担任主要角色，受到了观众的广泛关注。尽管白淑湘先生早已离开了舞台，但她的心仍系着芭蕾事业。作为中国舞蹈家协会主席，她觉得肩负的责任与义务更重了。当初她在台上展示舞蹈的美，如今她在台下沉浸于对舞蹈的过去、现在与未来的思考中。对于后辈的培养，她也是不遗余力，为中国芭蕾舞界培养了大量出色的人才。

现在的冯英也已经离开了舞台，但她把后辈们看成自己艺术生涯的延续。像她的老师教导她一样，冯英在学生身上也倾注了全部的心血，希望将自己 20 多年来的舞台经验全部传授给他们。她对学生有着殷切的期望，希望他们在艺术上有着比自己更加辉煌的前途。她的学生也没有让她失望，1997 年 6 月在莫斯科举行的第八届国际芭蕾舞比赛中，由她指导的青年演员张剑获得金奖；2001 年，在第九届国际芭蕾舞比赛中，由她指导的王启敏、韩泼分别获得金奖和铜奖。

作为中央芭蕾舞团副团长的冯英除致力于年轻芭蕾舞演员的培养外，还特别关注着中国芭蕾舞的改革和创新。她认为，作为国家级的剧团，中央芭蕾舞团肩负着向中国人民介绍西方芭蕾艺术的责任。她认为应该做到"三条腿走路"：一是引进西方芭蕾经典剧目，不断探索和实践；二是走自己的民族道路，对中国传统文学艺术进行挖掘，创作舞剧；三是创作跟上时代潮流的现代舞剧。

为促进国际间的交流，冯英在 2004 年至 2006 年的两年中，先后出访了美国、英国、法国、意大利、日本、澳大利亚等国，率团演出了200 多场。其中 2004 年在日本与日本明星芭蕾舞团的合演、2005 年在美国举办"中国文化行"、2006 年在美国参加威尔士艺术节等，都为向世界介绍中国和中华传统文化、展现中国人民精神文化风貌作出了自己的贡献。

# 参加音乐舞蹈史诗《东方红》演出片断

———
宋宪龄

许多中年以上的人一定还会记得，20世纪60年代曾轰动全国的大型音乐舞蹈史诗《东方红》吧！那些脍炙人口的《情深谊长》《南泥湾》《赞歌》等优秀歌曲，至今仍然流传在青年人之中。

那还是1964年我在北京铁道学院读书时的事。7月的一天，经济系党总支书记通知我去开一个重要的会议。开会那天，谁也没想到站在讲台上的会是德高望重的老院长彭伯周。他戴着老花镜，严肃认真地对我们说："有一项重要的政治任务交给你们在座的60名同学，这就是由周总理担任总指挥、总导演，由在京的文艺团体、部队文工团、工厂、高等院校、中小学共57个单位3600多名专业、业余演员参加的大歌舞《东方红》演出。你们参加《东方红》演出意义重大，这不是一般的唱歌跳舞，而是回顾中国新民主主义革命和社会主义革命的光辉历程，是歌颂伟大的中国共产党和伟大领袖毛主席，是作为对广大人民进行传统教育的生动教材。"他代表院党委要求我们：学习、演出两不误，圆满完成任务，为全院争光。随后，由参加过抗美援朝的院学生科王彦清科长宣布参加人名名单，电信系刘文同学担任演出队团支部书记，我任队长。铁路文工团指挥秋里老师担任我们的"教官"。后来，才知道所有参加人员都是由单位党政一把手亲自动员，并组织临时党团组织，一律经过了严格训练的。

我们60名同学，来自不同的系和年级，有近半数同学从来没有参加过任何演出，还有少数人识谱都比较困难。当时训练是分散进行，每个同学发一本《东方红歌曲集》，教官每周来两三次，其余时间就由我们演出队自己训练。除上课外，业余时间都放在排练上。教官在教我们唱每首歌前，先给我们讲解历史背景，列举历史事件，启发我们带着感情唱好每首歌。如唱《农友歌》，就讲了秋收起义；《游击队之歌》，就讲了微山湖上的铁道游击队的故事。他风趣地对我们说："把《东方红》唱好了、学好了，你们也就基本上了解了中国共产党和中国现代革命的历史了。"要在两三个月内全部熟练地按四个声部背唱33首歌曲，同时完成800人的合排任务，对我们这些业余合唱队来说，确实不容易。训练没几天，就有几位同学感到困难要求退出演出队。这时，我们开展了"一帮一，一对红"活动，有时要排练到晚上11点才能回宿舍休息。我和刘文等同学还着实做了不少思想工作呢！一直到演出结束，没有一个同学掉队。

经过两个多月的紧张排练，1964年国庆节前，参加大合唱的全体专业、业余演员在大会堂预演。合唱队800人，分声部站在舞台两侧半圆弧形的十级台阶上。一场排练下来近三个半小时，大歌舞办公室的负责同志很满意。为庆祝新中国成立15周年，9月30日晚正式演出。那天下午4点多，我们就从学校出发了，一到大会堂，我们合唱队分别在几个大厅化妆，静静地等待着。7点15分，我们排成两路纵队从左右两侧准备登台，走廊里只有两个舞台监督人员用手旗指挥，800人入场只听见轻轻的脚步声。我站在舞台右侧合唱台的第四排中间，是个幸运的位置，因为合唱台是弧形的，所以站在这个位置我能看见舞台上的朗诵人员和舞蹈表演，唱起歌来也就更带劲儿，我的眼睛只盯着音乐指挥李德伦的手，放开喉咙尽情地唱。从序曲《东方红》、第一场《东方的曙光》、第二场《星火燎原》、第三场《万水千山》……一直唱到第八场《世界在前进》的"全世界人民团结起来"。当台下响起雷鸣般的掌声时，全场灯火通明，三个多小时的演出结束了。可《秋收起义》《保卫黄河》《人民解放军占领南京》《我们走在大路上》……这些气势磅礴的乐章，还有那"他们在倾听、倾听，倾听着毛主席震撼世界的声音：中华人民共和国成立了！中国人民从此站起来了！"激动人心的朗诵，使我们的心久久不能平静。演出结束后，毛泽东、刘少奇等中央领导接见了部分演职人员。第二天各报都刊登了大幅照片和有关报道，对音乐舞蹈史诗《东方红》的评价很高。"她是千千万万烈士用鲜血换来的史诗""是对全国人民进行革命传统教育的好教材""不知道凝聚多少艺术家的心血"……我记得有位外国人评价说：800 人合唱团站起来齐刷刷，坐下来没有一个人慢半拍，说合唱团训练得像有个人在指挥一样。其实，我们确实有个"指挥"，这是个秘密，只有合唱团知道。在大会堂演出厅最后的墙壁上，有红、黄、绿三种颜色指挥灯，当要求合唱时，黄灯准备红灯站起；合唱完毕舞蹈演员登台时，黄灯准备绿灯坐下，合唱台的灯光渐暗，舞台效果很好。这事儿没有透露，观众也没有发现。

我们在半年之中连续演出 40 余场，圆满地完成了任务。这期间有许多值得回忆的。我记得每场演出结束，都到晚上 10 点了，大歌舞办公室安排所有演员在宴会厅就餐。那时候，三年自然灾害刚过去不久，学校里还是定量，粗细粮各一半，可我们在宴会厅吃的却全是雪白的富强粉馒头，真是不容易。听说这是周总理嘱咐的，一定要演员们吃饱吃好。3600 多人同时开饭，伙房的师傅和服务员们该多么辛苦啊！服务员们推着车子往每张餐桌上端菜送饭，看见我们这些大学生不客气地说："不够吃我们再上，千万不要浪费，周总理在这儿用餐都是将碟子里剩的一点儿菜用汤冲干净喝下去的。""我们可是经过三年自然灾害考验过来的"，这话没说出口，心里却这么想的。那时候见到个歌唱家也不容易，我们参加《东方红》演出却场场能见到，还能在一张桌上吃饭。像郭兰英、马玉涛、王昆、贾世俊、寇家伦等一流歌唱家都很朴实，卸妆下来穿着朴素，又平易近人。那时的学生不如现在青年人反应快，谁也没有想到请歌唱家签字留念。

我记得每次演出，就要影响下午的两节课。班上的同学帮我们抄好笔记，演出回来自己挤时间补上课，当时没有哪个同学因为参加《东方红》演出耽误了学习的，反而更加努力勤奋，期末考试都取得了较好成绩。到 1965 年夏天，我和其他 28 名同学又荣幸地参加了《东方红》的电影拍摄。根据党中央的要求，电影只拍到第六场"中国人民站起来了"，演出压缩了近一个小时。据说社会主义革命和建设部分作为第二部，以后再拍。现在看来是正确的。我们拍电影仍在大会堂演出厅的舞台上，拍电影和录音同步，要制作黑白、彩色两种拷贝，还要录制唱片，都必须一次完成。为了效果，还为合唱队的每个女同志专门制作了紫红色长裙。每拍一场，还要专门请几百名观众作陪两小时以上，不准出任何声响，这个任务可不轻松。后来导演告诉我们，那么大的演出厅，有没有人坐在下面，录音效果大不一样。参加拍电影还真学到不少知识呢！记得拍摄《保卫黄河》那场歌舞，刚拍了一半，导演用暂停的手势让我们休息，告诉大家总理看望大家来了！在场的人都高兴起来了。不一会儿，周总理从后台走来，边走边说：同志们辛苦了！同志们辛苦了！热烈的掌声在演出厅里回荡。不知谁喊了一声：欢迎总理唱一个歌！又是一阵热烈的掌声。总理微笑着说："大家一起唱《国际歌》好吗？"乐队马上奏起《国际歌》乐曲，总理用力打着拍子，和大家一起唱《国际歌》。然后，藏族歌唱家才旦卓玛登台载歌载舞唱了《毛主席的光辉》，总理和大家一起随着歌声拍手伴奏。那天拍摄掀起了高潮，很快完成了拍摄任务。导演很满意。为了烘托气氛，还邀请了部分在京的机关干部、大专院校学生和小学的红领巾们作为观众，同台上的演员一起高唱《国际歌》，作为这部音乐舞蹈史诗的最后结束，留下了历史的镜头。那年暑假，我们都没有回家，却过得很有意义，现在想起来很值得。

40多年过去了，大歌舞办公室为每个参加演出的同志发的纪念品——1.5厘米长、0.5厘米宽，正面是金色天安门图案，背面刻有毛主席万岁字样的小小纪念章和一张红色封面的当年《东方红》演出节目单，我一直珍藏着。"英特纳雄耐尔就一定要实现！"周总理神采奕奕指挥我们高唱《国际歌》的情景，一直激荡在我的心中。

**图书在版编目（CIP）数据**

舞台人生 / 刘未鸣，刘剑主编 . -- 北京：中国文
史出版社，2018.7（2022.10 重印）

（纵横精华 . 第一辑）

ISBN 978 - 7 - 5205 - 0357 - 0

Ⅰ. ①舞… Ⅱ. ①刘… ②刘… Ⅲ. ①艺术家 - 列传
- 中国 - 近现代 Ⅳ. ①K825.7

中国版本图书馆 CIP 数据核字（2022）第 163960 号

责任编辑：金硕　胡福星

出版发行：**中国文史出版社**

社　　址：北京市海淀区西八里庄路 69 号　　邮编：100142

电　　话：010 - 81136606　81136602　81136603　81136642（发行部）

传　　真：010 - 81136655

印　　装：廊坊市海涛印刷有限公司

经　　销：全国新华书店

开　　本：787 × 1092　1/16

印　　张：17.25

字　　数：214 千字

版　　次：2018 年 8 月北京第 1 版

印　　次：2023 年 1 月第 2 次印刷

定　　价：60.00 元